錢穆先生全集

錢穆先生全集

[新校本]

# 孔子與論語

九州出版社

圖書在版編目（CIP）數據

孔子與論語／錢穆著．——北京：九州出版社，2011.1（2017.4重印）
（錢穆先生全集）
ISBN 978-7-5108-0702-2

Ⅰ．①孔… Ⅱ．①錢… Ⅲ．①孔丘（前551~前479）—哲學
思想—研究②論語—研究Ⅳ．①B222.25

中國版本圖書館 CIP 數據核字（2010）第 206062 號

## 孔子與論語

| | |
|---|---|
| 作　　者 | 錢　穆　著 |
| 責任編輯 | 周弘博　毛俊寧 |
| 出版發行 | 九州出版社 |
| 裝幀設計 | 陸智昌　張萬興 |
| 地　　址 | 北京市西城區阜外大街甲 35 號 |
| 郵　　編 | 100037 |
| 發行電話 | (010) 68992190/3/5/6 |
| 網　　址 | www.jiuzhoupress.com |
| 印　　刷 | 三河市東方印刷有限公司 |
| 開　　本 | 635 毫米 × 970 毫米　16 開 |
| 插頁印張 | 0.5 |
| 印　　張 | 27.25 |
| 字　　數 | 307 千字 |
| 版　　次 | 2011 年 1 月第 1 版 |
| 印　　次 | 2017 年 4 月第 2 次印刷 |
| 書　　號 | ISBN 978-7-5108-0702-2 |
| 定　　價 | 58.00 元 |

孔子與論語

钱穆

永禪師書骨氣深穩體兼眾妙精能之至反
造疏淡如觀陶彭澤詩初若散緩不收反覆
不已乃識其奇趣歐陽率更書妍緊拔群尤
工於小楷高麗遣使購其書高祖嘆曰彼觀
其書以為魁梧奇偉人也此非真知書也
蘇子瞻題唐氏六家書後

錢
穆
先
生
書
法

# 新校本說明

錢穆先生全集，在臺灣經由錢賓四先生全集編輯委員會整理編輯而成，臺灣聯經出版事業公司一九九八年以「錢賓四先生全集」為題出版。作為海峽兩岸出版交流中心籌劃引進的重要項目，這次出版，對原版本進行了重排新校，訂正文中體例、格式、標號、文字等方面存在的疏誤。至於錢穆先生全集的內容以及錢賓四先生全集編輯委員會的注解說明等，新校本保留原貌。

九州出版社

# 出版說明

錢賓四先生畢生崇揚孔學，其最先出版第一種著作，即為論語文解，時維民國七年。民國十三年任教於無錫江蘇省立第三師範學校，編撰論語要略；其書於一九五三*年收併入四書釋義中。二十四年出版先秦諸子繫年，於孔子生平歷年行事，多所考訂。一九六三年出版論語新解，通釋論語全書。一九七四年，又撰有孔子傳，詳述孔子生平，考論復有超出於舊著之上者。本書則係先生將歷年治孔之單篇論文，而未收入上述專書者，彙輯而成。初版於一九七四年九月，由臺北聯經出版事業公司印行。原收文十八篇；此次重刊，增入相關論文十一篇，合為二十九篇。原文已經先生修訂者，依改稿；其未經改訂者，則仍舊。新排通加入私名號、書名號，以便閱讀。凡新增各篇，目次中悉標注 * 號。

* 新校本編者注：原文為「民國」紀年。下同。

孔子為中國集大成之聖人，論語為中國二千年來一部人人必讀書，故欲知中國傳統文化，對孔子與論語必不能無所知。欲知孔子與論語，則除上述先生之相關專著外，本書尤應加注意。各篇立義雖殊，要皆以闡明孔學為宗。其內容有較專門者，亦有深入淺出者，讀者合而觀之，庶可於中國文化得一入門。

本書由邵世光小姐負責整理。

錢賓四先生全集編輯委員會　謹識

# 目次

# 序言

余少失庭訓，賴母兄撫養誘掖，弱冠為鄉里小學師，即知讀孔孟書。為諸生講句法文體，草為論語文解，投上海商務印書館印行，獲贈書券百元，得購掃葉山房等石印古籍逾二十種。所窺漸廣，所識漸進。時為民國七年，新文化運動，方甚囂塵上。竊就日常所潛研默體者繩之，每怪其持論之偏激，立言之輕狂。益自奮勵，不為所動。民十一轉教中學，先在廈門集美學校一年，轉無錫第三師範。校規，每一國文教師分班負責，隨年級自一年遞升至四年；一班畢業，周而復始。每年有特定課程一門，曰「文字學」、「論語」、「孟子」、「國學概論」。余按年編為講義，自文字學大義、論語、孟子要略、國學概論，四年得書四種。惟文字學大義以篇幅單薄，留待增廣，今已失去。其他三種，絡續出版。時有中學同學郭君，遊學東瀛，與余同事；其案頭多日文書，余借讀得蟹江義丸孔子研究一書，始知史記孔子世家所載孔子生平歷年行事多疎誤；自宋迄清，迭有糾彈。余在論語要略中先撰有孔子傳略一章，孟子要略中續草孟子傳略。時國人治先秦諸子之風方熾，余益廣搜羣籍，詳加考訂，擴大為先秦諸子繫年。民十九赴北平，在燕京、北大、清華、師大諸大學授課。默念衛揚孔道，牽涉

至廣，茲事體大，不能專限於先秦孔孟之當時。抑且讀書愈多，乃知所瞭解於孔孟之遺訓者乃益淺。

因遂不敢妄有論著。數年中，草成近三百年學術史。避日寇，至滇南，獨居宜良山中，草成國史大綱。轉成都，病中讀朱子語類全部，益窺由宋明理學上探孔孟之門徑曲折。避赤氛，至香港，創辦新亞書院，乃又時時為諸生講論語。赴美講學，以覊旅餘閒，草為論語新解。辭去新亞職務，移居來臺，草為朱子新學案。又值大陸批孔之聲驟起，新近又草為孔子傳。並彙集港臺兩地二十年來所為散文，凡以孔子與論語為題者，得十六篇，成為此編。回念自民初始知讀孔孟書，迄今已逾六十年，而余年亦已八十矣。先則遭遇「打倒孔家店」之狂潮，今又嗅及「批孔揚秦」之惡氛。國事日非，學風日窳。即言反孔一端，論其意義境界，亦復墮退不可以道里計。然而知讀孔孟書者，亦已日益凋零。仰瞻孔孟遺訓，邈如浮雲天半，可望而不可即。抑且去我而日遠。念茲身世，真不知感慨之何從也。

一九七四年七月七日錢穆識於臺北士林外雙溪之素書樓

# 補　記

余有意彙集此編，搜尋篋中存稿，忽睹有在第三師範孔子誕辰演講一篇，距今已五十年矣。演講中闡述近代個人主義、集體主義之相衝突，在孔子思想中如何融會合一。所言雖淺，私幸與最近意見無大相違。即抽出納入一紙袋中。默念此稿決非從大陸携出，不知何人相贈？以冠斯編，亦為個人研治孔學一紀念。乃此紙袋，忽又輾轉失去，不知插放何處，屢檢不獲。只有俟他日再見，於此編重版時補入。①又續獲兩稿，乃抗戰勝利後重返昆明，在五華學院所撰；亦忽忽垂三十年矣。敝帚自珍，取以補附此編之後。　錢穆又識。

---

①　編者按：此稿今已檢得，名孔子略史及其學說之地位，乃民國十七年作者在蘇州中學之演講稿。特取冠編首，以完作者遺願。

# 孔子略史及其學說之地位

一

今天我們曉得是孔子的生日。何以是他的生日呢？因為公羊傳上記載：「魯襄公二十一年十一月庚子孔子生。」穀梁傳上記載：「魯襄公二十一年十月庚子孔子生。」這兩部書，記載孔子生的年代和日子都相同，而月份不同。我們用曆法推算，知道十一月沒有庚子，所以是公羊傳差了一個月。

此外史記的孔子世家，載孔子生於魯襄公二十二年，又和穀梁傳差了一年。據曆法推算，魯襄公二十一年的十月庚子，是十月二十一日。魯襄公二十二年的十月庚子，是十月二十七日，經過後人的詳細討論，覺得史記上的年代要對些，所以決定孔子生在魯襄公二十二年的十月庚子，即十月二十七日。

但是周朝的十月，是夏曆的八月。現在所用的陰曆，就是夏曆。今天是陰曆八月二十七日，所以

今天是孔子的生日。魯襄公二十二年，距今二千四百七十五年，所以今天是孔子第二千四百七十六年的生日。我們並且可以知道孔子之生，後釋迦六年。

## 二

除論語外，記載孔子事實的，最古有一部孔子家語。可惜這部書已失傳。現行本，是三國時魏之王肅所偽託，所以有許多不可憑信。比較可靠的，就是史記上的孔子世家。此外還有清朝崔述所編的洙泗考信錄一部書，比較起來，要算最詳實了。再有我編的前二年級的論語講義第二章②，亦可供參考。

孔子十三歲的時候，當釋迦牟尼十九歲，正是出家修道的一年。孔子說：「吾十有五而志於學。」又說：「吾少也賤，故多能鄙事。」這是他早年的情形。孔子二十四歲，當釋迦三十歲成道說教的一年。孔子到二十七歲時，郯子到魯國來，孔子向他問官制。當時孔子的名譽，已經漸漸高起來了。到三十四歲，魯國大夫孟僖子叮囑他兩個兒子到孔子處學禮，並說：「孔丘是聖人之後，將來必是個達者。」

② 編者按：即今四書釋義一書中之論語要略。第二章爲「孔子之事蹟」。

孔子三十五歲，魯昭公欲誅季氏，不克，魯國大亂，孔子就到齊國去。過了六七年，再回到魯國，仍舊是三家弄權，陪臣執政，亂得很厲害。孔子就修整詩、書、禮、樂、講教育的事業。如子路、顏淵、子貢、閔子騫一輩人，多是那時來從學的。

孔子五十二歲，魯定公用他做司寇。夾谷之會，齊侯想用兵刦魯侯，被孔子斥退，並且歸還魯國汶陽的田土。當時孔子和他的弟子子路，見三家強梁，政出多門，便主「墮三都」，那時孔子五十四歲，後來墮掉季孫、叔孫的兩個都城，孟孫氏就不肯墮了，孔子也就離開魯國。

孔子五十五歲，到衛。這時候衛國的國君是靈公，也不能用孔子。五十七歲，去衛，路中經過宋國，遭受許多危難。五十九歲，到陳。到六十三歲那一年，吳伐陳，孔子去陳至蔡，在路上餓了七天。他在蔡地遇到楚國的葉公。後來再回到衛國，已是六十八歲了，魯君仍舊不能用他，於是再做講學的功夫。那時子游、子夏、子張、曾參一輩少年，也都來從他求學。至七十三歲夏四月己丑孔子卒，就是周敬王四十一年，魯哀公十六年，西曆紀元前四百七十九年。

釋迦年八十歲而死，比孔子遲一年。孔子死後四七九年而耶穌生，死後一一〇〇年穆罕默德做了回教王。我們都知道全世界有四大人物得人信仰，那四人，就是上面所說的釋氏、耶氏、穆氏、和孔子。但是四個人中間，除掉孔子，其他都是宗教家，以神道設教，把出世的天國博人信仰。孔子是只講現實世界做人的道理而得人信仰的。並且耶氏、穆氏，比較年代都後一些。釋迦雖和孔子同時，可是他的宗教，在印度久已名存實亡。印度人還只是信仰他們的婆羅門。所以照現世界而論，從古大人

物，得人類信仰最博大而永久的，就是孔子。

三

別派的人多歡喜走到極端，孔子確是一個調和派。現在把他分析講在下面：

## 一　知識和情感的調和

宗教的精神，在能感動我們內部的情感。孔子學說所以得人信仰，和宗教一般，也因爲他能感動我們內部情感的緣故。可是孔子是學問家，到底和宗教家不同。所以他的學說，並不專重情感一面。而孔子死後十年，希臘出了一個大哲人，叫做蘇格拉底，也是一個純粹的學問家，所以他說：「道德就是知識。」可見他偏重知識的精神了。

講到歐洲思想，大約分做兩派。一派是希臘思想，一派是希伯來思想；便是蘇格拉底的哲學和耶穌的宗教。孔子便把這兩派包括在一起。德國的康德，是歐洲近世的新哲學家，他首創「認識」，講「十二範疇」。他論道德，便說「最高命令」。他也是偏重知識一面的。古代的蘇格拉底，和現代的康

德，便可代表歐洲的學問家。他們都偏重知識，而忘了情感，和宗教家卻處一個反對的地位。

孔子的知識，固然博大精深，然而也講情感。他的弟子子貢問他道：「夫子是聖人了罷？」孔子說：「聖人我是不敢當的，我不過學不厭，教不倦罷了。」我們要知道，子貢聽了，便說道：「學不厭，便是智。教不倦，便是仁。仁且智，夫子還不是聖人嗎！」「智」便是知識，「仁」便是情感。孔子的大聖，是知識和情感的調和化合。不像歐洲的哲學家，只講知識，不講情感。他們的宗教又專講情感，不顧知識。於是宗教、科學，惹起了無窮的糾紛。

西洋講哲學的人，固然也有重情感的。如法國的盧騷，德國的尼采，俄國的托爾斯泰，多很講情感。在近世思想上，占有絕大的勢力。然而盧氏自著懺悔錄一書，就足以表白他全部的生活之不安寧。他到末了還發狂而死。尼采後來也有神經病，所有的思想，是在枕頭上寫出來的，怎能十分可靠呢！人家說他因為自己犯了終身的弱病，卻狂呼強者的道德。托氏一生，思想上，生活上，也經過許多懺悔，許多不安寧，到了結果，也只有自己尋死。這都是徒有充分的情感，沒有充分的知識去駛，所以終究沒有過到適當的生活。

孔子便不是這樣，他以知識調和情感。所以他一生很平穩。孔子並不是不講知識，不過和西洋人講知識不同，卻又不是昏昏的，或是冷冷的，這是孔子過人處。西洋人的知識，是硬的，有頭腦而沒有心腸。中國人的知識，是軟的，有頭腦而兼有心腸。把野獸來比喻，西洋人是狼，中國人是狗。狗是可馴服的，狼是兇而無情的。西洋人是獅子，中國人是象。象是和善的，獅子是橫暴的。

孔子是提倡「溫良恭儉讓」的人，所以能夠把知識和情感調和，把宗教和學問調和。

## 二 調和現在與未來的兩個世界

我們講到世界，有現在和未來的兩個。宗教家是專門講未來世界的，所以耶穌和上帝住在一個世界，釋迦的世界是天堂涅槃。他們所講的道，只是勸人出世。這是孔子絕對不講的。

看子路問「事鬼神」，孔子回答他說：

　　未能事人，焉能事鬼？

問「死」，曰：

　　未知生，焉知死？

可以知道孔子的世界，便是人類世界。他又說：

那末人類的世界，便是他的天堂涅槃。他所講的孝、弟、忠、信、禮、樂等等，就是叫人類到極樂世界的條件。極樂世界，只在我們溫暖的心裏。

所以宗教是要把人類脫離了現在的世界，帶到未來世界去。孔子是要把未來世界，表現在現在的社會裏。這是孔子的第二種調和。

## 三　社會主義與個人主義之調和

我先前講過的尼采，便是個人主義的代表；托爾斯泰便是社會主義的代表。講社會主義的，未免抹殺了個人；講個人主義的，又不肯顧全到社會。這是歐洲現代思想的極端，沒有調和的餘地。他們為此，思想上遭受許多的痛苦。可是在孔子的學說裏面，便把這兩點調和了。

孔子教人忠、恕、孝、弟、乃是「爲人」的社會主義。但忠、恕、孝、弟，只是我們自己本有的情感。我只是行我所安，行我所好，絕不是由外面的義務和強迫；這不是「爲我」的個人主義了麼？孔子只講忠、恕、孝、弟，便見個人和社會絕無衝突。

耶穌說：「那個信仰我，那個便可到天堂。」爲父的信仰我，爲父的便到了天堂。爲兒子的信仰

我，為兒子的便到了天堂。他是把我們各個人的相互關係分開的，只有個人和上帝的關係。

孔子就不同了。孔子的學說，只是為父的止於「慈」，為子的止於「孝」，為兄的止於「愛」，為弟的止於「敬」。孔子只講人與人的關係。他把全社會的倫理組織起來，而一以人類本有之情感為主便不需要一個上帝，個人和社會也沒有裂痕。這是孔子的學說。

上面三種極大的問題，孔子都能調和，這種思想，何等的偉大啊！

四

孔子自生以後，到今天已經有了二千四百七十六年的歷史。看看似乎很簡單，然而仔細去研究，實在有無窮的價值。近來中國人以為孔子學說是陳腐的，沒有大的用處。大家要研究時髦的西洋哲學。那裏知道外國人倒也要研究孔子。現在德國人研究中國學術，有孔、老兩派。信仰孔子的一派人，是社會青年團。他們遇到開會的時候，每先讀論語數章，敬如聖經。他們信仰有如此熱誠，我國自己反而輕慢他，這豈不是不仁不智麼？所以我們應當崇拜孔子，使他的學說發揚光大。這是我所希望於大家的。

（民國十七年蘇州中學孔子誕辰講詞，原載蘇中校刊十一期。）

# 大哉孔子

## 一

孔子乃中國一聖人。「聖」之一字，爲中國傳統文化中一特有名稱。人格修養，達於某種境界，某種標準，則尊爲「聖」。中國文化主要在講究如何做人。以今語說之，可謂中國人做人道理是「大羣主義」的，與西方社會之崇奉「個人主義」大不同。個人主義乃求在大羣中完成其個人，大羣主義則主以個人來完成此大羣。故一主「分」，一主「合」。一重「爭」，一重「和」。大羣和合之最先一步則爲「家」，其更大象徵則爲「國」，盡其量則曰「天下」。中國文化之主要目標，處家則求「家齊」，處國則求「國治」，處天下則求「天下平」。其一切工夫，則從各個人之「修身」做起。修身指人之品德言。其此品德始能成此事業。其事業最明顯之表現則爲政治。人能具此品德，成此事業，始爲「聖」。

中國自古已多聖人，如堯、舜、禹、湯、文、武是也。故中國至西周時代，兼包黃河、長江兩流域，已完成一和合大羣，表現出一民族文化和平統一之大國。當時稱之曰諸夏。夏之外尚有夷。其時中國則尚未達成一「平天下」之境界，然距此境界已不遠。

下逮孔子時，周德已衰。孔子之所慕，則爲周公。周公雖未登王位，然實際完成西周一代和平統一之大業者，則皆周公之功。孔子之志，則在此。孔子雖未在政治上得意，然其品德之修養，則猶有超乎自古聖人之上者。故其弟子稱之曰：「孔子賢於堯舜遠矣。」又曰：「自生民以來，未有如孔子也。」後人承此意，尊孔子曰「至聖」。孔子以下，遂皆不得稱聖人。如顏子、孟子，亦僅稱「亞聖」。

## 二

然孔子未嘗自居爲聖。孟子記之曰：

昔者子貢問於孔子曰：「夫子聖矣乎？」孔子曰：「聖則我不能，我學不厭而教不倦也。」子貢曰：「學不厭，智也。教不倦，仁也。仁且智，夫子既聖矣。」

孔子常以「仁智」教人。孔子所謂「仁」，即猶本文所說之大羣主義。惟其志在大羣，故其所需之知識亦自與專為個人謀者有不同。欲修養其品德，即有待於種種知識，種種學問；而孔子則僅自居為一學者。孔子志在學古聖人，故曰：

述而不作，信而好古。

又曰：

甚矣，吾衰也，久矣，吾不復夢見周公。

蓋古聖人有其業，而孔子則僅能闡其道。故孔子不欲以聖自居。孔子又曰：

焉知來者之不如今。

當我身不能行此道，果此道傳於後世，則後世必有能行之者。故孔子具此志而學，又推此心而教。孔子亦自居爲一教者。中國大羣主義之人文傳統遂不專限表現在政治上，更重要乃表現在教育上。此一大羣主義之人文大道，遂廣泛普遍流傳於全社會，則自孔子始。孔子之功，乃尤大於周公。故後人又尊孔子曰「先師」。

中國人常稱「天地君親師」。人生天地間，必求其能羣。羣道行於上，有國，斯有君。君者，羣也。非其人之能羣，又烏得爲之君？羣道行乎下，有家，斯有親。「哀哀父母，生我劬勞。」不知親父母，又何羣之有！故中國人在家知「孝」，在國知「忠」，此皆人羣大道。而傳其道者則爲師。故師與君親乃得並列而爲三。古書有之曰：

作之君，作之師。

又曰：

能爲師者然後能爲長。能爲長者然後能爲君。

師亦有「眾」義。使其人無道，不得爲人師，又烏得長其羣而爲之君？故就中國文化言，師猶當在君

之上。中國人羣大道之創建，先有君，而繼之師；此誠中國文化傳統之演進得以卓絕人寰之一大表現與大成功。自孔子以下歷代國君，莫不知尊孔子。君位相承曰「治統」，三四百年無不變。孔子之教曰「道統」，則兩千五百年來無有變。「道統」在「治統」之上，斯又中國大羣主義之文化大統之所寄也。

### 三

自孔子以後，中國乃有四民社會，農、工、商之上有士。爲「士」則學孔子。此乃中國之學統，亦即道統之所寄。士希賢，賢希聖，聖希天。有一鄉之士，有一國之士，有天下之士。以友天下之士爲未足，乃上友古之人。孔子乃古之至聖先師，尊師孔子，亦上友古人之極則矣。自孔子以下，全部中國史即莫不以「士」爲中心。然天下之士則代不數人。范希文生北宋時，當唐末五代道統將絕之際。范希文爲秀才時，即以天下爲己任，曰：

　　先天下之憂而憂，後天下之樂而樂。

孔道又昌，國運又隆。顧炎武生明清之際，異族入主。其言曰：

國家興亡，肉食者謀之。天下興亡，匹夫有責。

自有炎武，而中國民族之文化大統仍得延續不絕。如希文，如炎武，皆所謂「天下之士」也。一國之士，則史不絕書。一鄉之士，其名字或不見於史乘。然而中國民族之猶得爲一中國民族，至於今不衰。舉世各民族，其歷史之悠久，疆土之廣闊，人口之繁盛皆無堪倫比。何以致此？則曰：惟孔子。

四

近代或以孔子比之釋迦牟尼、耶穌與穆罕默德，則又非是。釋迦說教，諸天皆來聽，則釋迦尚在諸天之上。耶穌爲上帝之獨生子，爲舉世能代上帝發言之唯一人。穆罕默德之教徒，一手執可蘭經，一手執刀，不信其教，則殺毋赦。孔子尚不敢以聖自居，更何論自居爲一大教主。孔子惟以學古爲人，而即以其所學教人。故其告弟子曰：

我無行而不與二三子者，是丘也。

又曰：

有朋自遠方來。

則孔子之視其諸弟子，亦如一友朋。孔子之卒，其弟子喪之如父母而無服，廬墓三年而散。時子貢為諸弟子之首，故再留三年。其時來學者，皆自稱「弟子」，亦稱「門人」。謂得進其家門之內，如家中之子弟。則孔子亦如其家中之父兄矣。

為一自然人，則必知有父母。為一文化人，則必知有師長。孔子乃中國民族文化中一先知先覺，為中國此下民族文化一遠祖，如是而已。此又大羣主義之人生大道始有之。則又何得以超世之大教主相擬！

抑且生逢亂世，信釋迦，尚可一人盤坐證涅槃。信耶穌、穆罕默德，尚可死後靈魂上天堂。信孔子，則孔子自言：「道之不行，吾知之矣。」是又何所望？孔子又曰：

士志於道，而恥惡衣惡食者，未足與議也。

是信孔子而爲一士，既無教會組織，又無信徒供養。孔子自言之，曰：

飯疏食，飲水，曲肱而枕之，樂亦在其中矣。

讚其大弟子顏回則曰：

一簞食，一瓢飲，居陋巷，人不堪其憂，回也不改其樂，賢哉回也。

後世尊奉孔子者，遂以「尋孔顏樂處所樂何事」爲一大課題。又曰「安貧樂道」。以此較之佛、耶、回三大教，其困難又遠過之倍蓰而無算。故凡爲中國社會中之一士，尊奉孔子，不啻爲半個和尚，抑且可謂是一雙料和尚，因其不憂一己身家之生計，而更以大羣天下爲慮。遯世而無悶，獨立而不懼。而中國社會乃亦能善養此一輩士，歷兩千五百年而不衰益盛。則中國文化之偉大優深，亦可由此窺入，而約略得其依稀髣髴之所在矣。

五

孔子一生之言論行事，所思所教，其弟子皆各有所記，歷三四代，彙爲論語一書。自漢代始，論語即爲中國識字人人人必讀書。北宋初，趙普有言：彼曾以半部論語佐宋祖得天下，又將以半部論語佐宋祖治天下。趙普在中國士林中，卑卑無足數；然其當五代之季，而猶能發此言，則中國人對論語一書之重視，既可知。而論語一書之值重視，亦可知。故欲尊孔子，約而求其要，則惟論語二十篇。擴而論其詳，則自秦以下，一部二十五史，中國之所以爲中國，中國民族之所以爲中國民族者，乃莫不與孔子有關。我惟有曰「大哉孔子」。實甚憾於無言以加之矣。

六

孔子生在中國，已遠在兩千五百年之前。而孔子之前，犧農以來，中國之爲中國，亦已有兩千五百年之久。自有中國人，乃始有孔子。自有孔子，而中國人之得爲中國人者，乃益見其安定而昌榮，

日進而無疆。而今則時異世易，民國以來，中國人之在此世界大潮流之衝盪橫逆中，已無自信之心，亦無自拔之力。七十年來全國人心幾乎一仗西化，認爲國家民族前途惟此一線堪賴堪望。而孔子其人，論語其書，乃終不免爲國人所鄙棄與忽忘。一部孝經，何能禦黃巾？論語二十篇，亦何能抵原子彈，乃及國際之經濟侵略？試問今日臺灣一千七百萬人，曾讀論語者有幾？然則今日而言尊孔，亦徒尊其名而已。孔子之品格修養，與夫其得尊爲中國之「至聖」之所以然，又誰歟知之？孔子之道之高明寬厚，博大而精微，其得以隨時乘化，而尊爲百世之「先師」之所以然，又誰歟知之？然則居今日而猶尊孔子之名，誠亦爲不可多得一大事矣。

孟子曰：「聖而不可知之謂神。」即孔子之在前代，亦何能盡爲人知，然則當前吾國人縱使盡棄故常，回返孔子以前之犧農皇古，果能憑空拔起，嶄然創建一新中國？孔子曰：「焉知來者之不如今。」中國人之爲中國人，已歷五千年於前，焉知其不再歷五千年於後。而孔子其人，既崛起於前，又焉知孔子其道，不再復興於後？要之，孔子乃一中國人，孔子所學亦學其以前之中國古人而已。今中國人能自振拔，使後世猶有中國人，則正孔子之所欲學。孔子其人，與其道，終亦必應有再興起再光昌之一日。言念及此，誠不禁其私人之馨香禱祝，鼓舞嚮往，於無竭無窮之一境矣。孔子有神，尚其鑒之。

一九七九年九月二十八日孔子第二千五百三十年誕辰錢穆寫於臺北外雙溪素書樓

（一九七九年九月二十八日中央日報孔誕特刊）

# 孔子誕辰講辭大綱

## 一

今天我們國人都說要求變求新。但須知，天地間也有不能變的。就人類論，「我」不能變，也不該變。自有人類以至於無窮的將來，不知會有幾億兆京垓的億兆京垓人，但其中只有一個「我」，不能有兩個「我」。那眞有何等意義！何等價值！此之謂「天命」。

天命在人類中有一我，此不可變。我之生，有父有母；我之生父生母，同是有一無二，此亦不可變。僅我有兄弟姊妹，同此生父生母，此亦不可變。中國人知此不可變，乃有一套孝弟之道。孝弟之道，乃是我做人、做我的第一番道理，那亦是不該變的。

我有了父母，又有子女，又是不可變。父母之上有父母，子女之下有子女，推而上，推而下，遂有家族，又有外戚。中國歷史上只稱王室有外戚，其實我們家家有外戚。家族與外戚相聯合，積之

久，那就家成了國。國之最先即成於家，家之最先則成於我。儻我變了，則家亦變了，國亦變了，天下亦變了。故我一變，則天下全變，那將全不是這會事。好在人人盡是我，你變，他不變，不害事。人與人之最先結合，則有夫婦。夫婦可變，但亦最好不變。白頭偕老，那是最理想最幸福的夫婦。不變總比變更好些。有了國與天下，便有君臣與朋友。君臣、朋友更可變，但能不變，也比變更好。此夫婦、君臣、朋友三倫，中國人稱爲「人倫」。人倫以「忠信」爲主。父子、兄弟兩倫，中國人稱爲「天倫」。天倫以「孝弟」爲主。五倫以「我」爲主，故一切人羣相聚，也全以「我」爲主。

論語書中稱我爲「己」。孔子曰：

古之學者爲己，今之學者爲人。

如何般來盡我孝弟忠信之道，此即「爲己」之學。其實「爲己」之學，也即是「爲人」之學。只是不懂道理的人，都錯認爲我之爲人是爲別人的。實則我之爲人，是全爲自己的。我之夫婦好合，像是爲對方，實是爲自己。我之孝弟忠信，像是爲對方，實是爲自己。現在人都在爭個人主義與社會主義之誰是誰非。其實沒有社會，又那裏會有個人？沒有個人，又那裏會有社會？「天」「人」尚要合一，「羣」「己」自亦合一，只其中心則在「我」。那是窮天地互萬世而不變的。

但亦有一必變的，不能不變，亦不該不變的，這就是時間的「時」。如天有晝夜，始成一日。人有生死，始有一生。又自嬰孩期、幼童期、成年期、中年期、老年期，我之生命時時在變，刻刻在變，不能停留。一個人的小生命如此，集爲羣，成了大生命，如家、如國、如天下，亦如此。所以做人該變，該隨著時代變。孟子曰：

　　孔子聖之時者也。

二

即是說，孔子做人是最能變，最善變的。

「變」與「不變」相結合，始成了一個我，始成了我的家，我的國，我的天下。全把我做中心，那不是太自私了嗎？其實不是的。人人是一我，人人有我的家、我的國、我的天下，而全結合成一體，那是各個我的「小私」，結合而成爲此「大公」的。此道理中，並無公私之分。那又是大公無私的。其實是各個我的「小私」，結合而成爲此「大公」的。此道理中，並無公私之分。那又是大公無私的。既無公私之分，又無新舊之別，只是此一「道」，那是「天人合一」的。

現代吾中國人，多好言「事業」。但從前中國人，則主要在言「性情」。事業多變，性情則不宜變。如富人要講孝弟、忠信之道，貧人也該講。貴人要講，賤人也該講。事業有高低，性情則分好壞。富可敵國，貴爲天子，不孝、不弟、不忠、不信，則爲一壞人。並不該算他是一人。僅能觴口，販夫走卒，能孝弟，能忠信，則爲一好人。孟子曰：

三

人皆可以爲堯舜。

不是說人人能富能貴，只是說人人都能做得一好人。

現代國人又好言「智識」。從前國人則主要在言「品格」。小學、中學、大學、出國留學、碩士、博士，都從智識上分。但智識高，可以品格低。品格高，亦可以智識低。品格低是一小人，品格高則爲君子、賢人、聖人。陸象山說：

則不識字不讀書人，仍得爲聖人。至少可以做一高品格底人。人人有一顆良心，那怕做不得一好人。

現代國人又好言「權力」，或言「力量」。有了智識，有了事業，便可有權力或力量。但從前中國人則言「德」不言「力」。德便是人的性情和品格，便是一良心。匹夫匹婦，可以無事業、無知識、無力量，但可有他的性情和品格和德。德品格和性情，都仍是「天賦」的，即是「天命」的，是與生俱來的。人人平等，人人自由，人人盡可得。而事業和知識和力量，則是「人爲」的。必有條件，有競爭。你得了，我便失之。大家有所得，但仍大家有一比較。我有百億財富，他有千億，他仍比我富，力量仍比我大。我再比過了他，他又不如我。永不平等，亦永不自由。還是有外面許多條件存在的。中國人四五千年來，老是這樣一個中國人。今天比不上人，媿悔羞恥了，要把自己一變，變成一外國人。講究事業，講究智識，講究力量，不再講性情、品格、德行了。但在短時期內，縱然是一百年兩百年，如何便能學得像人？而把自己的一套卻丟了忘了，我不成爲一「我」。因「我」要求變求新，不知要變成怎樣，纔算是一「我」。我在變，我的夫婦、父子、家庭也在變，其他更不說了。我總覺和人有不平等，我又覺在我有不自由。求變求新，還有許多不能變、不能新。變了新了，但還是仍要變、仍要新。那我的一生又如何得了！

## 四

但回頭是岸。儻我們肯樂天知命，安心做一中國人，則種種道理都平放在我前面，都易做，都能做。孔子是我們的至聖先師。孔子依照著他以前中國兩千五百年積累下來的那一番道理做成了一孔子。孔子以後兩千五百年的中國人，又都依照孔子來做成了一中國人。至今全世界只有中國人能擁有五千年歷史，又擁有十億人口。誰比得？又要來怕誰？

今我孔學會開會，邀我來做一次演講。我媿無很多智識，又媿對國家民族無事業貢獻，更具何力量能來提倡孔道。只盼我們每一人能反己求之，各由自我，一心向前，應該各有一條路在我們各人面前的。我只能說從孔子以下我們中國人兩千五百年來相傳的那幾句老話，請諸位原諒。

# 孔子誕辰紀念辭

## 一

全世界人類共出有三大教主：一釋迦，印度人。一耶穌，猶太人。一穆罕默德，阿剌伯人。三大教主皆亞洲人，此亦一奇。

孔子，中國人。其生前既不自尊爲教主，其身後亦無教會傳道組織。故中國儒家並非一宗教。但孔子地位實堪與釋迦、耶穌、穆罕默德三人相比，或猶超而上之。

三大宗教皆主出世，重在教人如何爲死後作準備。孔子則主教人如何在世好好做一人。

三大宗教之信徒，當其生前，已必與人異，否則即不得爲其教之信徒。孔子之教，在其生前如何好好做一人，此道人人相同，無教內、教外之別。

三大教主各以其教主身分來教人，孔子則以一學者身份來教人。故孔子畢生「學不厭，教不倦」。

換言之，教主與信徒地位有不同；而孔子與來學者則同樣在學，無地位之不同。

此則孔學與世界三大宗教之不同處。

二

孔子如何教？即在教來學者各就其自己之本性以爲學，以各長養完成其本身自己理想可能之一人。

孔子分人性爲三類，一曰「狷」，一曰「狂」，一曰「中行」。狷者有所不爲，偏消極後退。狂者進取，偏積極向前。中行則有不爲，有所爲，執其兩端用其中，此之謂中行。

上述三類外，又有「鄉愿」。「生斯世，爲斯世也善，斯可已」。此類人不肯有個性，只眾人如是，我亦如是。那又何必再加以教？又如何再加以教？故孔子「有教無類」，而曰：

過我門不入我室，我不憾焉者，其惟鄉愿乎！

則鄉愿始斥於孔子之教外。

釋迦近於狷，有所不爲，實足代表印度之民族性。耶穌、穆罕默德近於狂，實足代表猶太人與阿剌伯人之民族性。惟耶教不行於猶太，而獨暢行於歐洲。歐洲人性更近狂，喜進取。耶穌說：「上帝事由我管，凱撒事凱撒管。」果使信其教者皆不管凱撒事，則一部歐洲史，勢當另寫，決不有如現代之歐洲史。耶穌又說：「富人入天國，如駱駝鑽針孔。」則後代歐洲，既決不會有帝國主義，亦決不會有資本主義。其實歐洲人對耶穌最所信仰，乃在其「十字架」精神，一意向前，到死不回頭。民族性之難得轉易有如此。

### 三

孔子實亦代表了中國之民族性。孔子不僅把他自己來教人，乃是把他所學於古人者來教人。

孟子曰：「人必有所不爲，而後可以有爲。」舜爲大孝，父頑、母囂、弟傲，一家皆欲置舜於死地，但舜決不願遠離父母，一人獨自去謀生；遂成了舜之大孝。此即有所不爲，乃以成其有爲之一證。

鯀治水失其道，洪水泛濫，成大災難。舜殛鯀於羽山，使其子禹繼父業治水。舜之殛鯀，乃正道，乃大道。禹不以此怨舜，亦不隨其父至殛處侍養，乃受舜命治水，以幹父蠱。此非不孝。其子方

生，禹在門外聞其啼聲，乃三過其家而不入。此亦非禹之不慈。實則禹亦有所不爲，以成其有爲也。

洪水既平，使後世尚有中國人生生不絕，禹之大功大德，實尚超禹之上。堯則更不論。但後世中國人更多稱堯舜。因堯舜之處境爲人，比較平易。舜處在野，不如堯之爲天子，更可學。禹則處境特殊，又擁有特殊才能，建特殊功業，非人人可學。中國人則更求其人人可學者，而禹乃轉居其次。

堯、舜、禹、湯、文、武，皆爲一國之君，或爲天子，爲天下之共主，豈人人能學？周公獨爲臣，不爲君，較易學。故孔子畢生爲學，乃以周公爲目標。墨翟繼起，一反孔子，主張「兼愛」，舉禹爲目標。是孔子舉其易，而墨翟舉其難。此即墨翟之不如孔子處。

墨家有傳道組織，故墨翟頗近一教主。近代國人，頗有以墨翟與耶穌並舉者。但耶穌自稱乃上帝獨生子，墨翟則亦舉古人大禹爲教，非其一人自創教。此亦可代表中國之國民性。

孟子又於堯、舜、禹、湯、文、武、周公之外，別舉三聖人。一爲伊尹之「任」，一爲伯夷之「清」，一爲柳下惠之「和」。伊尹之任，則是一狂者。伯夷之清，則是一狷者。柳下惠之和，則在狂與狷之外，又自成一格，但不得即謂之中行。

柳下惠三仕爲令尹，無喜色。三已之，無慍色。要他進便進，要他退便退。但與鄉愿不同。鄉愿只一意追隨他人，無一己之個性與品格。在他心裏，有外無內，有人無己，那就說不上一「和」字。柳下惠則自有其己，惟與伊尹、伯夷不同。故在任與清之外，又特見爲一和。

至如孔子，則亦任、亦清、亦和，隨其時宜而變其意態。故孟子稱孔子爲「聖之時」。此因孔子

有一套既深且博的學問，遂成其大中至正之盛德，與道同化。而孔子自己之個性，與其特有之品格，反而不易把捉，不易認識了。故伊尹、伯夷、柳下惠乃各以其己性教。而孔子則以其學、其德教。反使人學孔子，一若轉易於學伊尹、伯夷與柳下惠。孔子乃成爲中國此下之「至聖先師」。

四

孔子及門，最善學孔子者爲顏淵。孔子稱之曰：

一簞食，一瓢飲，在陋巷，人不堪其憂，回也不改其樂，賢哉回也。

又曰：

用之則行，舍之則藏，惟吾與爾有是夫。

莊周繼孔子、墨翟而起，兼反儒、墨，但於顏淵亦時加稱道。宋儒周濂溪有言：

果非學顏子之學，亦無以志伊尹之志。欲「志伊尹之志」，則必先「學顏子之學」。後世以孔顏並稱，尤見孔子之道之高深而博厚。

顏淵生與聖師同時，聖師在前，顏淵一意向學，務自退藏，絕不稍露其一己之光芒。然不僅孔子特加稱賞，即一時同學，亦羣加推敬無微辭。故顏淵一生，始終只是一學生身分。但中國五千年歷史，亦只有顏淵乃成為惟一傑出一學生。

孟子便與顏淵不同。其時則聖師逝世已久，反對者羣起，孟子則曰：

乃吾所願，則學孔子也。

未能親炙，則求為私淑。其見梁惠王、見齊宣王，亦如孔子之周遊列國，以求行道於天下。但終亦以不得用退老。後世兼稱孔孟，又兼稱孔顏。孟子與顏子，乃得同居「亞聖」之地位。

但宋儒又謂「孟子粗，顏子細」。若專論好學，則私淑終不如親炙之易臻於深微之地位矣。故中國人雖尊師教，更重自學，教統終不如學統之為要。求於教統，則有一孔子已足。求於學統，則非時

時有顏子、孟子其人者出，此學統即不易成。其去孔子益遠，則其爲私淑當更難。故求知孔子，不僅當知兩千五百年前之孔子，亦當知兩千五百年來之孔子，則惟當於中國儒家之學統中求之。中國雖文化深厚，而獨無一自產生之宗教；此其所以然，誠值吾國人之作深長思矣。

## 五

今吾國人則羣慕西化。此亦吾國民性一種虛心好學之表現。但因此而輕視古人，因而集中於孔子一人身上，打倒孔家店、批孔反孔呼聲，成爲一代之時髦。此則有仍值吾國人之作深入討論者。墨翟反孔，乃推尊大禹。莊周反孔、反墨，乃推重黃帝與老子。黃帝、老子，其人其事，都出莊周虛構，在此不詳論。但莊周亦僅另推一批中國古代人物來反孔、墨。此亦仍如孔子之「述而不作，信而好古」。亦可謂墨與莊亦同是孔子學脈，同足以代表吾中國人之國民性。

佛教東來，中國歷代高僧亦僅於釋迦羣加推敬，闡揚其教義。至於孔子之教，與中國社會傳統文化，則皆置之不論不議之列。果使佛法昌明，則孔道與中國文化自會轉變，自歸消失。果使歐洲人眞信耶穌，則耶穌明言「凱撒事凱撒管」，又未有敎其信徒以兵力傳播信仰之遺訓，則何須有不斷之十字軍東征？又何須有新教舊教之兵爭？回教徒一手持可蘭經，一手持刀，但其教徒東來中國，亦能與

中國人和平相處，不再持刀。此則中國民族性潛勢力之影響。即佛教，自隋唐，天臺、禪、華嚴三宗迭起，亦漸中國化。宋代理學家乃繼之而興。是則孔子之「述而不作，信而好古」，即以本國民族性傳統文化爲教，不再自鬪新義，自創新說，自成一宗教。斯誠大仁大智之結晶，而其勢力影響則轉超諸大宗教之上，固非偶然矣。

六

近代國人，競慕西化，羣奉自由、平等、獨立三口號爲人生之三大原則。實則惟中國社會乃最自由、最平等、最獨立之社會。即如孔子離魯去衛，並有羣弟子結隊成行。其在外周遊十四年而反魯，來去自由。此下戰國諸子百家周遊列國無不然。如孟子「後車數十，從者數百人，傳食諸侯」，此是何等自由！試問現世界國際遊歷，又誰何人能獲得此自由？

再言平等。孔子先曾去齊，當時乃一平民身分，然獲齊國君卿之禮遇。及其去衛、去陳，亦皆以平民身分，而同得衛、陳君卿之禮遇。不僅孔子一人爲然，戰國時更多其例。范睢以一流亡客，而秦皇長跪其前以乞言。或謂此乃戰國時事。則秦漢以下，可證中國社會君臣上下平等之事項，何止數千百條，難於列舉。先之如漢文帝之接見賈誼，後之如宋代王荊公、程伊川爲經筵講官，皆主己坐而

講，爲君者立而聽；其君亦勉從之。要之，中國社會自有其平等觀，則即此亦可證。又如獨立。孔子言「富貴不可求」，因富貴皆不得由己己獨立求之。如求富，設一工廠，開一公司，豈一人之事？如求貴，民主競選，又豈一人之事？中國人則惟求爲君子，爲聖賢，皆可獨立爲之。故主爲己之學，即主一己之獨立。

於自由、平等、獨立三者之上，中國人尚有高一層進一步之指示，如孔子之教其子伯魚學詩、學禮是也。今國人乃以中國人立教不及於自由、平等、獨立，以歸罪於中國之古人，則復何辭爲解！

今日又值孔子誕辰，試問當何以闡揚孔子之遺教？兩千五百年來，闡之揚之，不乏其人，不乏其事，不乏其見於文字著作者。別闢新義，別創新格，何以傳道而授業？此則有待於大賢君子。本文上拈諸端，庶於近代批孔反孔、輕孔蔑孔之風，聊資解惑之一助。放言高論，則非所敢。

（一九八三年九月二十八日《中央日報副刊》）

# 一九八六年美洲第五屆祭孔大典獻辭

一

中國歷史縣亘五千年。遠自上古庖犧氏、神農氏以來，已歷兩千五百年，乃有孔子出生；又迄今兩千五百年。孔子適居其中心。實爲吾中華民族文化五千年相傳一最高代表人物，承先啓後，有其極爲傑出莫可比量之重要性。

中國文化人物中之最居重要性，站在最高階層者爲聖人。孔子以前之聖人，皆居天子地位，即政治上之最高階層者，如堯、舜、禹、湯、文、武皆是。惟文王子武王弟周公，亦居最高地位，而實未爲天子，乃居臣位，非君位。孔子生平奉周公爲標準，即身不佔政治上之最高地位，而實居人品中之最高階層。而後世則奉孔子爲中國聖人中之最高位。故其弟子言：「夫子賢於堯舜遠矣。」孟子則在孔子以前未居天子高位者中，又舉出三聖人：伊尹爲「聖之任」，伯夷爲「聖之清」，

柳下惠爲「聖之和」。而孔子則爲「聖之時」，乃兼任、清、和三德，而隨時更迭表現其三德。則其地位顯又高出伊尹、伯夷、柳下惠之上。

後代中國人奉孔子爲「至聖先師」。自孔子後，惟尊孟子爲「亞聖」，而其他人物則全不再獲聖人之稱。此見後代中國人尊崇孔子，以爲乃上下古今五千年來一至高無上、莫可倫比之大聖人。

孔子平生言論行事，具載於其及門弟子所編集之論語一書中。自孔子弟子曾子傳其學於孔子之孫子思，孟子乃受學於子思之門人，上距孔子已五傳踰百年以上。孟子已在戰國時，諸子學羣興，墨翟、楊朱之傳尤盛，兩家之言盈天下，而孟子則曰：「乃吾所願，則學孔子也。」又曰：「能言距楊、墨者，皆聖人之徒也。」但當孟子時，論語一書尚未正式編纂成書，故孟子七篇中，乃不見論語之書名。論語之正式行世，當更出孟子之後。

戰國百家中，惟道家晚起，猶在楊、墨之後。莊子與孟子略同時，但孟子書中尚未見有莊子。而老子書猶後出。但莊老道家陳義高深，略可與儒家孔孟相伯仲。自西漢罷黜百家，表彰五經，而儒家乃特出百家之上。孔子作春秋，列五經中。其論語一書，則爲其時一部小學必讀書。

西漢五經博士中，禮經博士傳有小戴禮記一書，其中有大學、中庸兩篇。考其成書年代，皆當在秦始皇帝時。兩篇中尤以中庸一篇，顯見已多參雜有道家思想。在魏晉南北朝時，印度佛教傳入，中庸一篇備受重視。隋唐時，佛教中國化，天臺、華嚴、禪三宗，皆於中庸一篇有闡述。大學一篇則自宋代理學家興起，二程與朱子更常加稱引。大學、中庸遂與論語、孟子共有「四書」之稱。朱子有論

孟集注、學庸章句之作。元代考試制度，遂以四書更駕於五經之上，定爲考試之重要經典。如是八百年迄今，四書乃爲中國人人必讀書。闡論孔學，不得不兼及四書，不當專據論語一書而止。

其實論孔學，不當僅止於四書。即戰國秦漢以來兩千五百年，凡治孔學者，其言論行事，皆當和會融通，一以貫之，始足以發明孔學之全體真相。並不當偏在四書，更不當偏在論語。惟提綱挈要則論語爲主，孟子、學、庸爲副，始足以把握孔學之精要。

二

居今世姑以大學爲言。大學有「三綱領」「八條目」，八條目之後四條爲修身、齊家、治國、平天下。此爲治孔子之道者所必言。但以今日論，輩以歐洲西方學爲本，而西方學中實缺「天下」一觀念。依中國語論，若言「形上哲學」，當言「宇宙」。言「自然哲學」，當言「世界」。論「人生哲學」，則當言「天下」。而西方人觀念，凡屬人事，則僅以「國家」爲限。至康德始言「國際」，近代則有百五十國以上列入國際聯盟，而尚有在此聯盟之外者。但在「國際」一觀念之上，並無「天下」一觀念。故中國自古有封建諸侯，但諸侯之上有天子，如唐堯、虞舜、夏、商、周三代皆是。故中國自古爲一封建制度，而封建之上，實尚有一天子，仍屬大一統局面；與近人所想之封建列國並立大不

同。故孔子雖據當時魯國史官所載作春秋，而曰：「春秋，天子之事也。」列國之上，尚有中央周天子一高位。孔子又曰：「如有用我者，我其爲東周乎！」是在孔子理想中，雖不能向上追復西周之舊，而仍必爲東周，仍當有一天子在上。與今日之所謂國際聯盟，有其大不同處。

近代人惟因缺一「天下」觀，遂使列國相爭，迄無寧日。最近自第一、第二兩次世界大戰以來，又繼之以美、蘇相爭。甚至核子戰爭如在眼前，不論勝敗，數百萬以上之人生，頃刻間即可葬送於核子彈轟炸之下。稍有人道觀念，又何忍出此。孟子言：「天下定於一。誰能一之？不嗜殺人者能一之。」儻謂核子武器大量殺人可以一天下，則誠出中國人想像之外矣。儻果謂大量殺人可以一天下，則人生之意義價値又何在？若謂大量殺人不足以一天下，則又何必爲此核子武器之爭？此皆無說可通者。

抑且西方人不僅在國之上無「天下」觀，亦且於國之下無「家庭」觀。西方人之家，僅當中國家之前一半。子女長大成婚，即各自別成一家，與父母家分離，不再和合。中國則重孝道，爲子女者決不離父母而獨立。中國家庭又分「內」「外」，夫婦成婚，女家則稱外家，女婿對岳父母有半子之稱。如三代時，姬、姜兩族，常如一家。故中國由家成國，以至於天下，始終是一貫相承，無大分別。而其主要中心，則在己之一身。

人之一己，必分男女兩性。此乃自然，中國人則謂之「天命」。男女相結合爲夫婦，則乃人倫之始。；由夫婦而有父子、兄弟，乃至於國與天下君臣、朋友兩倫，皆從天生己之分爲男女來。即是說

「人倫」乃從「天道」來。孔子特提出一「仁」字。而「仁」字乃爲西方人所無有，特難以西方一字相譯。孔子弟子有子說：「孝弟爲仁之本」。孝弟之道，實即仁道，即人與人相處之道之本源所在。使人與人不能以仁道相處，則惟有伥法律作種種防止。西方人重法律，即從其不知有仁道始。

## 三

今言教育，西方自希臘時已有之。亞里士多德言：「我愛吾師，我尤愛眞理」。仍爲一種個人主義。重自發現、自創造，不重師傳。但不知人生眞理，尤貴在人之相愛。其他眞理，皆從此人之相愛之一心，即相愛之性情來。豈有在人類性情相愛之上，別有眞理？試觀其他有生物，相互間，豈不各有一番相愛之表顯？是此生物相愛之眞理，並不專限於人類。如此則今日所發明之核子武器之大羣殺害，已遠越乎人類相愛之眞情以外，豈可亦認其爲是一眞理？當知核子武器殺人乃物理，非人道，即非人生眞理。

西方人亦言人類愛情。羅馬時代開始有宗教，猶太人耶穌，以上帝獨生子教人愛上帝。但「凱撒事凱撒管」，人類相互間事耶穌不管，於是耶穌乃上十字架。故此下之教徒，乃以耶穌之十字架表示

其宗教精神。則今日之核子武器，豈得謂是十字架之更進步的創造？豈真是凱撒之道之更爲進步乎？

西方近代高等教育，亦始自教會。除宣傳教義外，尚有兩專門。一爲律師，教人爲罪人申冤，爲罪人抱不平。一爲醫學，教人爲人治病。皆有一分人類相愛之義。但今日發明了核子武器，則律師與醫生皆所不能救，不知又當學如何作對付？

其次宗教以外之教育，則始於德國之國民教育。人生惟當爲一「國民」，上帝以外，一切事惟當管理於凱撒，其他乃無教育中心可言。則西方人之真理中，亦可謂並無「人對人」之真理可言。如中國人之修身、齊家，皆非西方人之教育內容。而平天下則更所不論。

中國無宗教，而極重教育。教育中最高最大之教師則爲孔子。故孔子爲中國之「至聖先師」。孔子教人主在「仁」，仁即人生之大道，即人與人相親相愛之道。亦可謂乃人類相互間之一番同情心。欲發抒此一番人類相互間之同情心，最先則本源於嬰孩之對其父母兄姐，故曰「孝弟爲仁之本」。其次長大成人，乃移此一番情感來對國、對天下，故曰「移孝作忠」。

四

中國人言忠，其道在盡己以對人。而言忠道則又必言「恕」，「己所不欲，勿施於人」爲恕道。

在美國，遠在南北戰爭時，有一將軍，退休後寓居紐約附近，獨身不娶，性情怪癖。家中僕人皆遭謾

罵，中途離去。有中國山東籍一華工丁龍，自來相助。告將軍：我原籍中國山東省，古聖人孔子乃我同鄉，教人忠恕之道，己

所勿欲毋施於人。今將軍遭苦難，一人獨居難堪，余特來追隨相助。將軍聞言大驚異，謂不知君乃能

讀古聖人書。丁龍言：余不識字，不能讀書，乃幼時聞父訓知此。將軍謂汝父能讀聖人書，亦大佳

丁龍又謂：余父亦不識字，亦不能讀書，乃聞之祖父、曾祖父以上，亦皆不能識字，不能讀書，乃

上代之家傳知有此。此將軍聞言大加嘉許，乃相交如朋友。積有年，丁龍患病將不起，告將軍謂：得

將軍歷年資養，衣食居住皆得安足。今病不起，將軍歷年所給薪資，余皆積存。此間無深交，老家無

親屬，願歸還將軍，聊報積年愛顧之情。丁龍死，此將軍乃將其遺存，並增巨款，贈紐約哥倫比亞大

學設一講座，專以研究中國文化為務。但此講座歷任人選皆美國人，不聞聘中國人任之。中國人留學

美國，或在哥倫比亞大學，或在其他大學者，學成歸國，亦從不談及丁龍事。余於一九六○年親赴美

國，乃始知有丁龍其人其事。每以與臺灣之吳鳳並舉。吳鳳雖讀書識字，亦非一學者。然此兩人皆眞

有得於孔子之遺教，足為後人百世之師。此乃中國民族傳統文化所得之佳果。紀念孔子，求知孔子之

道，能如吳鳳、丁龍其人，斯亦可矣。而豈必以專門讀書，成一學者乃為貴！

吳鳳者，乃晚清同光時，在臺灣，為平地人與山地人通商一通事。其時山地民族好殺人，每年必

以一人頭為祭。吳鳳任通事，得山地民族之好感，勸勿再殺人。每年即以所積存之人頭，擇一為祭。

如是有年，人頭已盡。山地人又欲下山殺人，以告吳鳳。吳鳳乃告以某晨某處山路上有一騎馬者過，可殺之以祭。山地人從其言。乃知所殺即吳鳳。大悔憾，此後乃止殺人之俗。如吳鳳之以身勸殺，此即孔子之所謂「殺身成仁」，亦可謂曲盡其忠於對人之所能至矣。今臺灣之山地民族與平地居民和好如一家，則皆吳鳳往年之功。至今有吳鳳廟，受人崇拜。

中國人言「非吾族類，其心必異」，此乃言其相互積習之心。又言「中國而夷狄則夷狄之，夷狄而中國則中國之」，此則言其修養道義之心，即人類之文化心。今逢美西舊金山舉辦祭孔大典，諸君遠在美國，余則羈老在臺，皆遠離大陸本土。然孔子亦欲居九夷。故中國人言「天下一家」，亦皆從其文化言。其文化之大本，則出自人之各己之一心。其心變，斯文化亦隨而變。中國人之所謂「道一風同」，其所望則在此心之道之常存而不變。風之隨時而必變，仍以能不變其心之所存爲貴。願吾當今國人其相互共勉之。

（一九八六年十月應美舊金山華僑邀稿而作）

# 孔子誕辰勸人讀論語並及論語之讀法

## 一

論語應該是一部中國人人人必讀的書。不僅中國，將來此書，應成爲一部世界人類的人人必讀書。

讀論語並不難，一個高級中文中學的學生，平直讀其大義，應可通十分之四乃至十分之五。

讀論語可分章讀，通一章即有一章之用。遇不懂處暫時跳過，俟讀了一遍再讀第二遍，從前不懂的逐漸可懂。如是反覆讀過十遍八遍以上，一個普通人，應可通其十分之六七。如是也就夠了。

任何人，倘能每天抽出幾分鐘時間，不論枕上、廁上、舟車上，任何處，可拿出論語，讀其一章或二章。整部論語，共四百九十八章；但有重複的。有甚多是一句一章，兩句一章的。再把讀不懂的暫時跳過，至少每年可讀論語一遍。自二十歲起到六十歲，應可讀論語四十遍。

若其人生活，和書本文字隔離不太遠，能在每星期抽出一小時工夫，應可讀論語一篇。整部論語共二十篇，一年以五十一星期計，兩年應可讀論語五遍。自二十到六十，應可讀論語一百遍。若使中國人，只要有讀中學的程度，每人到六十歲，都讀過論語四十遍到一百遍，那都成聖人之徒，那時的社會也會徹底變樣子。

因此，我認為：今天的中國讀書人，應負兩大責任。一是自己讀論語，一是勸人讀論語。

二

上面一段話，我是為每一個識字讀書人而說。下面將為有志深讀精讀論語的人說，所說則仍有關於如何讀論語的方法問題。

讀論語兼須讀注。論語注有三部可讀：一是魏何晏集解，一是宋朱熹集注，一是清劉寶楠正義。

普通讀論語，都讀朱子注。若要深讀精讀，讀了朱注，最好能讀何晏所集的古注，然後再讀劉寶楠編撰的清儒注。不讀何、劉兩家注，不知朱注錯誤處，亦將不知朱注之精善處。

最先應分開讀，先讀朱注，再讀何、劉兩家。其次應合讀，每一章同時兼讀何、朱、劉三書，分別比較，自然精義顯露。

清儒曾說：考據、義理、辭章三者不可偏廢。讀論語亦該從此三方面用心。或疑讀論語應重義理，何必注意到考據、辭章。以下我將舉少數幾條例來解釋此疑。如：

第一，讀論語不可忽略了考據。如：

三

子曰：「人而無信，不知其可也。大車無輗，小車無軏，其何以行之哉？」

讀這一章，便須有考據名物的工夫。古代的大車、小車，體製如何分別？「輗」和「軏」是車上什麼零件？若這些不明白，只說孔子認爲人不可無信，但爲何人不可以無信，不懂孔子這番譬喻，究竟沒有懂得孔子眞義所在。好在此等，在舊注中都已交代明白，如讀朱注嫌其簡略，便應讀古注和清儒注。務求對此項名物知道清楚了，本章涵義也就清楚。萬不宜先橫一意見，說這些是考據名物，不值得注意。

又如：

子曰：「禘自既灌而往者，吾不欲觀之矣。」

或問禘之說。子曰：「不知也。知其說者之於天下也，其如示諸斯乎！」指其掌。

這兩章，孔子論及禘禮，那是有關制度方面的事。「禘」究是個什麼禮？「灌」是此禮中如何一個項目？為何孔子看禘禮到灌以下便不願再看？那必有一番道理。孔子弟子們，正為有不明白孔子心中這一番道理的，所以緊接有下一章，有人問孔子關於禘的說法。但孔子又閃開不肯說，說：「我也不知呀！」下面又接着說：「知道了這番道理，治天下便像運諸掌。」可見這番道理，在孔子心中，並不小看，而且極重視。現在我們只能說，孔子講政治極重禮治主義。但孔子主張禮治之內容及其意義，我們無法說。若只牽引荀子及小戴禮等書來說，那只是說明荀子和小戴禮，沒有說明孔子自己的意見。

若要考據禘禮，那不像大車小車、輗和軏般簡單。古人對此，聚訟紛紜，莫衷一是。似乎非專治考據，無法來解決此難題。其實也並不然。前人引經據典，提出的說法，最多也不過四五種；我們只要肯細心耐心，把此四五種異同之說，平心研討，自然也可明白一大概。壞是壞在我們先有一存心，說這些是考據，和義理不相關。其實這兩章的考據不明，則義理終亦無法明。

現在再說，讀論語不可忽略了辭章。

我此處所說的辭章，包括字義、句法、章法等，即純文學觀點下之所謂辭章亦包括在內。如：

## 四

子曰：「晏平仲善與人交，久而敬之。」

此章似乎甚為明白易解；但中間發生了問題，問題發生在「之」字上。究是晏子敬人呢？還是人敬晏子呢？「之」字解法不同，下面引伸出的義理可以甚不同。古注是解的人敬晏子，朱子解作晏子敬人。現在我們且莫辨這兩番義理誰是好，我們且先問孔子自己究如何說。這不是一義理問題，而是一辭章問題。即是在句法上，此「之」字究應指晏子或他人？就句法論，自然這「之」字該指的他人。但又另有問題發生，即論語的本子有不同，有一本卻明作：「晏平仲善與人交，久而人敬之。」下句多了一「人」字。若下句原來真有一「人」字，自然又是古注對。此處便又牽涉到考據學上的校勘問題了。

牽涉到校勘，便要問這兩個不同之本，究竟那一個本更有價值些？鄭玄本是不多一「人」字的，皇侃義疏本是多一「人」字的。但皇侃本在其他處也多與相傳論語有不同字句，而頗多不可信；則此處多一「人」字，也不值得過信。至於其他本多一「人」字的還多，但皆承襲皇本，更就無足輕重。因多一「人」字始見是人敬晏子，則少一「人」字，自當解作晏子敬人。而多一「人」字之本又不值信據，則此問題也自然解決了。朱子注論語，豈有不參考古注異本的？但朱子只依鄭玄本，知在此等處，已用過別擇工夫。

又如：

## 五

　　子見南子，子路不說，夫子矢之曰：「予所否者，天厭之，天厭之。」

這一章的問題，較之上引一章，複雜而重大得多了。從來讀論語的，對此章不知發生過幾多疑辨。直到民國初年新文化運動掀起「打倒孔家店」的浪潮，有人把此章編了「子見南子」的話劇，在孔子

家鄉曲阜某中學演出，引起了全國報章喧傳注意。可見讀論語，不能不注意到此章。討論孔子爲人，亦不能不注意到此章。但研究此章，斷不能不先從字義句法上入手，這即是辭章之學了。

孔子做了此事，他弟子心感不悅，不奇怪嗎？所以從來注家，都對此章「矢」字作別解，不說是發誓。獨朱子注明白說：「矢，誓也。」那豈不奇怪嗎？

朱子何以作此斷定？因下文是古人常用的誓辭。朱注又說：「所，誓辭也。如云『所不與崔慶者』之類。」可見此處朱子也用了考據工夫。其實朱子此注，如改爲「凡上用『所』，下用『者』字之句，是古人之誓辭」，就更清楚了。其後清儒閻若璩在四書釋地中把關於此種語法之例都詳舉了。近人馬氏文通也曾詳舉一番，可證明朱注之確實可信。

朱子既根據這一判定，下面「予所否者，天厭之，天厭之」三句，解作「若我所行不合於禮，不由其道，則天將厭棄我。」這一解法，也確實可信了。許多對「矢」字作曲解的，對下面「否」字也另作曲解，那都不值得討論了。

照字義語法講，朱注既是確切不移，但仍然不能使人明白這全章之意義。南子是一位有淫行的女人，孔子見之，卻說合禮由道，這是什麼意義呢？朱子在此處，特別添進一句，說：「古者仕於其國，有見其小君之禮。」此一條又是考據。若我們明白了這一層，「子見南子」這一件事，也無足多疑了。

論語中像此之例還多。如陽貨欲見孔子，孔子不見。陽貨饋孔子豚，孔子便不得不去見陽貨。朱

子注此章亦引據古禮，說：「大夫有賜於士，不得受於其家，則往拜其門。」經朱子加進了這一番考據，情事躍然，如在目前了。現在孔子在衛國受祿，衛君的夫人要見他，照禮他不得不往見。近代社交，也儘有像此類的情節？那有什麼可疑的呢？

清儒說：「訓詁明而後義理明，考據明而後義理明。」朱注此章，真做到了。清儒對此章之訓詁考據，則反有不如朱子的。

但這裏仍有問題。清儒是肯認真讀書的。朱子所說那條古禮，究竟根據何書呢？清儒毛奇齡曾遍翻古籍，卻不見朱子所說的那一條。於是再翻朱子的書，原來朱子也曾自己說是「於禮無所見」，因說朱子是杜撰。但這裏至少可見朱子也曾為此事而遍翻古禮，才說「於禮無所見」。朱子也知要明白這一章的情節，不得不乞靈於考據，於是才遍查古籍的。但古籍中雖無「仕於其國必見其小君」之一條，也並無「仕於其國必不得見其小君」之一條，如衛封人欲見孔子，說了一番話，孔子也就見他了。南子欲見孔子，也說了一番話，這番話史記曾載下，說：「四方之君子，辱欲與寡君為兄弟者，必見寡小君，寡小君願見。」是南子欲見孔子之請辭，十分鄭重，而又懇切。史記又說：「孔子辭謝，不得已而見之。」是孔子辭而不獲始去見。史記又記其相見時之禮節云：「孔子入門，北面稽首，夫人在絺帷中再拜，環佩玉聲璆然。」我想朱子根據史記此一段記載，說「古者仕於其國，有見其小君之禮」，不能說他完全是杜撰。清儒硬要說無此禮，反見是拘礙不通了。古代的禮文，那能逐條保存，盡流傳到後世？？而且社會上的禮節，又那裏是件件要寫下正式條文的呢？？可見我們讀書，需要考據，

但考據也解決不了一切的問題。又考據也有高明與不高明之別。朱子此條，在我認爲是極高明的了。

近人認爲宋儒輕視考據，或不懂考據，那都是門戶偏見。

但這裏仍有問題。若果如朱子解法，孔子何不直截了當把此番話告訴子路，卻要急得對天發誓呢？朱注對此層，仍未交代明白；所以清儒仍不免要多生曲解。此處讓我依據朱注再來補充說一番。

說到這裏，便該注意到本章中「子路不說」之「不說」兩字上。今且問：子路不悅，是不悅在心中？還是不悅在臉上？還是把心中不悅向孔子直說？還是把心中不悅向孔子直說了？依照本章上下文的文理和神情，子路定是把他心中的不悅向孔子直說了。子路如何說法，論語記者沒有記下來，但一定牽涉到南子淫行，是可想而知了。而且南子原本不是一位正式夫人，如何叫孔子去受委屈。這些話，都是無可否認的。孔子若針對子路話作答，則只有像朱注般說：「我只依禮不該拒絕不去見，至於她的一切，那是她的事，我何能管得這許多？」在此又有人提出古禮，說：「禮，在其國，不非其大夫。」現在南子是君夫人，地位更在大夫之上。她請見孔子，辭令又很鄭重有禮。孔子不願針對子路話作答，因爲這樣便太直率了。於是說：「我若錯了，天自會厭棄我。」這樣說來，孔子之以天自誓，並不是憤激語，反見是委婉語。細尋本章文理，如此說，並非說不通，而且在文章神情上，豈不更好嗎？就行事言，孟子說：「仲尼不爲已甚。」就應對言，孔子說：「不學詩，無以言。」孔子此處對子路的誓辭，卻反而有詩意了。

以上這段話，是我根據朱注，再依或人之說，而自加以闡發；自謂於考據、辭章、義理三方面都

能兼顧到，說得通。但不知如此說來，究說到論語本章之眞義與否？總之，要研尋論語義理，不能不兼顧考據、辭章。舉此爲例，也可說明此意了。

## 六

現在再繼續舉一章說之：

子貢曰：「我不欲人之加諸我也，吾亦欲無加諸人。」子曰：「賜也！非爾所及也。」

朱子注：

子貢言：我所不欲人加於我之事，我亦不欲以此加之於人。此仁者之事，不待勉強，故夫子以為非子貢所及。

朱子在圈下注中又引程子說，謂：

我不欲人之加諸我，吾亦欲無加諸人，仁也。施諸己而不願，亦勿施於人，恕也。恕則子貢或

能勉之，仁則非所及矣。

朱子又自加發揮，說：

愚謂無者自然而然，勿者禁止之謂，此所以為仁、恕之別。

大家說程朱善言義理，但此章解釋卻似近勉強。朱子說：「無者自然而然，勿者禁止之辭。」其實本章明言欲無加諸人，所重在「欲」字，「欲」即非自然而然。欲無加諸人之「無」字，亦非自然而無，乃是亦欲不加諸人。因此此章程朱把仁、恕分說，實不可靠。

古注孔安國說：「非爾所及，言不能止人使不加非義於己」。此解乃爲得之。何以說孔安國說得之？仍須從本章的句法上去研求。本章句法是平行對列的，我不欲人把非禮加我，我亦欲不把非禮加人。下句有一「亦」字，顯然是兩句分開作兩件事說的。若說「己所不欲，勿施於人」，此等句法是直承偏注，只是說一句話，一件事。細究兩處文法，自見不同。若把握住此點，朱注「子貢言我所不欲人加於我之事」這一句也錯了，只應說「我不欲人加於我，我也欲我不把來加於人。」朱注「我所

不欲人加於我之事」，此語只可移作「己所不欲」四字之注解。朱注「之事」二字，即「所不欲」之「所」字，但蠱章則句法不同。孔安國看準了，故說：「別人要加非義於你，你何能禁止呀！」孔子所謂「非爾所及」，只承上一句，不關下一句。

我舉此例，仍只要說明欲通論語之義理，必須先通論語之文法。若文法不通，所講的義理，只是你自己的，不和論語本文相關。

## 七

此下我想再舉一例。

子曰：「飯疏食，飲水，曲肱而枕之，樂亦在其中矣。不義而富且貴，於我如浮雲。」

我常愛誦此章，認為大有詩意，可當作一首散文詩讀。此章之深富詩意，尤其在末尾那一掉，「不義而富且貴，於我如浮雲」十一字。其實在「於我如浮雲」那五字，尤在「如浮雲」那三字。若省去此一掉，或在掉尾中換去「如浮雲」三字，只說：「於我有什麼相干呀！」那便絕無詩意可言了。但

我們讀論語，固可欣賞其文辭，主要還在研尋其義理。難道論語記者無端在本章添此一掉尾，也像後世辭章之士之所爲嗎？因此我們在此掉尾之十一字中，仍該深求其義理所在。

若在此十一字中深求其義理所在，則「不義而」三字，便見吃緊了。「素富貴行乎富貴」，富貴並非要不得。

孔子又曾說：

富與貴，是人之所欲也；不以其道得之，不處也。

不以其道而得富貴，還不是「不義而富且貴」嗎？今且問：你若不行不義，那有不義的富貴逼人而來？富貴逼人而來，是可有的。不義的富貴，則待我們行了不義才會來。倘我絕不行不義，那「不義而富且貴」之事，絕不會干擾到我身上，那眞如天上浮雲，和我絕不相干了。因此，我們若沒有本章下半節「於我如浮雲」這一番心胸，便也不能眞有本章上半節「樂亦在其中」這一番情趣。關於本章下半節的那種心胸，在孟子書裏屢屢提到，此不詳引。我此所說，只是說明要眞瞭解論語各章之眞意義，貴在能從論語各章逐字逐句，在考據、訓詁、文理、辭章各方面去仔細推求，不要忽略了一字，不要拋棄了一句。至於把論語原文逐字逐句反到自己身心方面來眞實踐履，親切體會，那自不待再說了。

# 八

或有人會懷疑我上文所說，只重在考據、辭章方面來尋求義理，卻不教人徑從義理方面作尋求，如孔子論「仁」論「智」，論「道」論「命」，論「一貫」「忠恕」，論「孝弟」「忠信」之類。這一層，我在上文已說到，讀論語貴於讀一章即得一章之益。即如論語說：

　　巧言令色鮮矣仁。

　　剛毅木訥近仁。

　　仁者其言也訒。

　　仁者先難而後獲。

這些話，逐字逐句求解，解得一句，即明白得此一句之義理，即可有此一句之受用。若解釋得多了，凡屬論語論仁處，我都解得了；論語不提到仁字處，我亦解得了；孔子論仁論道的真意義，我自然也解得了。此是一種「會通」之學。義理在分別處，亦在會通處。會通即是會通其所分別。若論語各

章各節，一句一字，不去理會求確解，專拈幾個重要字面，寫出幾個大題目，如「孔子論仁」，「孔子論道」之類，隨便引申發揮；這只發揮了自己意見，並不會使自己真瞭解論語，亦不會使自己對論語一書有真實的受用。那是自欺欺人，又何必呢？

所以我勸人讀論語，可以分散讀，即一章一章地讀：又可以跳着讀，即先讀自己懂得的，不懂的，且放一旁。你若要精讀深讀，仍該如此讀，把每一章各別分散開來，逐字逐句，用考據、訓詁、校勘乃及文章之神理氣味、格律聲色，面面俱到地逐一分求。明得一字是一字，明得一句是一句，明得一章是一章。且莫先橫梗着一番大道理，一項大題目在胸中，認為不值得如此細碎去理會。

子貢說：「回也聞一而知十，賜也聞一以知二。」顏淵、子貢都是孔門高第弟子，但他們也只一件件，一項項，逐一在孔子處聽受。現在我們不敢希望自己如顏淵，也不敢希望自己是子貢。我們讀論語，也只一章一章地讀，能讀一章懂一章之義理，已很不差了。即使我們讀兩章懂一章，讀十章懂一章，也已不差。全部論語五百章，我們真懂得五十章，已儘够受用。其實照我辦法，只要真懂得五十章，其餘四百五十章，也就迎刃而解了。

孔子誕辰勸人讀論語並及論語之讀法

## 九

朱子注論語有三大長處：

一、簡明。古今注說論語之書多矣，獨朱注最爲簡單明白。

二、朱注能深入淺出。初學可以淺讀，成學可以深讀，朱注可以使人終身誦讀不厭。

三、朱注於義理、考據、辭章三方面皆優。

宋人長於義理，固矣，然朱注於考據訓詁亦極精善，且又長於文理，能於論語之章法、句法、字法體會深微；故論語以朱注爲最勝。

猶憶十七八歲時，偶在家中書架翻得清儒毛西河四書改錯石印小字本；讀之驚喜，不忍釋手，迨黃昏，移就庭外立讀。其書批駁朱注，分類分條，幾於通體無完膚。余時愚陋無知，僅知朱子乃宋代大儒，又知讀論語必兼讀朱注；而毛氏何人，則不知也。又其分類，如有關天文、地理、宮室、衣服之屬，凡所討論，余皆一無所知。讀其書，使余知學問之廣大，若另見一新天地之存在。

越後讀書漸多，知有所謂漢學、宋學之別。又久之，讀書益多，乃知即論語考據訓詁，清代治漢學諸儒未必是，朱注亦未必非。其後幾二十年，在北平書肆又購得毛氏四書改錯之大字木刻本；再讀

之，乃知毛氏雖博辨，其書實不能如朱注之廣大而精微。回憶少年時初讀此書之心境，不覺恍然自失。

蓋清儒自號治漢學，門戶之見甚深。凡朱注錯誤處，積清儒二百數十年之搜剔抉發，幾於盡加駁正，殆所謂「丘也幸，苟有過，人必知之」矣。然亦有朱注正確，清儒存心立異，轉以自陷。時余在北平，見學者羣推劉寶楠論語正義，鄙薄朱注不讀。心知其非，顧一時風氣所趨，亦無法糾挽。及抗戰時在成都，病中讀朱子語類，一日僅能讀數條而止，倦即放置不讀，亦不讀他書。約半年，讀語類始畢。乃知朱子注論語，於義理亦有錯，並多錯在「性」與「天道」等大綱節上。此乃程朱與孔孟學術思想分異所在，亦已多為清儒所糾彈。然善言義理，仍推朱注，斷非清儒所及。故余數十年來，教人讀論語，仍必教人兼讀朱注。

惟學者治論語，先於朱注立基礎，仍貴能進而多窺諸家之異說。所謂諸家，有遠在朱子之前，更多起於朱子之後。苟非多窺異說，將不知朱注所誤何在，更不知朱注所為精善獨出於諸家之上者何在。從來解說論語者多矣，幾於每字、每句、每章必有異說。每有異說，亦多在兩三說以上。惟學者治異說，切戒有好異心，切戒有好勝心。貴能平心靜氣，以實事求是之心讀之。每得一異說，於文理文氣上孰當孰否？於考據訓詁上孰得孰失？於義理闡發上孰精孰粗？貴能細心尋求。論語本文，若平淡易簡，然學者能循此求之，一說之外復有一說，眾說紛紜，而各有所見，亦各有所據。正在此等處，可以長聰明，開思悟，聞見日廣，識慮日精。僅於論語一書能如此求之，而義理、考據、辭章三方面之進益，有不知其然而然者。有日新月異，益深益遠，已臻於為學之上乘而初不自覺者。然治論

孔子誕辰勸人讀論語並及論語之讀法

五九

語之異說，亦不貴貪多，不貴欲速，不貴在限定年月以內，必盡搜論語之異說而徧治之。只貴於朱注外，隨時得一書、獲一說，即取與朱注對比，通一說即獲通一說之進益。如此從容緩進，乃爲可貴。

余自來香港，即有意爲論語作一新解，雖尊朱注，遇異說勝朱注者，盡改以從。而亦欲仿朱注之力求簡明，力求能深入而淺出，務求於義理、考據、辭章三方兼顧。務求自中學生以上皆能通讀，尤望成學之士讀我注亦不以爲鄙淺。懷此心已久，屢易稿而皆未愜。三年前在美國，積半年之力獲成初稿。後又再自校讀，前年冬通讀一過，去夏又再讀一過。一再細讀，今已過半，多所改定，今冬當可付印。自問此書，雖不能取朱注而代之，然讀朱注者必當再讀吾書，然後於論語易於有入門益進之望。此則余之志願所在也。

（原題校慶日勸同學讀論語並及論語之讀法，一九六二年九月在香港新亞書院爲孔誕及校慶作，載新亞生活五卷七期。一九七四年編此書時，又併入新亞生活四卷五期論語讀法一文，改爲今題。）

# 再勸讀論語並論讀法

## 一

朱子注論語，在卷首序說中，引有史記與何氏語，最後復引程子語四條。日前有數位同學手持我著新解來，求我題字。我多錄程子此四條語中一條：

今人不會讀書。如讀論語，未讀時是此等人，讀了後又只是此等人，便是不曾讀。

此條之前一條爲：

讀論語，有讀了全然無事者，有讀了後直有不知手之舞之、足之蹈之者。

中,以上引三條爲更重要。

程子四條

語中之意味深長處，然其用心則頗可取。

在本所最近一次月會中，我很欣賞馬同學之報告，可知他已能讀論語。或許他現尚未能領略到論

最後一條爲：

頤自十七八讀論語，當時已曉文義，讀之愈久，但覺意味深長。

馬君提出問題，如：「聖人是否可學而致？」換言之，聖人學到與學不到，也即是我們有志學聖人，能力足不足的問題。如孟子曰：「人皆可以爲堯舜，是不爲也，非不能也。」依孟子意，似乎我們學聖人，力非不足。但孟子所言有無問題，實值研究。現在大家讀論語，多不在此等處用心。通常只講孔子如何說「仁」、說「天」、孔子哲學思想如何，或贊成，或反對。然此非讀論語之主要所在。

馬同學另一問題：「依論語中所講，似乎孔子論語是一種理想主義。」當時有人反對，說讀論語應重實踐。但實踐仍必應有理想。如孔子曰：「吾十有五而志於學」，究要學一些什麼？此中便是一理想。馬君又說：「依孔子講法，似乎無人能達到理想之頂顛。」我很欣賞他提出此問題，我甚喜他

究應如何去讀論語？我主張當依程伊川語去讀。

孔子與論語

六二

能如此去讀《論語》。諸位不可隨便加批評。我現即就這些問題來略作講述。

二

孔子是一聖人，試看他究達到了頂點沒有？孔子弟子認爲雖堯舜亦難與孔子相比。但孔子「發憤忘食，樂以忘憂，不知老之將至」，在他自己，似乎並未認爲自己已到最高頂點。他只說：

不怨天，不尤人，下學而上達，知我者其天乎！

又說：

吾十有五而志於學，三十而立，四十而不惑，五十而知天命，六十而耳順，七十而從心所欲，不踰矩。

如此一路學上去，但並沒有說七十時便是一最高境界。孔子又說：

默而識之，學而不厭，誨人不倦，何有於我哉！

若聖與仁，則吾豈敢；抑為之不厭，誨人不倦，則可謂云爾已矣。

此是孔子自說境界，但並未說到此境界後便不能再往前。後人推尊孔子，謂孔子已至聖人之最高境界。後來也無第二人敢以孔子自許。朱注在「三十而立，四十而不惑」下引程子語：「孔子生而知之也，言亦由學而至，所以勉進後人也。」朱子自注則云：「愚謂聖人生知安行，固無積累之漸，然其心未嘗自謂已至此也。」倘諸位心中並無馬君所提此一問題，此處必然會忽略過。當知此與說孔子之政治哲學、人生哲學、宇宙論、經濟思想、社會主張等種種說法皆不相干。若以這些問題去讀論語，勢必把一部論語零散分割，亦遂不致有程子所謂「有讀了後其中得一兩句喜者，有讀了後知好之者，有讀了後直有不知手之舞之、足之蹈之者」之語。

三

現試看學而篇：

有子曰：「信近於義，言可復也。恭近於禮，遠恥辱也。因不失其親，亦可宗也。」

朱注：「因，猶依也。」諸位在社會上依靠或接近師友，這即是「因」。「因」則必「親」。但有人是可接近與應接近者，有人則是不可及不應接近者，此處必須有分別。朱注……

此言人之言行交際，皆當謹之於始，而慮其所終。不然，則因仍苟且之間，將有不勝其自失之悔者矣。

此處即是實踐。如何去選擇所應親，自有一套義理或說理想在後面。讀論語若懂得如此讀，自會變為另一個人。

此若與任何學問上大題目無關，但若講個人做人，必有人會喜歡此三句。諸位莫問自己所研究者為何？皆應一讀論語，懂得「吃緊為人」。即是要在做人一事上扣緊。馬君讀書不多，卻能提出甚多問題，所提出者正是屬於「吃緊為人」方面。中國傳統義理重要正在講「人」。此則並非一項理論，成不成系統，合不合邏輯，或僅是一種知識。一部論語，重要教人並不在知識或理論上。如云……

君子上達，小人下達。

若諸位要做君子，論語便會教你一番上達之道，但並非在教諸位去知道上古時之政治、社會、經濟等情形。倘使諸位欲知古代之禮，可讀左傳；欲知古代文學，可讀詩經。孔子只講如何做人，但亦未講到人性善惡等，亦未講天是一個什麼等，種種大理論。此後如孟荀乃至如宋明理學家，皆愛講此等大理論，但皆敬佩孔子，認爲不可及。其實孔子只是「吃緊爲人」。諸位若能從此道路去讀論語，所得必會不同。

四

諸位或許懷疑今日時代不同，社會背景皆已大變，孔子所說是否尚可作爲我們做人之標準？關於此問題，我在新解學而篇注中說：

孔子距今已逾二千五百年，今之爲學，自不能盡同於孔子之時。然即在今日，仍有時習，仍有

朋來，仍有人不能知之一境。在學者內心，仍亦有悅、有樂、有慍。即再踰兩千五百年，亦復如是。故知孔子所開示者，乃屬一種通義，不受時限，通於古今，而義無不然。故為可貴。讀論語者不可不知。

又如子罕篇：

子曰：「勇者不懼。」

程子云：

明理自不懼。

我們可把近代心理學，如病態心理、精神分析、或精神治療等道理，來講程子之學。當時有人問程子：為何總覺迎面有一獅子撲來？程子告之曰：再見其撲來，可急用手抓住。其人歸依其語，一見即抓，後遂不復有見。又有人目畏尖物，程子告以：室中盡置尖物，自知尖不刺人，何畏之有？自程子此二故事中，可知程子實深通心理學。其他類此故事尚多，諸位可自去玩味。程子也隔現代一千

年，何嘗是他的話便都過時了。

又如《學而》篇：

宋人評曰：

子曰：「父在觀其志，父沒觀其行，三年無改於父之道，可謂孝矣。」

若父行是道，子當終身守之毋改；若非道，則何待三年？

我在《新解》中注曰：

「其」，指子言。父在，子不主事，故惟當觀其志。父沒，子可親事，則當觀其行。道，猶事也。言道，尊父之辭。本章就父子言，則其道其事，皆家事也。如冠婚喪祭之經費，婚姻戚故之饋問，歲時伏臘之常式，子有孝心，不忍遽改其父生時之素風也。或曰：古制，父死，子不遽親政，授政於冢宰，三年不言政事。此所謂三年之喪也。新君在喪禮中，悲戚方殷，無心問政；又因驟承大位，未有親政之經驗，故默爾不言，自不輕改父道。此亦

一說。然本章通言父子，似不專指為君者言。

又如：

我自信如此講法較近情理，情理自可通古今，沒有說時代變了，人情事理皆該變。

或：

子曰：「唯女子與小人，為難養也；近之則不孫，遠之則怨。」

民可使由之，不可以使知之。

此兩條，近人最喜援用來批評孔子。諸位試去讀我新解，我只認定：孔子所開示者，乃屬一種通義，不受時限，通於古今，而義無不然。若真能吃緊為人，則自見古今仍是無大分別。諸位試去讀上舉兩例，看我講法通也不通。我自認我著新解，也只從「吃緊為人」處講。若真能吃緊為人，則自見古今仍是無大分別。

又如爲政篇：

子曰：「吾十有五而志於學，三十而立，四十而不惑，五十而知天命，六十而耳順，七十而從心所欲不踰矩。」

## 五

我在新解中注曰：

此章乃孔子自述其一生學之所至，其與年俱進之階程有如此。學者固當循此努力，日就月將，以希優入於聖域。然學者所能用力，亦在「志學」與「立」與「不惑」之三階程。至於「知天命」以上，則非用力所及，不宜妄有希效。知有此一境，而懸以存諸心中則可；若妄以自己比仿模擬之，則是妄意希天，且流為鄉愿，為無忌憚之小人，而不自知矣。學者試返玩學而篇之首章與末章，而循循自勉，庶可漸窺此章之深處。蓋學而篇首、末兩章，只從淺處實處啟示，學者可

以由此從入。此章雖孔子之自道，無語不實，其中卻儘有深處玄處；無所憑依而妄冀其驟入，則轉成談空說玄，非孔子以平實教人之本意也。孔子又曰：「不怨天，不尤人，下學而上達，知我者其天乎」義與此章相發。自「志學」而「立」而「不惑」，皆下學也。自此以往，則上達矣。「知天命」故不怨天，「耳順」故不尤人。此心直上達天德，故能「從心所欲不踰矩」，而知我者惟天也。知命、耳順，固非學者所易企，而不怨不尤，則為學者所當勉。行遠自邇，登高自卑。千里之行，起於足下。學者就所能為而勉為之，亦無患乎聖學之難窺矣。

此段可回到前所提出之問題，即聖人可學，但我們不一定能學到。倘使諸位能以「吃緊為人」之心情讀此二段話，則自可有大興趣，亦可有大裨益。理想可說無止境，聖人亦無一最後頂點。王陽明曾云：「人皆可以爲堯舜」，譬諸黃金，成色可以十足，但分量各有不同。」人固不易到達最高頂點，然亦不致於永居最低下處。此最高與最低處是謂兩端，是非善惡皆比較而見。「天堂」僅是一理想，從無一人能到了天堂再返回世間，將其經歷告知人們。佛家講「真」「俗」亦是兩端。人通常是去惡從善，永居於中段。學聖人只應也如聖人般「下學上達」。人若落至最低處，縱使十惡不赦，如殺人償命，此是「世間法」；但其人臨刑時內心若知懺悔，此即是「下學上達」。正如佛家所說：「臨終一聲南無阿彌陀佛，即可往生」。儒家亦云：「朝聞道，夕死可矣。」此皆是「下學上達。」下學人人可能，只要下學，便已在上達路上了。「學而時習之」並不是定要學到最高境界，而是要不停地學，自

然日有進步，此即人生大道。

若本此觀點言，「人皆可以爲堯舜」，人與人之間終是平等。但諸位若意欲做一史學家或哲學家等，把此心情去讀論語，將會見得論語並無甚大意義，保不得你眞成一史學家或哲學家。但若要做一個「人」，要做人人有長進，把如此心情去讀論語，則自見論語中每一句皆有意義。

當知我們每一人之脾氣、感情與性格，乃是與我們最親近者。如知識、學問等，則比較和我們要遠些。「吃緊爲人」，便要懂得從和我們親近處下手，莫要只注意在疏遠處。故我勸諸位，莫要看輕朱注論語序中，所引程夫子幾段話。應能「學而時習」，應能「下學上達」，先要能「志於學」，只往上不向下，一言一行皆應日求上進。我今日所講，亦是一種通義，修己之餘，還可進以教人，諸位宜各勉之。

（一九六三年六月在香港新亞研究所講）

# 談朱子的論語集注

## 一

今天我講的題目是「談朱子的論語集注」。

論語在漢代，和孝經、爾雅等書，同屬小學，是大家的必讀書。到了宋代，理學興起，朱子集其大成。朱子的論語集注，元以後，懸爲功令，科舉考試必根據朱注發揮。因此元、明、清三代，七百多年，朱子的論語集注，亦爲人人的必讀書。我今天要講的正是朱子的論語集注。

先講朱子寫此書的經過。向例一書寫成，都有序，或請別人寫，或本人自己寫。但論語集注並沒有序。對其著書原委，未有說明。茲據朱子文集和語類以及年譜約略報告其經過。

朱子十二、三歲時，從其父讀論語。其父韋齋先生也是理學家，教朱子讀二程論語說。二程說論語未有專書，只從二程全書中可見他們對論語的說法。朱子十四歲時，韋齋卒。到朱子二十歲，看謝

上蔡（良佐）的論語說，開始用紅筆圈，又用青筆、黃筆，後用黑筆。前後共用四種色筆圈抹。可見他讀論語非常用心。

到他三十四歲時，寫了兩部書：一爲論語要義，一爲論語訓蒙口義。他自己說，前書之成，「先徧求諸儒之說，合而編之。晚親有道，盡刪餘說，獨取先生及其門人、朋友數家之說。待要義既成，以其訓詁略而義理詳，因爲刪錄以成訓蒙口義。」

朱子嘗說，讀論語，只當沒有孟子；讀學而第一章，只當沒有爲政第二章。因爲他把各家有關此章的說法匯合來看，參伍比較，讀完前一章，再用同樣方法讀後一章；是以用力大而費時久。等他拜李延平（侗）爲師，所謂「晚親有道」，才感覺到講法應有一個標準。惟二程之說，最爲可信。因此，他這一時期成此論語要義，乃是採取他父親以至李延平意見，從二程門人來參二程，從二程來參論語之一途徑。至於論語訓蒙口義，乃是「本注疏以通其訓詁，參釋文以正其音讀，會之於諸老先生之說以發其精微。」乃是把思想、義理方面加以刪節，加進了訓詁和音讀。但此二書可惜都失傳了。

朱子在二十幾歲時，師李延平，三十四歲時作論語要義和論語訓蒙口義。到四十三歲時，又把要義一書改寫爲論語精義，後又改爲論語要義。但此是後來的要義，並非三十四歲所成的要義了。過不多時，他又把此書改名爲論語集義。我們只照此幾番書名之改定來作推想：朱子起初推崇二程，因及其門人與同時朋友的講法，匯成要義。後來愈研究愈覺得其中之深趣，故改書名爲精義。但過了一段時候，又覺得他們的說法有些並不很「精」。他說：「精義中惟程先生說得確當。」所以又改名爲要

義。此時只認爲其所收諸家之說，亦甚重要，卻不一定都精確。但再過一段時候，他又感到要義也有些不很「要」，所以終於復改爲論語集義。

朱子開始服膺二程所講，因而徧求之於程門諸弟子，及其同時往來講學諸友。其後對二程門人說法有不滿意，最後對二程說法也有些不滿意，所以把他的書名也只叫作集義了。至是，朱子已經五十一歲。而他的論語集注，卻是在四十八歲時寫成。

二

現在再說論語集注和上三書不同處。上三書只是羅列各家說法來通論語，而論語集注則完全以論語本文爲主，而加以解說。朱子自己說，「約精義、口義之妙得本旨者爲集注」是也。

朱子寫論語集注，同時又寫論語或問。因爲許多人的講法，本收於論語精義、要義等書者，此刻寫集注，則採取了各家說法的並不多。爲何要取此捨彼？其理由則詳於或問中。朱子自己說，「疏其去取之義爲或問」是也。我們若能先看論語精義，再看論語集注，然後看論語或問，從朱子寫此數書之經過，便可知道朱子爲學逐步前進的層次。

論語集注可說是朱子一生用功論語最後所得的結果。此書完成以後。大家便只讀他的集注，而忽

略了其他兩書。所以朱子常勸人看他的精義，好多研究各家的見解，比較它們的得失，也使自己多啟發。他說：精力強的人，既看精義，又讀集注。如果沒有這分精力，則只看集注便也可以。這因爲集注太簡要，故必以集注和精義對看，研究兩書不同所在，然後再去求解於或問，才會明白論語集注的取捨。對於這種讀法，他的好友張南軒（栻）認爲：每一條注解的是非，人家看了集注，再看精義，自然會發現出中間的好壞，根本用不到再撰或問加以審辨。此書容易引致一種好批評、喜議論的風氣。朱子接受了他此意，或問不再刊行。我們今天見到的或問，只是朱子門人傳抄下來的本子。

三

朱子大約在三十四歲時即開始從事於論語有關的著作，到四十八歲論語集注寫成，前後花了十四年工夫；但此後還時時改寫。從他文集和語類中看，得知他隨時修改的情形。

他五十歲知南康軍，公務繁忙，曾教他高第弟子黃榦讀論語，對各家說法，再加研究，把研究結果告訴他，讓他再加覆審。他說：我在此兩月間，只看兩篇論語。這是他寫給呂東萊（祖謙）的信上說的。

五十四歲時，又寫信給人說：我對於論、孟二書，雖然用功一輩子，粗有成就，然今讀之，一、

二大節目處，仍有謬誤，不時修削，有時隨手又覺病生。

六十歲時，又對友人說：我的論語集注，爲朋友抄去，印刷成書。但其中尚有不妥當該改的地方。

六十一歲時，又說：此書甚恨發表得太早了。他又曾用官府的力量，謂此書非定稿，禁人續印。

六十七歲時，更說：南康所刻論語集注，雖爲成書後的改定本，但仍有許多不愜意處，再待改定。

綜上所述，可見朱子四十八歲後尚在不斷修改他的論語集注。集注既然不斷的修改，或問也當跟著修改；但朱子因爲精力不足，沒有把或問追隨著集注繼續改，於此遂形成集注、或問兩書間有了許多矛盾。或問究竟修改到什麼時候纔繼停止，我們不得而知，但我們由集注與或問之間的歧義，可以窺見朱子用心的經過。

四

剛才說過，朱子教人讀集注之後，還要看精義。精義難讀，爲要校量各家短長，不易折衷。集注已有定說，比較易讀。但朱子又教他弟子們切勿輕易去看集注。他說：精義有許多話，集注就不同

了，著語不多，一字是一字，有時一字有十字的用處。朱子又告誡學生：不要看某字重要，某字不重要；重要的固然重要，或許仔細看後，不重要的倒反更重要。所以他說：集注添不得一個字，減不得一個字。又說：不多一個字，不少一個字。朱子又說：集注每一個字都如在天平上稱過的，孔子怎麼說，我怎麼說，不輕一點，也不重一點；不高些，不低些。他對集注的自信又如此強！

說不定我們今天所見的論語集注，大部分早已不是朱子四十八歲前的原作。最重要的是，朱子起初推崇二程，可是當撰作集注時，見解早已多與二程不同。他說：程先生講經，理在解語內。他寫論語集注，理皆在經內。可見二程所解，不免有不得論語本文之本意者。朱子曾批評郭象注莊子，說的是他自己，未說中莊子。他的論語集注所採引，必是妙得論語本旨者。

集注於正文下，先解說字訓、文義，與聖經之本義。諸家說明白切當者，引用不沒其名。在每條註下多加有一圈，圈下又有一些話。圈下的與句下的注不同。句下之注，乃注解論語本文；放在圈下的，則有兩種情形：

一是通論一章大義的。

一是因其非論語之本義、正義，而別為一種引申義、發明義；可以推廣本文原義，卻與原義不同；此不得為是論語之本義，故引置於圈下。

今檢集注，統計它引用二程語，十分七八都放在圈下。這可證明朱子認為二程之說，非經「天平稱過」，非與孔子原語意義一致。圈下又有「按」，這是朱子覆按那些圈下所引的話。諸位當知，朱

子一生崇拜二程，後人也認他屬於二程一脈的學統，故合稱之爲程朱；但在論語集注中，二程語多半放在圈下。如再把二程遺書中所有說論語的各條抄出，會發現很多爲朱子所遺棄。即在圈下亦不予稱引的。此乃與朱子起先由二程之說來探究孔孟思想的途徑大有不同了。西方人說：「吾愛吾師，吾尤愛眞理。」朱子的治學精神，實亦如此！

又集注圈下往往引用兩、三人的說法。因爲各家所說不同，相似而少異，正可相資。又有的其說全別，未定執是，則併存之，以待讀者自己審擇。惟兩說併存，在朱子意中總是前說較勝於後說。如此之類，照理應在集注有一個「例言」，把他編撰之意加以說明，可惜朱子沒有作。後人讀集注，看似易，實不易。這也難怪，在朱子化了畢生幾十年工夫的結晶，直到死前一年幾月之內，還不斷在修改；如此般的偉著，其用意深微處，自然遽難通曉。

## 五

現代學者，承接清儒，有所謂漢學、宋學，義理、考據之劃分。依我愚見，講明義理，亦有待於考證。如論語集義，集二程、橫渠、上蔡以下許多家的說法，就其中酌取一家之言，奉爲定論，這也就有考據工夫。博考前說，取其義理深長的爲注，這即是說：從事考據，正所以爲義理；而講明義

理，亦不得脫離考據。

我們只知朱子在易簣前三天改定了大學「誠意」章之注，可是沒有人知道他怎樣改，未改以前舊注如何。我所知道的，只有清儒江永曾考出大學「誠意」章根本沒有改，只是改了「誠意」章前「欲正其心者先誠其意」注下三個字。此一段考據極為明確，傳刻江注近思錄，載在近思錄集注附錄考訂朱子世家一篇的裏面。但在看重宋儒義理的學者，傳刻江注近思錄，卻將此篇附錄刪去。至於專心喜好考據之學的，連近思錄也懶得看。於是變得治考據者絕不談義理，談義理者絕不治考據。此兩途合則兼美，分則各缺，誠是可惜。我曾根據江氏所考來思索朱子在易簣前所以改三字之用意，卻又思不獲。後來再細讀語類，載有朱子關於大學「誠意」章所注答問的好幾條。有些學生說朱子大學「誠意」章注錯了。朱子起初斥責他們粗心，看得不透徹。到晚上仔細一想，卻認自己注語確實比較大學原文講深了一層。他承認學生質疑有理。再把現在大學章句與語類相較，始知朱子大學「誠意」章確曾改過，只是其事尚在前；那時忘卻把前面「欲正其心者先誠其意」下注語一并改，直到易簣前三天把來再改。而所以要改的意義，也就懂得了。所以不讀集義，不讀精義，不讀或問，就不容易懂得集注，而更緊要則在讀語類。讀了語類，始知集注之幾經改定，及其所以要改之意義。

讀古人書，不易明白，因此有注。注是注的本文，疏是疏的注。語類所集，始於朱子四十四歲以後，絕大部分是在其論語集注成書以後；他的學生根據二程及其他人說論語與朱子不同處發問，見於語類中集注最好也有一疏。更好是用朱子的話來自疏其集注。讀本文，不易明白，因此有注。

甚多。我們援據語類，再來查考集注，就知道朱子集注屢有改定。語類各條，多數有年代可考，便可知朱子修改集注某一條在某一年，瞭如指掌。而且朱子所以要改的意義與理由，也在語類中明白說出了。

朱子修改集注，有時某一條改了一遍，又改一遍，甚至有改過三遍、四遍的。孟子集注中也有此例。今天這樣說，明天那樣說，而且細處、大處，一樣不苟且，一樣不憚煩。當時陸象山因而看不起朱子，說治學應先「務其大者」，不應該那麼「支離」。其實，這正是朱子的偉大處。今日格一物，明日格一物，一旦豁然貫通，在許多說孔孟大義的學者中，我們不能不承認只有他說中了最多。

六

語孟集注中，其實承用二程說並不多，並多與二程持異處，已在上面說過。但朱子為何畢生推崇二程，這裏也該說一說。

二程年輕時，曾見周子敦頤，周子教他兄弟去「尋孔顏樂處」，這是理學興起一條主要命脈。從前人讀論語，並未在此等處注重，因亦不向此等處去推闡。朱子初見李延平，他的學問已有相當基礎。延平告訴他兩點：

第一、教他應在日常生活注意。

第二、教他多讀聖賢經書，把經書中所說道理來與自己日常生活配合。

這兩點也就是周子告訴二程「尋孔顏樂處」之意。朱子接受了這兩點，受用終身。論語中「飯疏食，飲水，曲肱而枕之，樂亦在其中矣」，和「一簞食，一瓢飲，在陋巷，人不堪其憂，回也不改其樂」，這兩章之涵義，顯然是超乎訓詁之上的。專用訓詁，說不出此兩章之精義。朱子講論語，實是開了一條新路。我們要學孔子、顏淵，此兩章不可不注意。孔、顏樂處，人人能學，但也最爲難學；因須從日常生活中去學。此兩章也不是格言之類，而是真實人生的一面，人人應當探求遵守。然又何須乎訓詁？

論語有「四子言志」章，子路、冉有、公西華都有出人的抱負，只有曾晳說：「暮春者，春服既成，冠者五六人，童子六七人。浴乎沂，風乎舞雩，詠而歸。」而孔子獨贊成曾晳，「喟然而嘆……吾與點也。」我敢斷言，從漢至宋，沒有人注意到此章，他們的眼光只集中在仁義道德、治國平天下上面去。直到程明道纔說「曾點便是堯舜氣象」。從此「與點」一義，屢屢掛在宋明學者的口頭，屢屢存在宋明學者的心頭。直到清人金聖嘆，他取名「聖嘆」，即因想慕孔子「喟然而嘆」之意而來。這處處問孔子何以獨與曾點？何以喟然而嘆？這中間的道理，卻又用不上考據工夫。專來考據，考不出中間深義。像「浴乎沂」，曲阜三月天氣能否「浴」於田野之水中？此處考據無關大旨。只有明道要用心體會出此章之深義。朱子認爲二程講「回也不改其樂」，講「吾與點也」，還沒有講到恰好處，

所以花費著很大工夫來作注。關於「與點」一章，注了又注，改了又改，在語類中還可考見。想朱子自己認爲：在小節處自己有不同意二程說法的，但在大端處，還是跟著二程前進，所以終生推尊二程不改口。試問這是何等的胸襟？

二程和朱子講學，不可否認的，他們也曾受到禪宗影響，但不能說程朱就是禪學。他們儘發揮「孔顏樂處」以及「吾與點也」之意，他們究竟不曾把孔門的政治抱負看輕了。只是從人生日常生活以及其情趣方面多有闡發。這些處縱說是多少受了禪宗影響，但那能把程朱理學和佛家禪宗并爲一談？

## 七

最後我希望學會同人研究孔孟學說，應先用心細讀論語孟子，讀論孟必由朱注入手。更希望讀朱子的論語集注，對於朱子所下的解說，切勿粗略看過。更望進一步有人能用語類和集注比讀，試將語類中有關材料分條繫屬於集注之下，撰作論語集注疏一書，那更有益於後來讀者之研尋。朱子後學在此方面的著作也是有，如通志堂經解所收趙順孫四書纂疏即是一例。但朱子的後學者們，似乎不能追步朱子，擺開了考據來講義理。因此在義理方面，終亦講不到精處。如趙氏纂疏，因

朱子自言論孟或問乃未定之書，因此不敢用或問，只取其與集注同者疏於各條之下。但或問與集注異處，正可見朱子思想改變，其所認義理更進一層。其異同處更值得留心。再如趙疏引用語類，也只用其與集注同者，而於語類中先後辯難，朱子自己思想之轉變痕迹，其講究義理之由淺入深處，亦不見於疏中。更可異者，如朱子在易簣前改定了大學「誠意」注三字，趙疏卻依然用了其未改以前之三字，似乎並未知朱子易簣前有此改定。豈不可異？即此正可證江氏之所考得。又如朱子「誠意」章注，朱子與他學生們幾番辯論，趙疏皆不收。則朱子所以先後改了「誠意」章，後來又要改上面這三字之意，全不易見。因此可見，我們後來若真有人要爲朱子論語集注作一新疏，其事亦絕不易。非於義理眞能精究到深處，則此等考據工夫實亦無從下手也。

（一九六七年十一月在臺北孔孟學會講。復刊載於一九六八年元月孔孟月刊六卷五期。）

# 漫談論語新解

## 一

我開始寫新解，是在一九五二年之春末。那時學校在桂林街。我開始講論語一課，講堂上有許多旁聽的。此刻我們圖書館館長沈燕謀老先生也是其中之一。沈先生携有一本美國新出版某氏的論語譯本作參考。他說：他將逐條筆記下我所講與此譯本不同處，將來彙齊寄與原譯人資其改正。但聽過幾月，沈先生的筆記停了。他說：相異處太多，除非從頭另譯。我爲此，打動了我作新解的念頭。

普通讀論語，總是讀朱注。但朱子集注成書，距今已過七百年，有些我們應該用現時代的語言和觀念來爲論語作新解，好使人讀了親切有味，易於體會，此其一。清代漢學盛興，校勘、訓詁、考據各方面，超越前代甚遠，朱注誤處經改正的也不少，我們不應仍墨守朱注，此其二。各家改訂朱注，亦復異說紛歧，我們應折衷調和以歸一是，此其三。我立意作新解，主要用心，不外此三點。

我刻意想寫一通俗本，用最淺近的白話來寫，好使初中以上學生人人能讀。爲求簡要，把漢學家繁稱博引的舊格套擺脫了，雖亦博綜諸家，兼采羣說，但只把結論寫出，沒有枝葉煩瑣。我又模仿西方人繙譯新舊約，把論語各章全用白話繙出，好使讀者看了一目瞭然，更無疑義。這是我寫新解的體例。

先列論語原文，其次逐字逐句分釋，又其次總述一章大義，最後是論語本文的白話繙譯。

王貫之先生知道我草創新解，每兩週便來把我寫出的幾章要去，分期刊載在他主編的人生雜誌上。但我寫了些時便停止了。一則沒有整段的閒暇供我撰寫，時作時輟，精力浪費，亦甚苦痛。二則我開始感到此書要力求通俗，也有弊病。遇義理精微處，定要用通俗白話來寫，勢難簡潔，而且亦勢難恰當。文字冗長，反不能開人思路，引人入勝，又不能把精微處扼要確切地表達。我想不如改用平易淺近的文言，收效會更好些。好在能讀論語，其人瞭解文字之水準，必有相當基礎，我不應在力求通俗上著意。因此我想待把捉得一段假期清閒，竟體改寫。這一擱卻擱下幾年，我的冗雜有增無減，始終沒有一段清閒的假期。

二

直到一九六○年，我有機會去美國，在耶魯講學半年。我事先計畫，這半年，或許能使我繼續撰

寫論語新解，但事前沒有把握。我想若不能繼續此一工作，我正好乘此機會學習說英語和看英文書。

我在一月二十六日抵達新港。隔一日，二十八日，正是陰曆除夕，但在國外，全沒有過年氣氛。

我和內人當天上街去逛書舖，選到一本現代歷史哲學的論文選集，我匆匆看其序文和目錄，深感興趣，便買了。在二月六日上午開始閱讀，八日開始授課。在十分冗忙不安定的生活中，到二月二十日，把那本現代歷史哲學讀完了。我又續看西方哲學書，從頭順着次序擇要閱覽。又到書舖買了蘇格拉底和柏拉圖兩集，絡續翻看。但我感到生活已逐漸上軌道，與其當小學生學讀西書，還不如改變計畫完成我的論語新解，對己對人，或許較有意義，較有貢獻。如此心中往返打算，終於把這一問題決定下來。從三月一日起，把閱讀西書的計畫全放棄了，來繼續論語新解的撰述。

論語全書二十篇，共四百九十八章。我先計算：儻每天能最低限度寫出新解六章，每週以五天計；因週末和星期日，一則多應酬，二則我要撥出時間出門到處遊覽；如是每一月作四星期算，每星期作五天算，每天寫新解六章，一月可寫出新解一百二十章。我預計在新港尚有四個月停留，到六月底，豈不把全部工作可告一結束了！但我又怕事先預定，並不能如此般樂觀，因把在一九五二年所成舊稿共一百零二章，儘快先校讀一過，略事修改，即直從第一百零三章開始。如是一面可以逐漸集中精神，把我的興趣和注意力引起一頭緒，一面又可減輕我工作份量四分之一，那就準不致有失敗。

我在三月一號和二號兩天，打開舊稿，一面讀，一面改，儘兩日夜之力，把此一百零二章約略改

過。三月三日起，正式繼續寫新稿。那天正逢大雪，竟日徹夜沒有停。我已整整十二個年頭沒見過下雪了，只有一九五四年在日本東京臨走前的一下午，寒雨中夾着下過些微薄雪片。今天見此大雪，心情十分愉快。窗外隔一馬路，是一大停車場，到薄暮時分，近百輛汽車全沒入大雪堆裏去。近窗有兩枝矮樹，到深夜也全給大雪淹沒了。自晨至夜，門外冷清清沒見人過。我夜間，學校本有兩堂課，也藉此告了假。那是我開始寫此新稿，最值得紀念的第一天。

那天，我上午寫成新解六章，下午續成四章，夜後又續成一章，一整天共得十一章，已超出我預定計畫幾乎一倍。此後我在日記裏，把每天所寫新解，上午幾章，下午幾章，夜幾章，必詳細記下。

每週一結算，本週共寫新解幾章，來督促我自己莫把此工作懈怠了。自然也有一天寫不到六章的，也有整整一天或連續幾天不寫的。但我越往後，精神越集中，時間安排越能活潑有條理。有因當天有事，趕一清晨，在早餐前寫出一兩章；有因應酬，或出門遊覽，而歸後尚有餘力熬一深夜，補寫上一兩章的。最多的一週，寫過六十二章。最少的一週，只寫九章。到五月二十八日起程去哈佛，我已只剩堯曰一篇，但無論如何是趕不完了。待哈佛歸來，在六月十三那天，算把堯曰篇也補完了。

上論鄉黨一篇跳過沒有解。十四日起，再補解鄉黨篇，到十八日竟體完畢。合計新舊稿共得一千四百三頁。以篇幅計，當得二十五萬字。在新港所成，當合二十萬字。實算字數，全部應該不超出二十萬字。新港所成，約合十五萬字上下。幸而我的全稿到此完成，此下在離新港前，又是一大段忙亂，實也再無從下筆了。

我在七月一號離新港，漫遊美國東西部，又去加拿大，再赴歐洲。於十月上旬，改變了全部遊程，逕返香港。我早知道，一返香港，生活又會冗雜。因此只有將新解的全部初稿，在美國一氣趕成，留待返港後再零碎絡續修訂。

## 三

我在是年十一月，卜居沙田，地僻較閒。到寒假，又把新解全稿拿出再整理。我寫新解，雖說是義理、考據、辭章三方兼顧，主要自以解釋義理爲重。雖說不墨守朱注，主要還是以朱注爲重。我此次補訂，先把朱子語類關於論語的幾卷，通體細讀一過。因語類在朱子注論語以後，有些處和他初注論語時見解有不同。有些見解不斷有改變。但可惜有許多重要異同，不能放進我的新解裏面去。這是爲著書體例所限。我爲論語作新解，只重在解釋論語原文之本義；其引伸義，發揮義，相通義，乃及其他問題，並非不重要，但不能攬入我新解中。我逢初稿應修改處逐條修改以外，其餘意見，曾寫了一篇從論語朱注論孔孟程朱思想異同一篇，刊載在美出版的清華學報上。

我讀完朱子語類論語之部，將我新解有關各章，再有所修改外，又將我新解全稿，逐篇逐章細讀一過。覺得我全稿前後文體尚有不純。尤其是最先完成的一百零二章，在美國只匆匆修改了兩天，顯

與此下文體有不類。而一百零二章以下之最先幾十章，其文體也和前一百零二章較近。較後則文體較為簡淨。因此又把全稿的前半部在文字上多加了一番刪潤。

據我經驗，著作草創固不易，而成稿後要自己修改則更難。因人有成見，總認為自己寫的又對又好，要發見自己的不對不好處，豈是容易之事！只有一法，且把自己成稿暫擱下，待時久淡忘，再取來，如看別人著作般平心細讀，庶可發現出自己一些毛病。我自將新解全稿通體閱讀一過之後，又把來擱在一旁。約莫過了半年多，我想再讀一過。此次再讀，我把王船山的四書大全說中論語的一部分先讀；因船山闡說義理，頗有能超出宋明儒之外的，而為此下清儒所未見。但可惜我讀船山四書大全說也如讀朱子語類般，所獲許多意見無法插進我新解中。我只逢可修改處修改一些。我又乘興讀了船山四書大全說中孟子、大學、中庸之部，寫了一篇王船山的孟子性善義，刊載在香港大學金禧典禮東方文化研究所之論文集。

如是我又把新解全稿擱置，適逢楊聯陞先生自美國哈佛來。我在新港時，他早知道我在寫此稿，我到哈佛也曾和他暢談過。因此把全稿請他在旅館中為我看一遍，遇有意見，我囑他批注在眉端。那是去年四月五月間事。楊先生自香港去日本，我開一書單，託他在日本代買幾部日本學者的論語注作參考。

楊先生把書寄來了，正值暑假忙過了一陣，我又想再把我的新解全稿細細再讀一過。其時已值八月下旬。我把家中書房和客廳對調了一下，書房擴大了，我好靜下做工夫。那知九月一日大颱風來

了，沙田受災最重。我家大門吹開了，大門旁的新客廳，風雨縱橫，受打擊最重；新書房的屋頂也掀破了，大雨直注。我冒着險，從走廊衝進書房，把我的新解全稿搶救了。幸而我事前把客廳和書房對調布置過，否則若我原先把此稿放在舊書房，可能風吹漫天飛，全散失了；可能雨打成爛紙，鋼筆原稿和原子筆的改稿，全模糊不易辨認了。

經此颶風爲災，我家搬下樓去，在別院住。我放一大書桌在樓上原來臥室中，桌上只放我新解全稿，及從日本買來的幾部新的參考書。我只要不到學校辦公，便一人踱上樓，靜心做我對此稿最後一次的校閱。這是我三年前離開新港後，又一次意外獲得了一個好環境。至今回想，一九六〇年三月三日在新港的大雪，一九六二年九月一日在沙田的大颶風，和我從事撰著此書先後結不解緣，正好遙相映照，留作我私人的一番回想和紀念。

我從日本買回來的三部書，第一部是伊藤仁齋的論語古義，第二部是物茂卿的論語徵，第三部是安井息軒的論語集說。這三部書，正好代表著日本學者治論語學的三階段。東瀛學風，本和我大陸息息相通。伊藤仁齋的書，篤守程朱理學家言。物茂卿的書，則相當於我們自王船山下至毛奇齡與戴東原，有意批駁宋儒，力創新義。到安井息軒則受清代乾、嘉以下漢學家影響，實事求是，在訓詁考據上用力，而重返到漢、唐注疏古學上去。我按着三書先後次序，逐章分看，正如把朱注論語下到近代此數百年來中國學術界漢、宋之爭的舊公案，重新在心頭溫一遍。我如此般讀過一章之後，在我心中對此一章自然會浮現出一番見解來。然後我再把自己原稿翻出再讀。有的是我此刻心上所浮現出的新見

解，和原稿見解還是相同，那就算把我原稿通過了。也有的是新舊見解大體相近，只要在字句上稍加增删便過去。也有時發現我原稿意見解，或許因當時參考材料出此三書之外，或許我當時思索較之當前更細密，更周詳，而認為原稿意見實是勝過了我此刻的意見的；那真是一番喜悅，而且是喜出意外似的叫我高興。但也有時，我發覺原稿舊見解和我此刻的新見解正處在相反之兩端；那就爲難了，不得不爲此一章從頭再作深思。本來論語儘多異解，我以前是主從甲說的，現在又想從乙說；其間取捨決抉

辨，終於決定仍從舊見解，而放棄了新見解。但也有已從新解，再經幾天思考，又改從舊說的。也有幾章，在自己新舊見解衝突，異說分歧，十分難解之際，而忽然悟出一番新義，自謂能超出以往舊見，更有新得的；那又是一番喜出意外的喜悅。直從九月十日到十一月，那三個月中，我常一人，或半天，或全天，獨坐空樓，已涼天氣未寒時，下簾寂寂，至今回味，仍感到樂趣無窮。

到十二月，破樓修理完竣，我們把家再遷回樓居。但那時我的新解全稿，早已校讀完畢了。照理，我該可把全稿付排了。但我想，此稿付排，我仍有最後一次的校字工作可做，或許到那時又可能發現幾許錯誤應改正處。若此刻即去付排，我正滿懷歡喜，怕不易發現自己錯處。因此決定將此稿再壓幾個月，待我對此稿的心情冷一些。在一九六三年暑假前開始發排。果然，仍發覺有許多文字義理未妥須修改。中間我去臺北一個半月，此稿的排樣亦郵寄臺北去。這一個半月，臺北天氣極熱，我在

旅居生活中，又極忙亂；但校此稿，又有兩章，徹頭徹尾改動了。直至此刻，全稿已校過十分之八，尚餘十分之二未校。但因前面改動，牽涉到後面，至少後面有一章未校的；臨校時，我將添進兩句，而此兩句則是頗關重要的。默計全稿，我在此次最後校字時，又已改動了十章左右。可見此時，說不定，又會發現改動處。但對此稿，我總算已盡我心力。一待正式出版，我想再要由我自己來發現錯誤，其事當更不易。則只有希望讀我書的人多了，自會有好意見絡續來告訴我，我且留待此稿再版三版時，再有所訂正吧！

## 四

以上敍述論語新解完成之經過，以下略告讀者所應注意之一點。去年我寫論語讀法，已將讀論語應注意處約略提及，此下則專就一點言。

王貫之先生知道我新解已付排，他來要一份清樣，他說將擇要分期刊載於人生雜誌，為吾書作介紹。我想書已付排，出版在即，何必再浪費人生寶貴之篇幅！但貫之意極誠，來索再三，不得不應。一面心佩貫之之作事不苟，所摘錄的確也化了一番心。但待人生各期把新解擇錄刊出，我也按期翻閱。一面心佩貫之之作事不苟，所摘錄的確也化了一番心。但另一方面，我卻別有感想，便是此下所欲申述者。

一般人總愛說「儒家思想」或「孔子哲學」，當然論語是關於此方面一部最重要的書。但我常感到中國思想，其從入之途及其表達方法，總與西方的有不同。西方一位大哲學家的思想，總見其有線索，有條理，有系統，有組織。他們提出一問題，關於其所用之名辭與觀念，必先有一番明確的界說。他們討論此問題，千廻百折，必有一項明確的結論。讀中國書便不然。即如論語，頗不見孔子有提出問題，反復思辨，而獲得結論的痕跡。若我們依着研究西方哲學的心習來向論語中尋求，往往會失望。

讀論語的，都認爲孔子思想主要在講「仁」與「禮」。但孔子對此兩名辭根本不見有何明確的界說。直要待朱子作注，才爲此兩名辭定下界說來。朱子說：

仁者，心之德，愛之理。

又說：

禮者，天理之節文，人事之儀則。

朱子是經千錘百鍊而始定下此兩個界說的。朱子所定下的界說，雖非無當於論語原文之本義，然而朱

注所下界說，實比論語本文使讀者有更難體會之苦痛。若我們眞要把此「愛之理，心之德」，「天理之節文，人事之儀則」十六字，細細咀嚼，便會發覺其中比論語本文所論遠爲深廣。由此十六字，可以引生出更多問題。而此等問題，在我們讀論語時，實暫可不必理會。而且若非細讀朱子書，對此十六字之內涵意義，亦實難確切瞭解。我們爲一書作注，其用意本爲使讀者對我所注書之本文增加其簡易明白之感，而朱注則有時卻似爲論語增添出許多晦澀艱深反而難理解處。要之，在宋代理學盛行時，不能無朱注。在我們此時，時代變了，則不能不在朱注外來另作一新注。

我們若要問：論語中對「仁」字、「禮」字，究竟提出了何項問題？獲得了何項結論？那就更模糊了。似乎孔子平日講仁、講禮，根本上沒有提出什麼問題，因而也不見有什麼結論之獲得。我們讀論語，每章每句，都像是一種結論。試問在西方一個思想家，那有如此輕易獲得結論的？如此般的思想，又那得成爲一套哲學的思想？

但上面這許多話，其實對論語是無傷的。我們把研究西方人哲學思想的頭腦來研究論語，則每易於論語中提出許多不成問題的問題來。主要在於中西雙方思想從入之途不同，因而其表達方法也不同。讀論語，應該依照孔子的思路來讀，才能於孔子有瞭解。今試問孔子思想究從何路入？這一問題，其實在論語裏是表現得明白可見的。思想從入之路不同，因此其表達方法也不同。孔子思想之表達方法，也即在論語裏明白可見。因此我們只該從論語本書來瞭解孔子思想，不該先自束縛在西方哲學之格套中來尋求。

## 五

讓我們從最淺顯處看。論語中孔子論仁，有許多話只是就人就事論。孔子只就人與事來論仁，並不見有超越了人事而另提出一套近似於哲學玄思的「仁」的問題來。如云：「殷有三仁」，微子、箕子、比干。又說：伯夷叔齊「求仁而得仁」。又說：管仲相桓公，「九合諸侯，不以兵車」；「一匡天下，民到于今受其賜」，即是管仲之「仁」。又有人問管仲，孔子說：「人也，奪伯氏駢邑三百，飯疏食，沒齒無怨言。」本章「人」字，亦有人說即是「仁」字。又如說令尹子文是「忠」，陳文子是「清」，不是「仁」，子路、冉求、公西赤皆不得為「仁」，宰我欲短喪是「不仁」，凡此之類，皆專指某一人而分辨其仁與不仁。今若問何以微子、箕子、比干、伯夷、叔齊、管仲都是仁？何以令尹子文、陳文子、子路、冉求、公西赤、宰我都不得謂是仁？我們要在此等處研究，便知對此諸人，至少該略有所知，不能說此等處只是孔子在批評人物，與其哲學思想無關，可以擱置不理。

又如孔子答弟子問仁。告顏淵則曰：「克己復禮」爲仁，告仲弓則曰：「出門如見大賓，使民如臨大祭，己所不欲，勿施於人，在邦無怨，在家無怨」爲仁，告司馬牛則曰：「仁者其言也訒」，告樊遲則曰：「仁者先難而後獲」，又曰：「仁者愛人」，又曰：仁者「居處恭，執事敬，與人忠」，告

子張則曰：能行「恭、寬、信、敏、惠」五者於天下爲仁，告子貢則曰：「居是邦，事其大夫之賢者，友其士之仁者」爲仁。這些處都是說，如此行事乃爲仁，不如此行事，則非仁。就事而論，也如就人而論，義實相通，無大分別。在行事之背後必然有一人，孔子批評人，也只就其行事而批評。在此處，可見我們要瞭解孔子「仁」字真義，應該從那許多行事上去體會。如我亦能「愛人」，亦能「居處恭，執事敬」，那我也可依稀彷彿想像到孔子教人以此「仁」字的一番段與境界。

又如孔子平日論仁，說：「能好人能惡人」爲仁，又「仁者不憂」。又說：「剛毅木訥近仁」。「仁者樂山」，「仁者靜」，「仁者壽」，「己欲立而立人，己欲達而達人」，「仁者不憂」。又說：「仁能守之」，又曰：「巧言令色鮮矣仁」。此等亦都是就事而論，只不是具體得即以爲是仁。由上可知，我們總不能捨卻人生實際行事來求瞭解孔子這許多話，乃及其所提專指某一事而已。

「仁」字之涵義。

以上專舉「仁」字言，若「禮」字則不用更多舉。如何行事始是禮，如何行事即非禮？何人算能知禮守禮，何人便是不知禮不守禮？凡屬論語中講「禮」處，全從具體的實人實事來講，更是顯而易知。

我們再從此推說，便知全部論語，多是在講具體的實人和實事。若忽略了論語中所討論到的具體的實人實事，則全部論語所剩無幾。我們儘可說，全部論語都爲討論這些具體的實人實事所包括了。因此我們可以說，中國儒家思想主要是在具體的人和事，而孔子論語則爲此下儒家思想之大本源所

在。即如宋明儒言義理，其實也只緊扣於具體的人和事上而來討論其義理之所在。若抽離了具體的人和事，超越了具體的人和事，憑空來討論思索，那便近於西方哲學思想的格套。

因此，我們可以說：中國思想，尤其是儒家思想，主要是從具體的實人實事上思入的。及其表達出來，亦仍大體不脫離於具體的實人實事。先秦如是，漢唐諸儒亦如是。後來宋明理學家言，大體還是如是。而大本大原則在孔子之論語。

我們若明白此意來讀論語，自應更多注意到論語中所提到的許多具體的實人實事，卻不應憑空思索去求瞭解。因此講求孔子思想，不宜脫離人事。我們自己思想，若要遵從孔子道路，也該從具體人事作出發點。近人都已說中國思想是一種人文思想，也便是此意了。

正因為如此，所以讀論語，若在解說義理或思想上有爭辨，勢必牽涉到考據。考據工夫，正為要確切明白得論語中那些實際的人事。此乃孔子思想及其所指示的義理之具體背境與主要對象。清儒刻意要來反對朱子的論語注，最先也是在義理上爭辨，但精而求之，便不得不轉入於考據。此亦是一種大勢所趨，自然會走上這條路。其實朱注論語也何嘗不經一種考據。如今硬要把考據、義理分作兩項，認為考據便無當於義理，那就又是一條差路，不可不辨。

六

現在再進一步說。既然孔子的思想和義理，都扣緊在人事上，因此讀論語，也並不能專注意「仁」、「禮」字等許多字眼。換言之，論語中凡牽涉到具體人和事的，都有義理寓乎其間，都是孔子思想之著精神處。要懂得如此平舖用心，逐章逐句去讀論語之全部，才見孔子思想也有線索，有條理，有系統，有組織，只是其線索、條理、系統、組織與西方哲學有不同。

因此我的論語新解，逐章、逐句、逐字都要解，並不是要自創一說，或自成一家言。我作新解的用意，只在求能幫助讀者獲得些方便去瞭解論語本文，任何一字一句一章都不敢輕易放過。離開了論語原文，我的新解便更無少許剩餘的獨立價值可言，那便是我作新解時所要到達的一個理想境界。當然我知道我還未能到達此境界。尤其在每一章後綜述大意，總難免有浮辭刪削未盡之感。但我總算是向此理想而努力的。

其實我此一種解論語的方法，乃完全遵依朱子成法。從來注論語，善言義理，亦莫過於朱子。但朱注中的剩餘獨立價值仍嫌太豐富。此亦不得怪朱子。因朱子時代，乃是一個理學盛行的時代。朱子之學，近承二程，乃由二程而追溯到孔孟。遇二程立說有與孔孟分歧處，好像朱子總不肯完全拋開二

七

程來直解孔孟。其注論語，如「獲罪於天」，如「性相近」，如「孝弟為仁之本」諸條，本是極平易，而解成極艱深。又如「吾與點也」一語，本可不煩多解，而朱注化去了近四百字，發揮出一番大理論。後儒從此等處來批駁朱注是應該的。但朱注終是善言義理。朱子之善言義理，並不在乎此等憑空獨標新義處；也不在我上舉如其解「仁」字、「禮」字十六字之千錘百鍊處；朱注之所以為善言義理者，則在其凡遇論語所及實人實事，其中所涵義理，朱子最能闡發得細膩而熨貼。但朱子終是帶有宋代理學一番極濃厚的氣息。我不是說宋代理學無當於孔孟原意，我之作新解，乃是要冲淡宋代理學氣息來直白作解，好讓不研究宋代理學的人也能直白瞭解論語；由此再研究到宋代理學，便可以迎刃而解，更易契悟。

朱注對論語所牽涉到的實人實事，也有些處考據不及清儒之細密，因此其所闡發的內涵義理也便不免有差失。但清儒說論語，究竟太求在考據上見長，而忽略了論語本文中所涵之義理。因此讀清儒說論語，乃只見有考據，不見有義理。既近買櫝還珠之誚，亦陷於歧途亡羊之失。

論語中最難讀者，有些處，雖亦是實人實事，而考據工夫則用不上，因此其內涵義理亦更難把

捉。臆測無準，異解歧說，多由此而起。我上半篇自述作新解，有改了再改，終難決奪的，亦以此等處爲多。

今試舉數例略說之。如「射不主皮」章，此顯屬一實事。古注及淸儒，都注意在考據上，惟朱子獨側重在義理上，再從義理來另作考據，遂使朱注對此一章獨爲卓越。又如「魯人爲長府」章，此又屬一實事。孔子盛讚閔子騫「言必有中」，可見此章中，必涵有一番義理。但朱子未曾將「魯人爲長府」一事細考，則注文所闡發，近是望文生義，有類臆測。而淸儒所以勝過朱注，有不可不加意採納者，則多在此等處。

又如「闕黨童子將命」章，究竟是孔子使此童子將命，抑是闕黨之他人使此童子將命？此屬一瑣事，無從考據。但孔子使此童子將命，與闕黨之他人使此童子將命，事不同，而事中所蘊義理亦不同。故要闡述本章義理，勢必先肯定本章之事實。朱注說此章，乃肯定其爲孔子使此童子將命。本此而闡說，其所說義理自佳。後儒遵朱注再加發揮的亦有。然亦有異說，認爲乃闕黨使此童子將命。所以持此異說，亦有其一番理由。於是爲求解說此章之眞義，乃不得不由作注者胸中自有一番義理來作抉擇。此章雖屬小節，然他章有不是小節而與此章類似的，那就更費斟酌了。

又「子路問成人」章，孔子意究謂是須兼有臧武仲、孟公綽、卞莊子、冉求此四人之長，而再加以「禮樂」之文，而始可以謂之「成人」否？朱注是如此說。然或說則從下文「亦可以爲成人」之「亦可以」三字，謂可見只具一人之長已足，不是要兼四人之長。但朱注亦未嘗不注意到此「亦

可以」三字，故曰：「亦之爲言，非其至者。若論其至，則非聖人不足以語此。」此章實極關大義，非「童子將命」章可比。然欲定此章之眞義，考據訓詁之爲用皆有限，非作注者自有一番義理作抉擇不可。朱注之所以獨出古今者正在此。由此可知我們固是要讀論語來通義理，但亦要通了義理再來讀論語。讀了論語再來讀羣書，此是初學者的門路如此。但又要讀了羣書再來讀論語，此則是成學者之所當務。此層尤不可不知。

八

故知讀論語，每章各有一番義理可尋。不得謂遇孔子論「仁」、論「禮」諸章始有義理，其他各章可以擱置不問。而每章儘多異說，多見一異說，即多觸發自己一番義理見解，切不當暖暖姝姝於一先生之言。但異說終當定於一是。此所謂「一是」，即指論語原文之本義言。求論語本義，則主要須用考據訓詁功夫，否則儘說得義理高明，卻可與論語本義有背。然亦有時，考據訓詁無可用，非用讀者自己識見不可，否則終無以通論語之本義。故讀論語，有易讀處，有難讀處，學者貴能由易及難。但今爲論語作解，則難處、易處全解了，此則貴學者之善自研尋。我作此新解，每多存異說，而於異說中必求抉擇一是。我之識見果足以勝此任否？惟有更待讀吾書者之再作辨認。我所謂讀論語必義

理、考據、辭章三者兼顧，而義理則更其要者，其意亦在此。決非謂不顧考據、辭章而可以憑空求得其義理之所在。更不謂求義理者，只挑讀論語某幾章已足。此意極關緊要，不得不在此鄭重提出。

今貫之先生爲我選載於人生雜誌之諸章，似乎都選載此近似於憑空發論者，又多載我在此一章之後綜述其大義者。擇要誦讀，固亦是讀書之一法。專心先求大義，且置考據、辭章之瑣末，此亦未可謂非。但若專一從此路進，則又近於只要討究孔子所抱之一番哲學思想，而非研尋孔子所提示之人生義理。如是則仍似把孔子看成一西方哲學家般。此處差之毫釐，是會謬以千里的，讀論語者不可不戒。程子說：

又說：

> 如讀論語，未讀時是此等人，讀了後又只是此等人，便是不曾讀。

> 讀論語，有讀了後全然無事者，有讀了後，其中得一兩句喜者，有讀了後知好之者，有讀了後直有不知手之舞之、足之蹈之者。

程子此兩番話，只有從人生義理上去讀論語，始可瞭解得。若真瞭解得須從人生義理上去讀論語，則

一〇三

自然會遵從朱子所說，平舖讀，循序一章一句讀。且莫認爲論語說到「仁」字處在講仁，不說到「仁」字處即與仁無關。更莫認爲訓詁考據工夫，便就與義理無關。至於我之新解，則只求爲讀論語者開一方便，一切全只是筌蹄，實不足重。我怕讀者把我的新解太重視了，那就罪過之極。因此特鄭重在此提及。

（一九六三年九月在香港新亞書院爲慶祝孔誕校慶及教師節而作。原載新亞生活六卷八期。）

# 談論語新解

## 一

今天我想講一些有關我所寫論語新解的事。這一部書，希望諸位都能仔細讀，能不止讀一遍。普通一個有高中程度的青年，讀我新解應亦沒有什麼困難。諸位倘使要自己受用，細心讀任何一條，皆可有所得。但若欲作深一層的研究，則亦可愈求愈深。我今天要講我自己注此書之用心用力所在。我們讀任何一書，皆應懂得著書人之用心用力處。如讀孟子、史記，即應懂得孟子、太史公用心用力在何處。各人著書用心用力有大小、高下、深淺之別，此即其書價值分別所在。

二

普通說，注《論語》，應義理、辭章、考據三者兼顧。實則注《論語》最應重義理，此層無須多論。但自清代考據之學大盛以後，乃輕視宋儒，而有漢、宋之爭。「五四」以後，照理治學應轉重義理，但當時人卻重考據，主張以考據方法整理國故，因此重漢學而輕宋學。此一態度實頗不當。乃亦有薄考據而專講義理者，起而爲敵，實際仍不免是一漢、一宋之爭。

訓詁乃講古今語之意義分別，實爲考據之一部份。考據本意，原在發揮義理。清人說：「訓詁明而後義理明。」此語亦是。惟訓詁字義乃在求此一字之原來意義，而有甚多字卻不能據訓詁來講。如《論語》「仁」字，只能直接以義理求之，而阮元用考據方法來寫《論語論仁篇》，到底得不到結論。朱子注「仁」字，說爲：「心之德，愛之理。」此乃把義理作解釋，此乃哲學，非考據。

再說到辭章之學，亦與訓詁之學有不同。訓詁、校勘皆是考據，但有若干字可有幾個義可講，此等處須從辭章來作抉擇；所謂「文從字順各識職」，此乃辭章之學。講訓詁者認爲積字成句，一字一字識得其義訓，便可通得此一句。不知從辭章講，卻須通得此一句，乃始識得此一字之義訓。朱子在考據、訓詁、校勘方面，所下工夫皆甚深，有些處遠超清人。又因宋時古文甚盛，故朱子亦兼通辭

章。清代惟桐城派講求古文，始知從一句來識一字之訣竅。但桐城派古文家，又多不注重考據之學。

惟論語集注，乃能兼訓詁、辭章之長而來講義理，所以爲不可及。

注論語講求義理，特別重要者必先講求論語原文之「本義」，亦即其「原始義」。如講「仁」字，應看在論語書中此字及有關此字之各句如何講法。有了本義，纔始有「引申義」及「發揮義」；此皆屬於後人之新義，而非孔子之本義。如「性」字，孔子並不曾講「性善」，我們不能把孟子說法來講孔子，當然更不能把朱子說法來講孔子。孟子、朱子固是推本孔子而加以引申發揮，但孔子本人並未說及到此。此處應有一限斷，這是我寫此書最用心之處。我只解本義，不及引申、發揮義。讀者或可不贊成我此意見，但孔子本義確然是如此。

論語中任何一字一句，自古迄今，均有甚多異義、異說、異解。在此許多異解中，我們不當批評其孰是孰非、孰好孰不好，而只當看其孰者與論語原文本義相合。此處卻不論義理，只論考據。我在新解中，亦有甚多考據，但都把此種考據來考定論語原文之本義。這是以考據定義理，與辭章定義理同樣，只是考定論語原文之本義。此與專一討論義理而忘卻先考究論語原文之本義者不同。

如大學言「致知」，此「知」字自與孟子書中言「良知」不同。即在孟子書中單言「知」字，亦與言「良知」字不同。陽明言大學「致知」即是「致良知」，此說決非大學之本義。至於站在討論哲學方面，你或贊成朱子抑或贊成陽明，此乃另一問題。立場不同，說法自可不同。此處須細加分別。

我今天主要在講朱子集注與我新解所不同者何在，主要當然要講義理方面。朱子有些處，且是很重要處，卻非講的孔子論語的原義。我遇朱注此等處，未曾旁徵博引，加以辨難，只是置之不論，不再提及。此是注書體例應然。因此諸位讀我書，應與朱子集注對讀，纔可知我著此書時用心用力之所在。但此事，卻須諸位化很深工夫，不是輕易便能見得。

現試舉數處為例。如：集注卷九陽貨篇：

子曰：「性相近也，習相遠也。」

朱注：

此所謂性，兼氣質而言者也。氣質之性，固有美惡之不同矣；然以其初而言，則皆不甚相遠也。但習於善則善，習於惡則惡，於是始相遠耳。

三

「性，兼氣質言。」此乃朱子自己說法，犯了清人所謂「增字詁經」之病。因當孔子時，根本無「氣質之性」與「義理之性」之分辨。朱子說：「氣質之性，固有美惡之不同矣。」此處何以不用「善惡」字而改用「美惡」字？當知此非朱子隨便用。我們讀書應懂得字字留心，字字注意。朱子注《論語》，每下一字皆有斤兩，決不隨便下。當知朱子此注，下一「兼」字，極具深意。下面又捨去「善」字，改用「美」字。我想朱子心中必然別有問題無法解決，故遂迫而出此。讀朱注更應注意其正注以外，圈下所引。朱注中所涵問題，皆在此正注與圈下所引語中見出。

此段朱注圈下錄程子言曰：

此言氣質之性，非言性之本也。若言其本，則性即是理，理無不善，孟子之言性善是也。何相近之有哉！

程子說「非言性之本」，又說「何相近之有哉」，幾乎像是說孔子講錯了。在程子實是大膽講話。朱子正因程子此語，故正注中改「善惡」字爲「美惡」字。因程子語與孔子語大有分歧，而朱子有意在其間作調人。若使沒有二程，自然出不出一個朱子來。但若宋代無朱子，二程是否能直承孔子，一貫相通，此處卻有一大問題。諸位若要在此處下工夫研討，只看朱子以前一輩講二程的，他們都講

到那裏去了。但朱子又不能推翻程子，若推翻了程子亦即不成其爲朱子。其間細節且不論，即如此處程子云云，孟子亦未如此講。「氣質之性」其說起於張程，朱子並非不知。但朱子仍必依此來解論語。此即朱子不曾嚴格分別「本義」與「引伸義」之故。後來明儒羅整菴極尊朱子，卻亦反對其「氣質之性」與「義理之性」之說。清代顏習齋、戴東原亦從此處反對朱子。可見此一節，從中國思想史講來，實是大有問題。

我新解中注此句只說：

子貢曰：「夫子之言性與天道不可得而聞。」論語惟本章言及「性」字，而僅言其「相近」。性善之說始發於孟子。蓋孔子就人與人言之，孟子就人與禽獸言之也。孔子沒而道家興，專倡自然，以儒家所言人道為違天而喪眞，故孟子發性善之論以抗之。然亦未必盡當於孔子之意，故荀子又發性惡之論以抗孟子。本章孔子責習不責性，乃勉人為學也。

我此章之注實亦超出了論語原書之外，但只說孔子如是說，孟、荀如是說：有敘述，無判斷，似可開人思路。或亦可說，已夾進了自己意見，但總不是把引伸義來換去了原義。

又下章：

子曰：「唯上知與下愚不移。」

朱注：

此承上章而言。人之氣質相近之中，又有美惡一定，而非習之所能移者。

程子曰：

人性本善，有不可移者，何也？語其性則皆善也，語其才則有下愚之不移。所謂下愚有二焉：自暴自棄也。人苟以善自治，則無不可移。雖昏愚之至，皆可漸摩而進也。惟自暴者，拒之以不信。自棄者，絕之以不為。雖聖人與居，不能化而入也。仲尼之所謂下愚也。然其質非必昏且愚也，往往強戾而才力有過人者，商辛是也。聖人以其自絕於善，謂之下愚。然考其歸，則誠愚也。

程子此段說法，完全依據孟子。論語只講「上知下愚」，並非「自暴自棄」。朱子注未失論語本義，問題卻在所引程子語中。

一二一

新解曰：

本章承上章言。中人之性，習於善則善，習於惡則惡，皆可遷移。惟上知不可使為惡，下愚不可與為善，故為不可移。孟子言「人皆可以為堯舜」，惟自暴自棄者不然；此與孔子立言若有異。然孔子曰：「困而不學，民斯為下。」則下愚亦因其不學耳。故荀子又曰「人皆可以為禹」，不言堯舜而轉言禹，亦孔子勸學之旨也。

此節採用孟子與程子意，特加上「中人」兩字，又在論語中找出孔子曰「困而不學，民斯爲下」一句來作證。諸位若將朱注與我書對讀，則可知我作新解用心之所在。

四

現再講一條較難講者。學而篇：

有子曰：「君子務本，本立而道生。孝弟也者，其為仁之本與？」

朱注：

務，專力也。本，猶根也。仁者，愛之理，心之德也。為仁，猶曰「行仁」。與者，疑辭，謙退不敢質言也。言君子凡事專用力於根本，根本既立，則其道自生。若上文所謂孝弟，乃是為仁之本。學者務此，則仁道自此而生也。

程子曰：

德有本，本立則其道充大。孝弟行於家，而後仁愛及於物，所謂親親而仁民也。故為仁以孝弟為本，論性則以仁為孝弟之本。或問：「孝弟為仁之本，此是由孝弟可以至仁否？」曰：「非也。謂行仁自孝弟始，孝弟是仁之一事。謂之行仁之本則可，謂是仁之本則不可。蓋仁是性也，孝弟是用也。性中只有箇仁、義、禮、智四者而已，曷嘗有孝弟來？然仁主於愛，愛莫大於愛親，故曰：孝弟也者，其為仁之本與！」

程子說：「論性則以仁為孝弟之本。」此義恰與孔子原義相反。又說：「性中只有箇仁、義、禮、智四

者而已，曷嘗有孝弟來?」此句含極大問題，即朱子亦認為是一「險語」。孟子云：「惻隱之心，仁

之端也。羞惡之心，義之端也。辭讓之心，禮之端也。是非之心，智之端也。」可見仁、義、禮、智，

只由惻隱、羞惡、辭讓、是非之心引生而來。人自有「惻隱」之心，豈可謂無「孝弟」之心?又豈

可謂「性中那得有惻隱之心來」?而且，孟子也只說人心中有惻隱、羞惡、辭讓、是非之心，並非謂

只有此四者之心。故荀子反對孟子亦自有其理。論語並未講性善，亦未講性中只有此仁、義、禮、智

之四者。

新解此章曰：

務，專力也。本，猶根也。亦始義。孔子之學所重在道，所謂道，即人道也。其本則在心。人

道必本於人心。如有孝弟之心，始可有孝弟之道。有仁心，始可有仁道。本立而道生，雖若自

然可有之事，亦貴於人之能誘發而促進之，又貴於人之能護養而成全之。凡此皆賴於學，非謂

有此心即可備此道。仁者，人羣相處之大道。人能有孝弟之心，自能有仁心仁

道，猶木之生於根也。孝弟指心，亦指道。行道而有得於心則謂之德。仁亦然，有指心言，有

指道言，有指德言。內修於己為德，外措施之於人羣為道。或本無「為」字，或說以「為仁」

連讀，訓為「行仁」，今不從。

釋「務」字、「本」字，襲朱子。「亦始義」三字，乃我所加。我此段不講性而只講心。「或本無爲字，或說以爲仁連讀，訓爲行仁，今不從。」此數句中，含有極複雜之大問題。「爲」字在此處應屬一虛字，猶「乃」也。二程所以必以「爲仁」連讀，其中寓有學術思想史一連串演變之極複雜背景。但我在新解無法詳講。我舉此例，乃告諸位讀我新解，若從深處求，則自有許多言外問題須探究。

五

又集注卷六先進篇最後一章，「子路、曾晳、冉有、公西華侍坐」章，朱注：

曾點之學，蓋有以見夫人欲盡處，天理流行，隨處充滿，無少欠闕；故其動靜之際，從容如此。而其言志，則又不過即其所居之位，樂其日用之常，初無舍己為人之意。而其胸次悠然，直與天地萬物上下同流，各得其所之妙，隱然自見於言外。視三子之規規於事為之末者，其氣象不侔矣。故夫子歎息而深許之。而門人記其本末獨加詳焉，蓋亦有以識此矣。

朱注此節文章極美，其陳義則根據程子。圈外注引程子曰：

一一五

古之學者，優柔厭飫，有先後之序。如子路、冉有、公西赤言志如此，夫子許之亦以此，自是實事。後之學者好高，如人游心千里之外，然自身卻只在此。

又曰：

孔子與點，蓋與聖人之志同，便是堯舜氣象也。誠異三子者之撰，特行有不掩焉耳，此所謂狂也。子路等所見者小，子路只為不達「為國以禮」道理，是以哂之。若達卻便是這氣象也。

又曰：

三子皆欲得國而治之，故孔子不取。曾點狂者也，未必能為聖人之事，而能知夫子之志。故曰「浴乎沂，風乎舞雩，詠而歸」，言樂而得其所也。孔子之志，在於「老者安之，朋友信之，少者懷之」，使萬物莫不遂其性。曾點知之，故夫子喟然歎曰：「吾與點也。」

曾點、漆雕開已見大意。

此節程朱意見卻有大問題，如說曾點是「堯舜氣象」，此外三子「所見者小」。又說「曾點、漆雕開已見大意」，在孔門弟子中特別挑出此兩人來，此乃宋儒新意見。陸王雖反朱子，但於此意見實亦贊同，不加反對。惟黃東發獨持異議。其後顧亭林日知錄特別看重東發，屢引其書，大值注意。新解此條亦即根據黃氏意云：

與，贊同義。言吾贊同點之所言也。蓋三人皆以仕進為心，而道消世亂，所志未必能遂。曾皙乃孔門狂士，無意用世。孔子驟聞其言，有契於其平日飲水曲肱之樂，重有感於浮海居夷之思，故不覺慨然興歎也。然孔子固抱行道救世之志者，豈以忘世自樂，真欲與許巢伍哉？然則孔子之歎，所感深矣！誠學者所當細玩。

現再講漆雕開。集注卷三公冶長篇：

我此一段乃全依黃東發意見作解。

子使漆雕開仕，對曰：「吾斯之未能信。」子說。

此章朱注圈外注引程子曰：

漆雕開已見大意，故夫子說之。

又曰：

古人見道分明，故其言如此。

朱注：

斯，指此理而言。信，謂眞知其如此，而無毫髮之疑也。開自言未能如此，未可以治人，故夫子說其篤志。

圈外注又引謝氏曰：

開之學無可考，然聖人使之仕，必其材可以仕矣。至於心術之微，則一毫不自得，不害其為未信。此聖人所不能知，而開自知之。其材可以仕，而其器不安於小成，他日所就，其可量乎！夫子所以說之也。

此段文章，諸位若非多讀唐以後禪宗之語，即看不出所重特在一「信」字與「自得」二字上。

我新解注此章：

斯，此也，緊接上仕字來。出仕將以行道。漆雕開不願遽出仕，言對此事未能自信，願於學問修養益求自進，不欲遽從政；是其志大不欲小試也。「說」字借作「悅」。孔子並不以不仕為高，然亦不願其弟子熱中利祿，汲汲求仕進；故聞漆雕開之謙退而喜悅也。

朱注「斯」字：「指此理言」，下一「理」字極兀突。新解講法完全與朱子不同。此中取捨從違，卻有絕大義理可作深刻之探討。但新解只依論語本文作注，並未引伸討論到此。諸位若不與朱注對讀，並於此等取捨從違處仔細下過工夫，即難看出我作新解之用心。

六

又集注卷六先進篇「從我於陳、蔡」章，朱注：

弟子因孔子之言，記此十人。而並目其所長，分為四科。孔子教人，各因其材，於此可見。

此注無大問題。但圈外注引程子曰：

四科，乃從夫子於陳、蔡者爾。門人之賢者，固不止此。曾子傳道而不與焉。故知十哲，世俗論也。

此節卻有問題，十人中子游、子夏實未從孔子於陳、蔡，考證詳見於先秦諸子繫年。故知程子此論實未當。

新解注此章：

本章四科之分，見孔門之因材設教，始於文，達之於政事，蘊之為德行，先後有其階序，而以通才達德為成學之目標。四科首德行，非謂不長言語，不通政事，不博文學，而別有德行一目也。孔門所重，正在「用之則行，舍之則藏」，不務求祿利有表現，而遂特尊之曰德行。自德行言之，餘三科皆其分支，可見德行之兼包下三科矣。文學亦當包前三科，因前三科必由文學入門也。孔門之教，始博文，終約禮。博文，即博求之於文學也。約禮，則實施之於政事，而上企德行之科矣。後也既各騖於專門，又多重文以為學，遂若德行之與文學，均為空虛不實，而與言語、政事分道揚鑣；由此遂失孔門教育人才之精意。即孔子及身，已有「我從先進」之歎，而論語編者亦附記此四科之分於孔子言先進、後進兩章之後。是知孔門弟子，雖因風會之變，才性之異，不能一一上追先進弟子之所為；然於孔子教育精神大義所在，則固未忘失。後進弟子中如有子、曾子，亦庶乎德行之科，故尤為並輩及再傳弟子以下所推尊。

此句下「庶乎」二字，有分寸。此段新解須參看同書同章「德行：顏淵，閔子騫，冉伯牛，仲弓。」之下之注云：

此下非孔子語，乃記者因孔子言而附記及之，以見孔門學風之先後有異也。若記孔子語，則諸弟子當稱名，不稱字。四科中前三科，皆屬先進弟子。惟第四科文學子游、子夏屬後進，亦不從在陳、蔡。或疑游、夏亦在相從陳、蔡之列。以年齡計之，決知其非。或以此下另為一章，則「從我於陳、蔡」兩句，全無意義可說，今不從。

此乃特別指出程子之誤。

集注卷三雍也篇「子曰賢哉回也」章。此處有一問題，即：顏回所樂為何？有人曾以此問程子，謂其是否樂孔子之道？程子答曰：若樂孔子之道，則算不得顏回矣。後又有人問朱子，朱子卻認為可以是樂孔子之道。然程子語亦有其意義。此處若必解之為樂孔子之道，似未免有失於粗淺。今且看

朱注：

顏子之貧如此，而處之泰然，不以害其樂，故夫子再言「賢哉回也」以深歎美之。

圈外注錄程子語：

顏子之樂，非樂簞瓢陋巷也，不以貧窶累其心而改其所樂也，故夫子稱其賢。

又曰：

簞瓢陋巷非可樂，蓋自有其樂爾。「其」字當玩味，自有深意。

又曰：

昔受學於周茂叔，每令尋仲尼、顏子樂處，所樂何事？

朱子按：

程子之言，引而不發，蓋欲學者深思而自得之。今亦不敢妄為之說，學者但當從事於博文約禮之誨，以至於欲罷不能而竭其才，則庶乎有以得之矣。

此段講法，我極喜愛，但新解未錄。僅云：

本章孔子再言「賢哉回也」，以深美其雖簞食、瓢飲、居陋室而能不改其樂也。孔子亦自言：「飯疏食，飲水，曲肱而枕之，樂亦在其中。」宋儒有「尋孔、顏樂處，所樂何事」之教，其意深長矣。學者其善體之。

喜愛者亦不鈔入了。

當知此段朱注引程子語下特加一「愚按」，而又云：「不敢妄為之說」，此中甚富言外之言。諸位倘欲明白此段在無字處之精蘊，則應細讀朱子語類。我作新解不願引伸牽連太多，故并朱注此段為我所最

## 七

諸位當知讀書如何從深處求。我今日所舉，看似平淺，卻亦表出我作新解用心之最大處。我寫論語新解，除今天所講，尚有甚多用心處而並不見於文字者。諸位每讀一書，能進而瞭解到著此書者之用心處，如此便是做學問一最重要之門路。由此門路進，始是真於學問能有所窺見。

# 再談論語新解

## 一

今天接着來講論語新解，特別重要的是講論語朱注與二程相異處。朱注不易看。好像處處在尊二程，實則朱注不同意二程處甚多，只是避而不談。西方人謂「吾愛吾師，吾尤愛眞理。」我們自民初新文化運動以來，年輕一輩多喜菲薄前人，此一風氣實不足取。

朱注於二程說有贊成，有反對，亦有依違，只看注文甚難看出。須參讀朱子語類。抗戰時在成都，因胃疾休養，從頭讀了一部朱子語類，三個月時間全書看完，我纔懂得。此事距今已二十年。最近寫新解，又重翻語類。我新解對於程朱之從違，讀者亦不易知，今天略舉數例，以資說明。

上次講朱注，正文與圈下所引二程語意義亦有不同，此在諸位自去仔細對讀。如論語學而篇：

「子曰：學而時習之，不亦說乎？」朱注：

學之為言，效也。人性皆善，而覺有先後。後覺者必效先覺之所為，乃可以明善而復其初也。習，鳥數飛也。學之不已，如鳥數飛也。說，喜意也。既學而又時時習之，則所學者熟，而中心喜說，其進自不能已矣。

下引程子曰：

習，重習也。時復思繹，浹洽於中，則說也。

又曰：

學者將以行之也。時習之，則所學者在我，故說。

謝氏曰：

時習者，無時而不習。坐如尸，坐時習也。立如齋，立時習也。

《語類》朱子答弟子問有曰：

> 若伊川之說，則專在思索，而無力行之功。如上蔡之說，則專於力行，而廢講究之義。似皆偏了。

故朱子此處引程子語，復引謝氏語，庶於兩方兼顧。其實仍只陷於謝氏一邊，未能顧及程子「時復思繹」之意。其未能細讀朱注，更自可見。今看朱注：「習，鳥數飛也。」明承謝上蔡之意，兼以「效」字、「覺」字訓「學」字，意義周浹；而從「覺」字義中便可包括了程氏之「思繹」義。我的新解則說：

清儒顏習齋攻擊朱子，主張輕讀書而重實習，自號「習齋」。其實仍只陷於謝氏一邊，未能顧及程子「時復思繹」四字去解釋「時習」之意。

> 學，誦習義。凡誦讀、練習皆是學。舊說：學，覺也，效也。後覺習傚先覺之所為謂之學。然社會文化日興，文字使用日盛，後覺習傚先覺，不能不誦讀先覺之著述，則二義仍相通。

此則是我自己講法，依然採用「效」字與「覺」字來訓「學」字，又明白舉出「誦讀」「練習」兩項。以「誦讀」為學，依然採用朱子，但朱注此處卻未明白舉出，故又增上「社會文化日興」以下

數語，爲之闡申。而習齋語之爲偏見，顯然可見。

新解「時習」二字云：

此有三說。一指年歲言。古人六歲始學識字，七八歲教以日常簡單禮節，十歲教書寫計算，十三歲教歌詩舞蹈。此指年為時也。二言古人春夏學詩樂弦歌，秋冬學書禮射獵。此指季節為時也。三指晨夕言。溫習進修游散休息，依時為之也。習者，如鳥學飛，數數反復。人之為學，當日復日、時復時、年復年，反復不已，老而無倦也。

朋，同類也。自遠方來，則近者可知。

至「有朋自遠方來，不亦樂乎？」兩句，朱注：

我此講法，仍自根據朱子而加似變化；而引用古人實例，則「誦讀」亦是學，可以不煩再論。

下引程子曰：

以善及人，而信從者眾，故可樂。

又曰：

　　說在心，樂主發散在外。

　　此條驟看似無問題，但語類有人問：程子之意是否如中庸「舜善與人同」之意？朱子告以不要如此引申推想。「舜善與人同」，乃中庸、孟子中語，論語中無之。朱子教人讀論語應專管論語，且莫問孟子、中庸，千萬不要牽合他說強通爲一。此是朱子教人讀書極關重要之一項，學者最當注意。在朱子認爲此種牽引強通之習，自程子以來，已有三十年之久，因此講古書盡講向高處、虛處，反而把古書走失了原樣。只是朱子仍將程子說引在下面，其意只謂：先讀了他自己所注，然後再推及程說，便可無弊。此是先求專精，再作會通，此種會通，乃始是新會通。其意極爲深允。我新解中注此兩句云：

　　朋，同類也。志同道合者，知慕於我，自遠來也。

　　此則仍依朱注而稍詳釋之。

　　朱子嘗云：「堯舜以下不可無孔子，孔子而後不可無孟子，孟子而後不可無二程。」此乃對二程

極表佩服之語。但朱子又云：「聖人之意，乃在日用常行之間，論語中無懸空之語。漢以後人多在訓詁方面講論語，二程則發明聖人道理，使人激昂向上，惟失之稍高。」又認爲當時說經有四病：「一本卑作高，二本淺作深，三本近作遠，四本明作晦。」我們當據此四點來尋朱注之用心。

至於「人不知而不慍，不亦君子乎」兩句，宋人善講義理，於此兩句解釋明愜。讀者試看後來清儒之說，便知他們說義理，遠不能與宋儒相比。

我以上只舉論語首章爲例，便知注書工夫之不易。而讀注文者，亦須仔細咀嚼，莫輕易忽過，其事亦從可知。

## 二

《憲問》篇又一章：

子貢曰：「管仲非仁者與？桓公殺公子糾，不能死，又相之。」子曰：「管仲相桓公，霸諸侯，一匡天下，民到于今受其賜。微管仲，吾其被髮左衽矣。豈若匹夫匹婦之為諒也，自經於溝瀆，而莫之知也！」

此章文字易讀，但在義理上，程、朱卻發生了極大歧見。朱注引程子曰：

桓公，兄也。子糾，弟也。仲私於所事，輔之以爭國，非義也。桓公殺之雖過，而糾之死實當。仲始與之同謀，遂與之同死，可也。知輔之爭為不義，將自免以圖後功，亦可也。故聖人不責其死而稱其功。若使桓弟而糾兄，管仲所輔者正；桓奪其國而殺之，則管仲之與桓，不可同世之讎也。若計其後功，而與其事桓，聖人之言，無乃害義之甚，啟萬世反覆不忠之亂乎？如唐之王珪、魏徵，不死建成之難，而從太宗，可謂害於義矣。後雖有功，何足贖哉！

朱子引程說後自加按語曰：

愚謂管仲有功而無罪，故聖人獨稱其功。王、魏先有罪而後有功，則不以相掩可也。

此則明與程說不同。

語類一弟子問：「伊川言：仲始與之同謀，遂與之同死，可也。知輔之爭為不義，將自免以圖後功，亦可也。竊謂天下無兩可之理，一是則一非。如兩可之說，恐亦失之寬否？」今朱注云「管仲有

功而無罪」，故可不死，則並無兩可之說。一弟子問：「管仲之功可掩其前過否？」朱子曰：「管仲義不當死。」又答另一弟子問曰：「聖人無說，見得不當死。」即據論語本文，推說孔子本義，而程說之誤自見。朱子說此章，說到無文字處去，可謂聰明絕頂。清人只重考據，並只能考據其事，卻不注意到在事背後之種種義理。此就偏了。而且他們責朱子將桓公、子糾兄弟輩次講錯。實則將輩次講錯者乃程子，非朱子。朱子所以仍引程子說者，因程氏考據雖錯，然有其一套義理在。但程子說實非注書，而是自立說。朱子意：程氏此套義理，也可作參考；而其自下注，則只曰「管仲無罪」一語解決了。

## 三

又述而篇：

朱注：

子曰：甚矣吾衰也！久矣吾不復夢見周公！

孔子盛時，志欲行周公之道，故夢寐之間，如或見之。至其老而不能行也，則無復是心，而亦無復是夢矣。故因此而自歎其衰之甚也。

此條注文，即論文章，亦臻絕佳之境。程子曰：

孔子盛時，寤寐常存行周公之道。及其老也，則志慮衰而不可以有為矣。蓋存道者心，無老少之異；而行道者身，老則衰也。

程子此條亦有其精彩處，但不如朱注之簡淨。程子另有一語云：孔子之夢周公乃因其思。（見二程遺書）此乃謂至人無夢，孔子只是思周公，並未真夢見。此則曲說，朱注未錄。

朱子弟子又因朱注與程說不同而發問，朱子答曰：「夢見亦何害。」「今有人夢見平生所不相識之人，卻云是某人某人者，蓋有之。夫子之夢，固與常人不同，然亦有是理耳。」即如孔子夢兩楹之奠，豈可說是思不是夢？朱子說此種夢乃是一種「朕兆」，所說極有理。若程子說：「孔子盛時，寤寐常存行周公之道，定要避去「夢」字，反覺拘泥。語類中批評程說非是，當有數百條之多。清儒不分程、朱，一并攻擊，可證讀書粗心。其實他們連語類也不讀，則自然見不到朱注之精密處。

又述而篇：

### 四

子在齊聞韶，三月不知肉味，曰：「不圖為樂之至於斯也。」

朱注：

史記「三月」上有「學之」二字。不知肉味，蓋心一於是而不及乎他也。曰：不意舜之作樂，至於如此之美。則有以極其情文之備，而不覺其歎息之深也。蓋非聖人，不足以及此。

下引范氏曰：

韶盡美，又盡善，樂之無以加此也。故學之三月，不知肉味。而歎美之如此，誠之至，感之深也。

孔子發憤忘食，樂以忘憂，若以莊老佛家之意見評之，似聖人之心，時不免有滯於物。程伊川即以「三月不知肉味」爲聖人滯於物。故疑「三月」二字乃是「音」字之誤。語類朱子答弟子問曰：

此處最要看他不知肉味處，最有意思。蓋夫子知韶之美，一聞之，則感之至深；學之三月，故至於不知肉味。若道一聞之便三月不知肉味，恐無此道理。伊川疑得自是。但史記上有「學之」二字，伊川恐適不曾考到此耳。

但我之新解，於程、朱兩說，均不贊成。因曰：

子在齊聞韶：韶，舜樂名。或說：陳，舜後。陳敬仲奔齊，齊亦遂有韶樂。

三月不知肉味：史記作「學之三月」，謂在學時不知肉味也。或說：當以「聞韶三月」為句。

此三月中常聞韶樂，故不知肉味也。

不圖為樂之至於斯：孔子本好樂，聞韶樂而深美之，至於三月不知肉味，則其好之可謂至矣。於是而歎曰：「不圖為樂之移人有至此也。」或說：「斯」字指齊，謂不圖韶樂之至於齊。

今按：本章多曲解。一旦偶聞美樂，何至三月不知肉味？一不解。大學云：「心不在焉，食而

不知其味。」豈聖人亦不能正心乎？二不解。又謂聖人之心應能不凝滯於物，豈有三月常滯在〈韶〉之理？三不解。積此三不解，乃多生曲解。不知此乃聖人一種藝術心情也。孔子發憤忘食，樂以忘憂，此亦一種藝術心情也。藝術心情與道德心情交流合一，乃是聖人境界之高。讀書當先就本文平直解之，再徐求其深義。不貴牽他說，逞曲解也。

我在《新解》中每章必附一白話譯文，此章之白話譯文云：「先生在齊國，聽到了韶樂，三月來不知道肉味。他說：我想不到音樂之美有到如此境界的。」自謂將《論語》本文原義解出。若論義理，〈孔子〉實深具一種藝術心情，或說詩人心情。此章大似一首詩，實乃詩中之賦。《新解》此章，擺脫了朱注束縛。但不知我此解法，究比朱注勝否？諸位在此刻，自無法遽下評判，但舉出來也教諸位知道讀《新解》也就不易而已。

## 五

又〈八佾篇〉：

子曰：「射不主皮，為力不同科，古之道也。」

朱注曰：

射不主皮，鄉射禮文。為力不同科，孔子解禮之意如此也。皮，革也。布侯而棲革於其中以為的，所謂鵠也。科，等也。古者射以觀德，但主於中，而不主於貫革，蓋以人之力有強弱，不同等也。記曰：「武王克商，散軍郊射，而貫革之射息。」正謂此也。周衰禮廢，列國兵爭，復尚貫革，故孔子歎之。

下引楊氏曰：

中可以學而能，力不可以強而至。聖人言古之道，所以正今之失。

程明道以為射不專以中為善，朱子未采其說。清人引漢儒古說來推翻朱注，但清儒實並不知明道與朱子間已有不同，而朱注實難推翻。清儒對此章講了許多考據，但於義理上則仍有不通處。新解曰：

射不主皮：古之射，張一布，稱為侯。或畫五采畫獸，為正。或於布中心貼一皮，或熊或虎或

豹，為鵠。不主皮，或說：射以觀德，但主於中，不主貫革。皮即革也。或說：「主皮」之射

見儀禮鄉射禮，「貫革」之射見小戴禮樂記，二者有別。貫革謂射穿甲革，如養由基射甲徹七

札之類，此乃軍射。禮射則用皮侯，不用革。今按：射必主中，斷無不中而為射者。「射不

主皮」，既不能解為不主中，則上說但主中不主貫，自為正解。射既有中與貫之別，則貫指革

言，亦自無疑。「射不主皮」，謂皮可以該布，又何不可以該革？故知上解「主皮」為貫革，

通上下文而說之，亦自見其可信。儀禮、小戴禮兩書皆出論語後，不得以兩書或言主皮、或言

貫革，遂謂論語「主皮」決不指貫革也。

為力不同科：科，等級義。人力強弱不同第，故射主中，不主貫。漢儒因見儀禮言主皮，小戴

禮言貫革，疑論語此章不言主皮，遂疑此句「為力不同科」另屬一事，不連上文。因解

「為力」乃為力役之事，丁強任力役亦分科。然當役不得稱「為力」，此解牽強可知。今不從。

古之道也：樂記：「武王克商，散軍郊射，而貫革之射息。」此謂自武王克商，示天下已平，

不復尚多力能殺人，故息貫革之射。正與論語此章所言相同。今若分樂記「貫革」與論語

「主皮」為二，則「射不主皮，古之道也」語義難解。蓋下逮春秋，列國兵爭，復尚力射，如

養由基穿七札，見稱當時；故孔子慨嘆而稱古道也。若必本儀禮為說，儀禮顯出論語後，豈其

所記各射，孔子時皆不然，而概稱為「古之道」乎？朱氏注此章，不用漢儒古說，以「貫革」

說「主皮」，以本章三句通為一氣讀之，最為允愜。清儒必據古注駁朱注，於「射不主皮」一語，多引古禮文，而於「為力不同科，古之道也」兩語，終無確說。就本章文氣、語法、字義平直求之，知朱注之不可易也。其說古禮容有違失，終無害於其釋大義之是當。

此條駁斥古注以「為力不同科」為另一事之非，又兼采清儒諸家考古代射禮之是者，概括以注本章；而於本章大義，則仍主朱說，采用清儒考據發明朱注義理。至於清儒諸家考據，孰是孰非，孰得孰失，不再羅舉博辨。故能使新解本文簡徑明白，不致浩繁難尋。若讀者仍嫌新解注文不易讀，此乃讀書基本程度不夠。然只要能細心誦讀數過，亦無真難讀處。若定要一看便曉，則論語本書本不應該要求一看便曉也。

六

以上只是臨時隨口舉出數例，期能對諸位讀我新解，以及把我新解與朱注比讀，得此幫助。至要真有得，則仍待諸位自己用力。

（一九六四年四月二十四日在香港新亞書院研究所學術討論會講）

# 孔子之教與學

## 一

孔子是中國的大聖人，二千五百年來，備受國人之愛戴與崇重。最近幾世紀，歐美學者，誦讀有關孔子的書籍，仰慕孔子之爲人，稱引孔子之言論者，亦日見增加。孔子之道，終必大行於後世。茲值孔子誕生二千五百零四年紀念，謹就平日淺薄所窺，略述一二有關孔子之教與學者，以申高山嚮往之私意。

孔子是一個教育家，他曾說：

有教無類。

人類只要有有教育，不該再有其他一切的類別。理想的教育昌明了，那時世界人類，將不再有國別，有種別，自然更說不上有所謂階級的分別。那將是一個大同與太平的世界，而這一世界則將由理想的教育達成之。

孔子不僅抱有如此偉大教育的理想，而且畢生為此教育理想而努力。所以說：

自行束脩以上，吾未嘗無誨焉。

只要依照當時社交慣例來到孔子門庭的人，孔子從來沒有不加以教誨的。他又說：

與其進也，不與其退也。人潔己以進，與其潔也，不保其往也。

只要有人來，不追究他已往，不逆測他將來。誠心請教的，他就誠心教。他又說：

過我門，不入我室，而我無憾焉者，其惟鄉愿乎？

經過孔子門，孔子總希望他進來聽一番教訓，否則孔子心上總覺是一遺憾。但也有些人，不肯有理

想，不肯有向上心，不想要自己再進一步而發心向人去受教，他們只想在這世上混過便算的，那便是孔子所謂「鄉愿」了。孔子只對這些人不再有遺憾。這不是孔子不願對他們施教，孔子只待有自發心的纔施教。所以說：

不憤不啟，不悱不發。

「憤」與「悱」，便是人類一種向上的自發心。照理，此種自發心，也該人人有，而孔子也決不會拒人於門外。

二

但孔子平日把些什麼來教人呢？他弟子說：

子以四教，文、行、忠、信。

「文」指社會人文之一切。孔子是一位人文主義者，他的教育內容也偏重在人文。而人文社會中一切的業績，其起始莫不由於個人的行為。個人行為最要的發動，又莫不由於人類之天性。因此孔子之教，總是就個人天性中某幾種美善的本質，如「忠」與「信」，來指點出個人行為所應有之道。本於此種人道作基礎，再經歷了歷史演變，而形成社會人文複雜的大綜合。孔子之教，本原於人心之忠信，究極於人文之大全，而以人類本身一切現實的行事為中心，這是孔子教育的大規程。

因此孔子很看重在其當身社會一切人文現實之所有。他自己說：

吾少也賤，故多能鄙事。

他又說：

執御乎？執射乎？吾執御矣。

「射」與「御」是當時社會兩件普通的人生技術，而「御」尤其是屬於為人服務的，因此孔子自謙地說他願意當一個御者。若使孔子改生在現代，我想他決不會看輕教一青年學習替人開汽車。他也會高興做一飛機師。孔子的教育宗旨，只在根據各自當身的社會裏的一切人文現實，而只在由此使人透悟

到人類文化之本原，之意義與價值。這些人文現實之大總體，孔子當時則謂之「禮樂」，謂之「文」。

孔子自己說：

下學而上達。

「下學」是學的當時社會人文一切的現實，「上達」則透達到人類文化大體之本原與意義與價值之所在。

孔子常不自稱為一教育家，而常僅自稱為一學習者。他說：

我有知乎哉？無知也。

他又說：

我非生而知之者，好古，敏以求之者也。

孔子之所謂「古」，即是那些人文遺產，即當時社會一切人文現實，由於歷史演變而來者。而孔子之

所求，則在這些現實人文中，來追求其本原與意義與價值。孔子以此學，也即以此教。因此孔子之教，更注重在身教，非言教。故他說：

予欲無言。

又說：

吾無行而不與二三子者，是丘也。

孔子即把他自己的全部人生來作教。孔子也即以他的好學作爲他全部的人生。孔子之道一以貫之者也在此。

孔子又曾說：

聖則我不敢，我學不厭而教不倦也。

他的弟子們便說：「學不厭，知也。教不倦，仁也。仁且知，夫子既聖矣。」孔子自己只說他是一個

好學者，樂學者。所以說：

知之者不如好之者；好之者不如樂之者。

又自己說：

其為人也，發憤忘食，樂以忘憂，不知老之將至。

孔子只把他自己一番好學樂學的精神來設教。而他的弟子們，了解他們先生的教育精神的，便說這樣便已是「仁」與「知」，便已是聖人了。一個人，只從那種學不厭與教不倦的「仁」與「知」，做成了聖人。一個社會，也只從此學不厭與教不倦，來走上了人類燦爛光明的文化大綜合。人類文化，該是根據著人類的天性，而直達大同太平的理想。這一條大道，也可說即是孔子所謂的「下學而上達」。孔子心中，一人之道與人人之道，仍是一以貫之的。

因於孔子之教，是這樣一種現實的身教，即以他當身的實際人生來作教，所以孔子的教訓，若在言論上尋求，似乎沒有什麼一套特別肯定的內容。換言之，孔子沒有一套抽象的理論來教人。所以說：

### 三

子絕四，毋意、毋必、毋固、毋我。

孔子沒有一種固執的、必然的、自我的意見。孔子平常教人所重者曰「道」。道是活的，只指的由此至彼的一條路。孔子理想中的人生，該有一段由此而至彼的過程，那也就是「學」。至於具體所學，則上面已說過，凡屬當身社會的一切人文現實，都該成為學的對象。所以說：

大哉孔子，博學而無所成名。

禮、樂、射、御、書、數，在當時謂之爲「六藝」，這是孔子當時社會人文現實中幾項具體的節目。孔子都學了。孔子又從這些人文現實向上追尋其來歷，探究其根源，會通其意義，發明其價值。因此孔子之所學，是一種人文的，同時也是歷史的。總言之，孔子是向人而學的。所以說：

我非斯人之徒與而誰與？

又曰：

三人行，必有吾師焉。

他的弟子們也說：「夫子焉不學，而亦何常師之有。」

孔子向人而學，又向人而教，因此他的所學所教，他自己總括說來，只是一「仁」字。仁，便是人生之大道。仁之本原，在人心之「忠信」。見之於實際的私人生活之謂「行」，成之爲人類社會所共有的一切文化現實的大全體之謂「文」。這在孔子本身時代如此，在孔子以前的時代也如此，在孔子以後的時代仍如此。在孔子所未曾知道的社會，乃至在未曾知道有孔子其人的社會中，在孔子理想中推想，也該莫不如此。所以孔子的教與學，不盡在回顧，同時也有前瞻。不盡在守舊，同時也有開

新。不盡在現實，同時也兼在現實中引發出理想。

### 四

如上述，孔子之學，針對著全人類而學。孔子之教，也針對著全人類而教。孔子之學與教，其精神，以全人類爲對象、爲範圍。於是孔子乃由於「人」的觀念而轉進到「天」。全部人類之出生，出生於此大自然；全部人類之生活，亦在此大自然之中。孔子平常所指的天，正指此大自然而言。孔子說：

天何言哉？四時行焉，百物生焉。

孔子所想學於天的，正想學此無言之行與生。所以孔子教人「默而識之」。他又說：

天無所言說而四時行，百物生。

古者言之不出，恥躬之不逮也。

他又說：

躬行君子，則吾未之有得。

於是遂使孔子終於永遠是一個學習者，始終沒有好多懸空的大理論，更沒有像西方的哲學家們，各有他們一套曲折而精微的成系統的抽象的新創見，留傳給後世。他曾說：

吾有知乎哉？無知也。有鄙夫問於我，空空如也。我叩其兩端而竭焉。

孔子往往自承為無知，對方一鄙夫來問他，鄙夫自然同樣是無知。但事情總會有兩頭，理論也總會有兩頭。本與末，是與非，一切總是有兩端。孔子只把他來問的那事情或那理論轉問他，直問到那本末與是非之兩頭之盡處，而無不罄竭了。於是那事情與理論之由此至彼的全體，卻在雙方本屬無知的、空空如也的心中顯豁呈露了。因此，孔子所教，人人可以學；而孔子所學，也人人可以教。本屬無知的，也自會有知了。這是孔子之教與學之自無而有、由人達天之最中庸而最高明的最不可及處。

因此，孔子只如是般，從人生切近處，求知與好學。但他因此學通了人之心，學到了人心之本

原，「天」。而別人一時要想學孔子，卻會感覺到困難了。所以他的最好學的弟子顏淵不禁要喟然而嘆了。顏淵說：

　　仰之彌高，鑽之彌堅，瞻之在前，忽焉在後。欲罷不能，既竭吾才，如有所立卓爾。雖欲從之，末由也已。

連孔子也要自己歎息了。他歎道：

　　莫我知也夫！

他又說：

　　知我者，其天乎！

然而孔子自己也深感到他自己已由知人通透到知天，所以才說知我者只天了。孔子似乎自己也深感到他自己已由知人通透到知天，所以才說知我者只天了。他的門弟子又說：

然而孔子的日常行為，則始終平易而切近，始終是與人共之的。

夫子之文章，可得而聞也。夫子之言性與天道，不可得而聞也。

孔子自己也曾說：

民可使由之，不可使知之。

## 五

所以孔子始終沒有一套奇偉而高遠的教訓，超出於現實人事圈子之外的，來留傳給後世。孔子所學的最高對象固是「天」，而孔子卻不說「天」。孔子不從天之最高明處來教人，他只從內面人類心情的大本同然處如「忠信」，和從外面人類社會的一切文化現實如「禮樂」，從這內外兩端來循循然善誘人。從這「博文」與「約禮」處，教人「下學而上達」。於是孔子也遂不能成為一宗教的大教主。

然則孔子所留傳給後世人類的，究是些什麼呢？我想，照孔子自己的意思，他所能留傳給後世

的，恐怕仍該是他那一番好學不倦的精神了。其實孔子之所學也甚有限，孔子只在學做人，孔子只在從人的方面學做人。惟孔子直向人心的深處學。孔子總認為，人與人是大概相似的。孔子似乎並沒有承認他自己高出乎別人，但也沒有承認別人高出了他自己。他只從別人身邊學得了自己。孔子又常把他自己來教別人。所以孔子有時像是一個個人主義者。好像只想把他自己學成一個人，也只想教人學成一個人。所以說：

古之學者為己。

所以孔子自己說：

好像一切學，該是只重在自己。但孔子的意思，認為人人都如此般學，卻可到達天下太平、世界大同的理想。那即是孔子所謂的「大道之行」的時代了。

吾十有五而志於學，三十而立，四十而不惑，五十而知天命，六十而耳順，七十而從心所欲不逾矩。

我們今且問：孔子所知的「天命」該是什麼呢？我們且不妨說：天既生了人類，自然希望人類能終

極到達於太平大同的境地。人類不到太平大同的境地，終像是天命之未實現。其實天之生人，早本是太平與大同的。因為人類社會自己多生出花樣，人類歷史自己多生出演變，而於是轉像使人類反而日趨於不平與不同。孔子教人學，正在學那人類同然一本之天性，正在透過那歷史悠長的演變，社會複雜的綜合，而所形成的文化多方的大體系中，來學到仍回於自然，學到復返於人之本，學到走上經歷人文演進後之人生大同太平之大道。那是生於天而歸於天，由天命之人始，到達於天命之終極，那始是所謂「大道之行」了。

所以人若能「知天命」，便決然會「耳順」。耳順是說你聽別人話，都覺得順於耳，不覺得逆於心。這真是大同太平、大道之行的盛世感覺了。人人知天命，人人都會感覺得耳順，人人會聽到別人話不再感其刺耳與逆心。若使一個人先到達此境界，這一個人的內心已先到達了太平大同的理想境界了。到那時，他的心已和人的心相通，一片天機，不再分別彼我與是非。當前總是一「道」。當下總是一「仁」。整個總是一「天」。於是那一人，便可「從心所欲而不踰矩」。孔子便是上述的那一人。孔子把他自己一生七十年好學不倦所到達的內心境界揭示於我們。我們若粗心驟然的看，不像孔子所學是在專為著他個人自己嗎？

但我們也可說，只要在人類中，仍有一個人未到達此境，他聽別人話，依然感到刺耳與逆心；這世界則依然還不是真大同，依然還未到真太平。所以全人類各為個人，還是為著全人類。而且我們也不能因為全人類未到達此境，便不信有人能先到達此境。若我們沒有如此般去學，自不能就此懷疑有人能真到達此境。正因全體人類均能到達此境之路途尚遙遠，所以孔子平日總是自承

無知，不曾具體舉出某一番抽象的理論來教訓後世人，來憑空爲遙遠的後世人設教。但也正因爲孔子自感他自己確已到達了此境，所以他終於把他自己所學的那一番經歷來指導人，卻可使任何一時代的人都由於如他之所學而到達他之所到達。

自孔子誕生二千五百年後而至今日的人類，若我們能再一細聽孔子之所教，我們會有所憤悱，則孔子的教訓，卻正好給與此種憤悱以莫大的啟發！

（一九五三年十月香港祖國周刊四卷四期）

# 孔子之爲人及其學與教

一

孔子是中國一位大聖人。中國人看人，喜從人的全體看。如說聖人賢人，君子小人，好人壞人等。西方人看人，好從人的相互分別的學業、職業、事業上看。如把此一觀點來看孔子，也可說孔子是一位大思想家、大哲學家。又可說孔子是一位大史學家，或說孔子是一位政治家或音樂家等。但總不如說孔子是一位大學問家、大教育家，更爲適切。

但說孔子爲一大學問家、大教育家，又與我們近代人觀念中之所謂學問與教育有不同。且只說孔子之教，乃是針對著全人類中每一人之全人生而教，乃是不論男女、老幼、貴賤、貧富、智愚，種種差別相而教。故孔子又像一宗教大教主。近代人每以孔子與釋迦牟尼以及耶穌基督等各宗教之大教主相提並論。但孔子之教，並不曾成爲一宗教。孔子只教人好好做一普通人，並不曾教人在做普通人外

來做一個某一宗教之信徒。所以孔子信徒，也只是一普通人，不要獨身出家，進入寺院做僧尼；不要有教堂禮拜等形式，不要有教會組織等。

孔子亦可說是我們中國人的一位總代表。孔子到今，已逾兩千五百年。此兩千五百年來的中國人，代代相傳，或多或少，都帶有孔子的精神血統。愈接近孔子，將愈會成爲中國人中一代表人。愈隔遠了孔子，別人將會說他愈不像一中國人。甚至會說他不像是一人。

孔子生平的言語和行事，都由他的學生分別記載下來。乃至學生的學生，至於三傳、四傳的學生，把來會合編纂，成爲一部書，這即是論語。從西漢以來兩千年，論語成爲我們中國人一部人人必讀書。要知孔子爲人，要信從孔子之所學與所教來做人，便該讀論語。

## 二

論語書中所教，平易近人，人人該學也是人人可學。即在兩千五百年後之今天，孔子兩千五百年前之所教，也一樣人人該學，人人可學。即如論語二十篇中之第一篇學而，學而篇之第一章：

子曰：「學而時習之，不亦說乎？有朋自遠方來，不亦樂乎？人不知而不慍，不亦君子乎？」

那一章三句，豈不我們今天也一樣該學、可學嗎？

孔子只教人要學，卻不曾硬性規定要你學什麼。我們今天所學，因時代不同，與孔子當時所學有不同。但這不要緊，孔子只教你要學而時習，最當學而時習的便是學做人。做一天人，便該有一天之學或習。做人最是日日新，又日新。今天決不是昨天，明天又決不是今天。所以做人之道該天天學，天天習。但人總還是此人，活了一百年，仍還是此人。人類也總還是此人類，經歷了兩千五百年，從孔子到現在，亦仍還是此人類。孔子以前，乃至今天以後，人類也還是此人類。孔子是一位集大成者，此是說孔子集了孔子以前中國古人之大成。孔子又是一位至聖先師，此是說，孔子乃為孔子以下直到於今我們中國人之師表。

做人須得人人各自做，但又須人人共同做。離羣獨立，單由自己一人做，不得成為人。必須投進大羣，和他人共同做，乃始成為人。於是學必有朋。有狹義之朋，有廣義之朋。如七十子之從學於孔子，良師益友，互合成朋。則師友皆可目為朋。又如上友千古，今天我們慕效孔子，學為人之道，則兩千五百年來歷史上中國古人學孔子者皆可為我朋。從更廣義言之，居家孝弟，父母兄長實亦我朋。故人若無朋，即不能為學，亦不能成人。

故做人為學，必得在人羣朋輩中共同做，尤貴在共同中獨自做。我是一人，我須單獨自做像一人。我之做人，乃為我自己而做，並不為他人而做。故我做人，只得由我自己做，該一本我之內心去

做。有時，我此心亦可不爲人所知。如舜之孝，可不爲其父瞽瞍所知；比干之忠，可不爲其君紂所知。我在大羣中做人，豈能要求在大羣中盡爲其他十百千萬別人所知。故做人須有朋，但又須單獨做，不求人知，並不怕別人不知。故曰：「人不知而不慍。」一個人做人，能做到自己內心有悅有樂又不慍，那又更有何求呢？

以上論語首章三句話，孔子揭示了人類中每一人做人的大道理。一、須不斷學與習。二、須有朋。三、須不求人知。此三句話，兩千五百年前人有用，兩千五百年後今天的我們仍有用。即在兩千五百年後的每一人亦仍有用。

但兩千五百年來，中國古人講論語著書立說流傳到今天的，何止數百千人，卻沒有如我上面所講。我十幾年前，寫一部論語新解，也不曾如此講。今天我如此講，並不是從前都講差了，此刻始講準。也不是從前沒如此講，所以今天也不該如此講。當知孔子論語，義蘊深廣，貴能隨時隨地，各人自己體會。正如日月經天，光景常新，但日月仍是此日月，光景亦仍是此光景。做人道理，不妨在萬異中有一同，又不妨在一同中有萬異。所以我們讀論語，仍該學而時習。今年讀，可與去年讀不同。明年讀，可與今年讀不同。讀論語又貴有朋。兩千五百年前，乃至兩千五百年後，凡知尊孔子讀論語的，都是我朋，其間必當有一「大同」所在。但畢竟是我一人此時此刻在讀論語，而於我心有體會，亦豈能盡爲人知。故讀論語，又貴懂得「人不知而不慍」。若讀論語，爲要寫一篇論文，作一番演講，那不是爲自己讀，乃是爲他人讀。你縱成了論語專家，也會和你本身做人大道理不相干涉。

三

做人須能學人家，此是做人第一步。做人又須能教人家，此是做人之第二步。須能兩步合成一步，如此做人，始能大踏步向前。孔子之集大成，乃是孔子學習了在孔子以前兩千五百年中國歷史文化傳統中做人的大道理所在。孔子爲至聖先師，乃是孔子教導了孔子以後兩千五百年到今天中國歷史文化中做人大道理的大傳統大準則所在。孔子弟子中有人問孔子，「先生可當得一聖人了嗎？」孔子說：「我那能當得是一聖人。我只能學不厭，教不倦。」孔子教人，也只教人能學不厭，教不倦。我們尊孔子，學孔子，也只該學他的學不厭，教不倦。且莫便要學做一聖人。「聖人」是一名，學不厭，教不倦乃是實地爲人。你只要能學不厭，你便是在學孔子。你只要能教不倦，你也便是在學孔子。

或是我不識字，不能進學校讀書，但我不能不做人。做人便該學。學一項技藝，乃至學一番道理，都是學。我之所學，又須能教人。如我學種田，學得了日出而作，日入而息，這便可以教人，至少可以教我自己的兒子。這便是「動而世爲天下道，行而世爲天下法，言而世爲天下則」。必如此，乃算是一人。若我學得貪喫懶做，那能以此教人？至少也不能教自己的兒子。我不餓死，我自己兒子

學我會餓死。至少我孫子又學我兒子一定會餓死。若我言忠信，不欺騙人，這也須學，但也能教。若言不忠信，專欺騙人，此可不待學，也不能教。

孔子之教大，因孔子之教，人人該學，又人人能學。若我學得成爲一農業專家，又在農業上有了某項最新發明，使我成了名，又獲了利；但我之所學，只能教和我有相似條件的少數人，不能教任何人，乃至大多數人。所以我之學與教，只是小的，不是大的。孔子也自說：「我執御」乎，執射乎。」

孔子不在這些小的上計較。孔子只教人做人。若使孔子生今世，一個軍隊小兵，一個汽車司機，均可受孔子之教，與孔子爲朋。在人的地位、人的立場上，孔子是同等平視的。只要你站正在人的地位、人的立場上，你又能有專業，有特長，有名有利，孔子不會看輕你，更不會反對你。但我們因爲有了專業，有了特長，有了名，有了利，有的逐漸離開了人的地位、人的立場，反而覺得有恃無恐，要來看輕孔子，反對孔子。

## 四

孔子已是兩千五百年前地下一陳死人，連屍骨都腐化淨盡。你輕視他，反對他，他斷無奈你何。但要反孔，該要反對到孔子所講的做人之道。孔子所講做人之道，乃是根據人的立場、人的地位而

講。故反孔不啻近似於反人，而且亦是反己；因我自己也同樣是一人。一個人連自己都要反，自然會反到任何人。但反他自己的人，實際上不會真有力量反到別人身上去。

民初新文化運動時期，不也有人高呼反孔嗎？但曾幾何年，豈不已迹匿聲銷？今天大陸，又正在高呼反孔。但並不是今天大陸的中國人在反孔，只是毛澤東一人在弄權作勢要反孔。也不是毛澤東能反孔，他也只是在自己反自己。

孔子在人類中，擁有絕大多數的朋眾。尤其是我們中國人，連我們各自的列祖列宗在內，都是孔子的朋眾。因此，要教中國人反孔，必然該教中國人非孝、反祖宗。但我一人要反孔、非孝、反祖宗，其事也不難；難在我也該擁有些朋眾共同來反，不能由我單獨一人反。毛澤東弄權作勢，一時唆逼現代大陸中國一些人和他共同反孔，其事也不難；難在又該找些歷史上中國古人來和他共同反。沒有了歷史上已死的那些古人，又那會有今天我們那批活人？所以做人又該和死人共同做，不能單由活人做。但毛澤東的權勢，在死人身上又無法用，要在歷史上找共同反孔的人卻也難。目下的毛澤東總算找出了秦始皇、曹操、盜跖幾人。但別的不講，那幾人又不能相互為朋。曹操不與秦始皇為朋，盜跖又不和秦始皇、曹操為朋。毛澤東又何嘗要和秦始皇、曹操、盜跖為朋。一個人想利用同時人、過去人乃連和劉少奇、林彪、周恩來之間，也互不為朋，只求暫時互相利用。

及未來人來完成他個人之事，此恐是難之又難了。

所以我們只要真懂得孔子教人做人的大道理，便知孔子不可反。便知要尊孔子。知要尊孔子，便知要讀論語。我在十幾年前，寫了一部論語新解。在半年前，又寫了一部孔子傳。又彙集了一二十年

來的許多散篇論文，編爲孔子與論語一書。孔子爲人和論語讀法，在此三書中，竭我所知，約略有所窺見。敬敢介紹於諸位之前，供諸位有志尊孔子讀論語者作參考。亦敬願追隨諸位，互相爲朋，來尊孔子，讀論語，來共同遵行孔子教人做人之道，來共同做一人。這當然是指的一位理想的標準人，亦可說是一位理想標準的中國人。

（一九七四年九月一日中華文化復興月刊七卷九期）

# 孔子論語與中國文化傳統

## 一

凡關心吾中華民族之生命前途，必連帶關心及於吾民族文化之傳統。凡關心吾民族文化傳統者，又必關心及於吾古聖先師之孔子。吾民族遠自伏羲、神農、黃帝以來，已歷兩千五百年之文化累積；下及春秋晚世，乃有孔子之誕生。故孔子乃是吾民族文化積累兩千五百年以後之一結晶。使非有民族文化兩千五百年以上之積累，則何得出生有孔子！而自孔子以後，迄今又逾兩千五百年。此一結晶，乃光輝燦爛，色澤鮮潤，歷久而彌新，屢化而益厚。故吾中華民族五千年之文化傳統，實惟孔子一人，承前啟後，可以作為其代表。

關心孔子，則必連帶關心及於論語之一書。「語」者，孔子語。大抵自孔子三十以後，迄於其死，前後四十餘年，因時因地，因人因事，而有所語。其具有主要意義者，皆載此書。「論」者，「討論」

義。孔子四十年間所語何限。凡所記載於此書者，皆其門人弟子，及其再傳、三傳以下之弟子，日常所討論，而會合編製，成此一書。論又有「掄選」義。凡孔子語，經討論製成此一書外，尚有餘語，未經錄入，今尚散見於孟子、中庸、易大傳，以及春秋三傳，及孔子家語，乃及其他書中者，又何限。故論語者，乃孔子語，經其後世所討論，所經編製，由掄選而成之一書也。

二

今就論語一書之編製成書言，大概可分兩階段。自學而至鄉黨共十篇，稱上論。此為論語編製成書之第一階段。編製此十篇者，主要大概出於孔子門人、曾子兩人之再傳弟子之手。編製成書之年代，與主編人、助編人之詳細，則皆不可考。孔子死後，其門人弟子追念孔子，羣認為尊師講學，乃人生惟一大樂事；乃尋求選一人繼孔子為師，而相聚講學如舊，庶人生此樂猶獲維持。乃欲羣推有子繼孔子為師，謂有子似孔子。而曾子獨加反對，謂：「師事孔子，如秋陽以曝，江漢以濯。吾師既死，誰堪為繼。」其議遂不成。此故事見於孟子書之記載。則知當時孔門弟子，必曾有一時羣尊有子，欲推以為師；而曾子獨持異議，同學們始悟初意之非；則曾子亦必同時見尊。今論語第一篇，首章

爲孔子語，次章即爲有子語，第三章又爲孔子語，而第四章則爲曾子語，則知此上論前十篇之編製，殆必由有子、曾子之門人弟子主其事。若以曾子語即爲第三章，則若遞次於有子語之後，似於兩人有高下之分。今在曾子語前，仍取孔子語居其先，則可避免此嫌耳。

惟孔子既死，其弟子各自分別開門授徒，勢散不復聚。但其所教，則共尊孔子。故孔門之三傳，乃亦同尊孔子，過於其親受業之師。此風至戰國之末，下迄漢初而不衰。是必此輩相聚於曲阜孔子之故居，而低迴不忍去；並有在此相聚而講學者。乃有因其師言，親赴曲阜，以仰謁孔子之故里，各出其隨身攜帶，長日所討論講誦之孔子語，而互爲對勘；乃有合編一書之動議。其事決不限於有、曾兩家之弟子。或可始於兩家弟子之初傳，而必當待於有、曾兩家以外其他門人之再傳弟子，或更待及於三傳弟子之時，而上論之書始成。則其事更若合適也。及上論既成，此風已開，而各項材料尚絡續彙集，於是乃有下論十篇之再次編成。則其事更後。

故論語一書之成編，當上距孔子之死，有兩百年之久。其事當在秦併六國之前不久，而天下復歸於一統。故論語成書，實乃當時吾中華民族學術界一共業也。孔子自言：「我學不厭，教不倦而已。」孔子以其所學，公之其門弟子，又各自廣其師傳，以公之於各自之門人。至其編成此書，則不知出於誰何人、幾多人之手。要之，則已歷兩百年之長時期。此非一共業而何？

三

今再就論語一書之內容言之。其上論首篇學而篇之首章：

子曰：「學而時習之，不亦說乎？有朋自遠方來，不亦樂乎？人不知而不慍，不亦君子乎？」

孔子之道亦大矣，何以教人？首之曰「學而時習」，繼之曰「朋來遠方」。人孰不當學，學又曷可無朋？孔子教人首在此。至於學之所得，他人之知不知，則可勿以為重。則孔子之教，即在教人一共業也。孔子所教，最重在仁道。然仁道極難講。學而篇第二章：

有子曰：「孝弟也者，其為仁之本歟！」

有子提出「孝弟」二字，其誰不當學？又誰不能學？仁之本即在孝弟，亦一共業也。第三章又為孔子語，曰：

巧言令色鮮矣仁。

仁道難學，先求其毋不仁。日常人生中，言不求巧，色不求令，此又可知而可學者，仍是人人一共業也。第四章則爲曾子語，曰：

為人謀而不忠乎？與朋友交而不信乎？傳不習乎？

孝弟行於家門之內，忠信則推之家門之外。孔子之教人最首要者，在教人孝弟、忠信。孔子曰：「學而時習。」曾子則曰：「傳不習乎？」曾子則時習孔子之所傳。曾子不自立教，即教孔子之所教。孔子亦言：「述而不作，信而好古。」則孔子亦未嘗自立教，即自述其好古而學之所得耳。是則所謂學者，非人生一共業而又何耶？此之所謂「共業」，即孔門之所謂「道」也。使非人人行之，則又何得爲道！而人人由之，則即是一共業矣。

學而篇先有子，後曾子，亦非於二人有先後之分。有子言孝弟，宜在前。曾子言忠信，宜在後。論語先及此兩人，亦非於兩人有特尊。有志仁道，則孝弟、忠信宜先及也。苟使習於巧言令色，則又烏得爲人忠信？然則即觀於學而篇前四章之編列，則論語一書，豈不經精詳之討論，而可率爾拉雜以

成之乎？然而此等艱苦經營，其出於誰何人、誰幾人之手？則姓名泯滅，無可考矣。孔子更曰：「後生可畏，焉知來者之不如今。」論語前十篇之編成，則洵出於後生可畏者之手。孔子之言，亦信而有徵矣。

兹再考下論後十篇。首先進：

子曰：「先進於禮樂，野人也。後進於禮樂，君子也。如用之，則我從先進。」

孔子弟子分前後兩批，孔子去魯赴衛前從遊者為「先進」，孔子自衛返魯後從遊者為「後進」。孔門講學，其未用則多講孝弟、忠信。及用之，則講禮樂。此乃於政治、社會、教化、陶冶見大作用。前輩弟子心切用世，故於禮樂僅講求大略。後輩弟子已值孔子晚年，用世之心已淡，而講求禮樂則日益精詳。故前輩於禮樂猶野人多質樸之氣，後輩於禮樂日臻文雅，有君子之風。而孔子則有「如用之則我從先進」之慨。此見孔門學風先後轉變。而孔子心情之所寄，則尤在彼不在此。故次章繼之曰：

從我於陳、蔡者，皆不及門也。

相從於陳、蔡之門人，則全屬先進。先進中有未從孔子出遊，而先孔子卒者。有從歸而先卒，或者出

仕，未能常相聚於孔子之門者。於是繼之以孔門四科之分德行、言語、政事、文學。所舉其成材者之名字，惟最後文學一科，游、夏兩人為後進，其前三科則皆屬先進。則孔子心之所重，其偏在先進尤可知。故孔子曰：「甚矣，我衰也，久矣我不復夢見周公。」是則孔子屢常夜夢周公，逮其不夢，乃歎自己精力之衰。斯其有志用世，亦可謂情見乎辭矣。

然孔子又曰：

　　君子不器。

又曰：

　　古之學者為己，今之學者為人。

人生在世，不能離羣獨爲一人，必在羣中爲一人。曰孝弟，曰忠信，曰禮樂，皆在羣中爲人，即「爲己之學」者。只求完成其己，不求供人使用。器則供人使用，又烏得爲君子？孔子晚年最稱顏淵，曰：

用之則行，舍之則藏，惟我與爾有是夫。

當知為世用，則須行使出你那一套道來。世不用你，則須把你一套道好好藏起。如此則無論用、舍，總是好好完成了你一己，此之謂「為己之學」。孔子又稱子貢曰：「汝器也」。問：「何器」？曰：「瑚璉之器。」此乃宗廟寶器，雖亦是器，然亦不能隨便使用。故孔子教人為己，為君子。君者，羣也。只在教你為羣中一理想人。人人為羣中一理想人，則此羣亦自為一理想羣。修己、齊家、治國、平天下，吾道一以貫之，即在此。故孔門之學，乃人人「為己」之學，亦即人人「為羣」之學。捨卻己，何有羣？但捨卻羣，又何有己。故孔門之學，在道義上，則人人為己，亦即人人「為羣」之學。但在功利上，捨卻己，無己，亦無無羣。舍之則藏，豈不亦無了羣。後生可畏，斯人人「為己」之學，則人人無己。

孔子生平只以斯道修己，只以斯道教人，何嘗有意自我表現。及其晚年，知道不行，乃寫了一部春秋。但春秋亦只是記錄了前世人羣事，何嘗有志在自我表現上。孔子教人語，只由其受教者各自記錄，孔子自己卻從不曾親寫下一語。其受教者，同時不僅只記錄了孔子語，又記錄了一些同學間之語。如顏淵是當時同學中最受尊崇之一人，凡顏淵語，記錄在論語中的，並非顏淵自有他的學生把來記錄了；都是由其同時同學記錄下，亦同樣流傳在孔門之再傳、三傳弟子中；而亦把來編入論語。

孔子死後，他們各自開門授徒，從事教育工作，但他們都不是講而孔門的後進弟子，則與先進不同。孔子語來教。當然他們也不免有些他們自己的一套，卻都在講他們先師孔子的一套；把他們記錄下的

自己的話，給弟子記錄下，但眞是少之又少，在今論語中亦有編入。實也不能算是他們話，只是他們在輾轉代達孔子話。至於第三代以下，則更少語言流傳，亦全不見於論語書中。但論語一書，卻全由此輩不知姓名、全無語言傳下的人編製而成。而其編製此書，又極寓深義。即如舉上論首篇學而之前四章，下論首篇先進之前三章，其中寓義甚深，已可見其梗概。今不知「先進後進」一章，以及「四科十哲」之記錄，果出於何人之手？然其流傳討論，以及編製於下論之第一篇之首，則必出於師承孔門後進之後學，則斷無可疑。抑且上論首學而篇，次即爲政篇，則孔子平日講學精神所在，不待下論之先進篇，已在上論中亦早顯見矣。此又見論語一書編纂之精心。果使孔門無後進，其後進弟子無分別爲師道作宣揚，則孔子仲尼之姓名，亦可在若存若亡之境。而何有其在後世之至聖先師之尊嚴地位，得以常深存顯耀於吾中華民族兩千五百年來之人人心中，而成爲吾中華文化傳統一共同理想嚮往目標之一境界之存在乎？

四

論語一書，自西漢以來，已成爲吾中國讀書人一部人人必讀書。孔子則成爲吾中國共尊之至聖先師。直至於晚清之末兩千年無變。非無其他書可讀，然必其書近於論語，與論語可以聲息相通，肝膽

相照，追隨論語在同一道路上，則其書受讀之範圍必更廣。亦非無其他人可尊，然其人亦必能與孔子聲息相通，肝膽相照，追隨孔子在同一道路上，則其人受敬之程度必更高。中國人幾成爲孔子之化身，孔子則成爲中國人之縮影。換言之，孔子乃成爲五千年來中國人一樣品。孔子與中國民族、中國文化，幾乎一而三，三而一。居今而論，中國民族、中國文化，捨孔子則幾乎無從說起。

然此實吾中國人自孔子以來兩千五百年來一大共業，以相與天成此一現象。否則孔子一人，乃及其及門之七十弟子，又與其此下再傳、三傳，以至五傳、六傳之孔門後人，相與天成此論語一書者，又誰歟能具此力量，使此下兩千五百年來之中國人，必共讀此書，共尊此人，創此形勢，以爲驅迫，而無敢違逆。孟子曰：「聖人先得吾心之同然。」惟孔子爲能發掘出在其前兩千五百年來中國人心之同然，又能引伸起此下兩千五百年來中國人心之同然，如此而已。故中國民族生命文化大統，乃中國人之人心同然之一種共業，而孔子特爲其代表。如是而已。

今以最顯見者言之，中國民族生命，緜亙五千年，以迄於今，並世各民族，皆無與倫比。當前中國人已達十億之多，其他各民族亦無與倫比。即此一端，已見中國文化成就，至少有一獨出並世各民族之上之一顯例。其羣已至悠久至廣大，則生於其羣之內者，必有所滿足，而可無他求矣。

## 五

然而輓近一百年來，西化東漸，而人心大變。美其名曰「新文化運動」，實則爲「西化」運動。論其政治，則曰「帝王專制」。論其社會，則曰「貴族封建」。論其思想，則曰「頑固守舊」。論其爲犁庭掃穴之功，則罪魁禍首惟孔子一人。批孔、反孔、打倒孔家店，成爲新文化運動之首要任務。而廢止漢字等次之。然而凡吾當身，乃及吾父吾祖所見、所聞、所傳聞之三世經歷，乃使吾國人仍歸於途窮而思反，乃復有「復興文化」之呼聲，以及重再尊孔子之口號。

其實回顧中國史，孔子以前，孟子已言之，有聖之「任」、之「清」、之「和」，伊尹、伯夷、柳下惠三聖之品格各別。即孔子自言，亦曰「竊比吾於老彭」，未嘗謂己之獨出於前人也。孔子之卒，即有墨翟、楊朱、莊周、老聃，以及其他先秦諸子，百家羣起而反孔子。兩漢以下，惟老聃猶能與孔子相抗衡。而印度佛教東來，下及唐代，幾乎釋迦、老聃與孔子如鼎足之三立。而老、釋兩家，亦下迄今世而仍在。即論孔門，孔子生前已有「先進」「後進」之異。戰國之時，儒分爲八。而孟、荀相異，尤爲後人所熟知。兩漢以下，儒學定於一尊，而有漢儒，有宋儒，又有清儒之求由宋而反漢。則在儒學一系統內，亦復有門戶派別，種種分歧。則一部中國思想史，乃可謂是一部自由思想史。經、

孔子論語與中國文化傳統

史、子、集，一切著作，皆可尋證。由於時代之變，自今以往，復有歐西文化之參入，此亦順理成

章，又何足多異！惟當今之世，如何來做一像樣的中國人？此始是問題所在。若必謂須打倒傳統，與

五千年來中國人舊樣品孔子，來重新做人，則此事體大，該有鄭重討論之

餘地。

今再擴而言之。印度有釋迦，西歐有耶穌，與中國有孔子，此三人實爲舉世人類中普遍最受人信

仰崇奉之三人。穆罕默德則較耶穌更後起，其受信仰之範圍亦更狹。惟佛教在印度久已衰歇，而其流

傳在中國者，則日益滋盛，至今未已。而回教亦日在中國生根。最近百年來，耶教在中國亦驟盛。余

曾遊韓國與日本，此兩國受中國文化陶冶深，至今兩國內多信奉孔子、釋迦，而耶、回勢力則幾乎無

有，遠不能與在中國者相比。此見中國人氣量大，心胸寬，好學精深，喜有朋，易於接受新事物，新

風氣，而能和平相處；尤能融爲一爐，調劑融洽，使不見有衝突。孔子之能會通義、農、黃帝、唐

虞、夏、商、周三代，而使兩千五百年來之中國文化完成爲一體，而傳之此下之中國，其功正在此。

故曰「孔子何常師之有」。抑或必排除爲一中國人。何以今日吾國人則必排除孔子，乃始得爲此

下一中國人？抑或必排除爲一中國人，乃始獲爲此下世界中一人？則我尚未見有能深闡此義，以告國

人者。而批孔、排孔之風，在百年之內，有若是之張狂，則誠難以敍述也。

今日國人好言「人生」。惟人生當分兩方面：一曰「生活」，一曰「生命」。兩者間，實有甚大之

不同。「生活」僅是其手段，而「生命」則是其目的。專就文學言，西方文學重在人的生活方面之敍

述，而中國文學則更重在人的生命方面之表達。再論夫婦與家庭，西方亦以生活為重，而中國則更要在於生命之意義與價值。今再論三大教主，釋迦佛教則輕視生命，謂惟生、老、病、死四苦，而教人以清靜寂滅，求得涅槃為宗旨。耶穌則以原始罪惡論，教人信上帝，以死後靈魂得以重歸天堂為終極。此兩教同是輕視人之生活，而連帶忽視及於人之生命者。惟孔子能不忽視生活，而更重視其生命，令生命不即身而止。上有父母，下有子女，父傳子，子傳孫，以至於無窮，而相互摶成一民族之大生命，直迄於今。中國民族生命緜亙五千年，而有十億人之多，孔子立教之功，亦端在此。至如西方科學，則影響於人之生活方面者為多，即使緜漲增高，最近將來人類可達於純機器之生活，又使其能從地面生活擴大推進至太空生活，要之，不脫身體生活之一面。故西方科學雖日盛，終不放棄宗教，即其有關生命一面者。今吾國人慕效西方生活，提倡科學，亦又何必排斥孔子？此誠無以自圓其說者。

然繼今以往，吾國人縱仍慕效西化，一心追隨西方之科學人生：而犧牲生命，以務求生活之改進，則總非計之得者。古今中外，乃至千百世以下，亦寧有一不孝、不弟、不忠、不信、無禮、無樂而可有大羣善良之人生？大羣人生既破壞，私人生活又何從得改進？惟夫婦家庭，乃為人羣政治社會一切建築之基礎。亦惟孝弟、忠信、禮樂，斯繼今人類乃始有太平大同之望。而豈財富武力之所能預！則孔子之教，誠有其不可忽者，其惟吾國人善反之於己心，而一加思焉：則道不在遠，而即在吾方寸之間矣。孔子即在吾心，又何爭辨之需哉！

# 本論語論孔學

論語二十篇，首篇第一章，即曰「學而時習之，不亦說乎」，最先提出一「學」字。但當時孔門，究竟所學是何？又該如何學？歷來儒者，自漢迄清，爲此「學」字作解，爭議紛綸，莫衷一是。本文仍就論語，專擇其明顯提及「學」字諸章，會通闡說，求能爲當時孔學粗略描繪一輪廓。並亦於歷代諸儒意見，略有取捨評騭。自知末學淺測，未必遽當，亦聊以備一得之愚，以待明哲之論定。固未敢進退先賢，標一己之獨是也。

子曰：「志於道，據於德，依於仁，游於藝。」（述而）

朱子曰：

此章言人之爲學當如是也。蓋學莫先於立志，志道則心存於正而不他。據德則道得於心而不

失。依仁則德性常用而物欲不行。游藝則小物不遺而動息有養。學者於此，有以不失其先後之序、輕重之倫焉，則本末兼該，內外交養，日用之間，無少閒隙，而涵泳從容，忽不自知其入於聖賢之域矣。

竊謂論語此章，實已包括孔學之全體而無遺。至於論其爲學先後之次，朱子所闡，似未爲允，殆當逆轉此四項之排列而說之，庶有當於孔門教學之順序。子夏所謂：

程子曰：

君子之道，孰先傳焉，孰後倦焉。有始有卒者，其惟聖人乎？

朱子曰：

君子教人有序，先傳以小者近者，而後以大者遠者。非傳以小近，而後不教以遠大也。

學者當循序漸進，不可厭末而求本。亦非謂末即是本，但學其末而本即在是。

程朱所言實與本篇之旨，無大違戾。茲爲逐項分說之如下：

## 一　學於藝，即「游於藝」之學

達巷黨人曰：「大哉孔子，博學而無所成名。」子聞之，謂門弟子曰：「吾何執，執御乎？執射乎？吾執御矣。」（子罕）

此章雖孔子謙辭，然孔子徧習六藝，御、射皆其所學。論語首章「學而時習之」，如王制云：「春夏學詩、樂，秋冬學書、禮。」內則云：「六年教之數與方名。七年男女不同席。八年始教之讓。九年教之數日。十年學書計。十三年學樂，誦詩、舞勺。十五年，成童舞象。二十始學禮，舞大夏，博學不教。」此皆古人之所謂「時習」，其所學則皆是六藝。則孔子始學，亦必是此等六藝之學可知。

大宰問於子貢：「夫子聖者與？何其多能也！」子貢曰：「固天縱之將聖，又多能也。」子聞之，曰：「大宰知我乎？吾少也賤，故多能鄙事。君子多乎哉？不多也。」牢曰：「子云：『吾

此章所謂「多能」，即猶前章之「博學」。既曰「鄙事」，又曰「藝」，則孔子之學，對於當時社會人生實務諸藝，決不鄙棄不之習，又斷可知矣。若就今日言，如音樂、跳舞、游泳、駕駛汽車之類，亦社會人生實務，亦猶古人之所謂「藝」也。推而廣之，如一切科學工業技術，亦猶古人之所謂「藝」也。孔子若與吾儕生同時，亦必時習博學於此人生諸實藝，所謂「多能鄙事」，實未必有背於孔子之學也。

子曰：「三年學，不至於穀，不易得也。」（泰伯）

據此章，學以求祿，亦指習藝之學言。直至近代，求學率爲職業，在孔門亦復如是。孔子決不深斥此等志穀謀業者謂不得謂之「學」，又可知矣。

又按：古人六藝之學，首書、數，庶人幼學皆習。次射、御，少壯成人乃習之。又後曰禮、樂，則藝而入於文。通習禮樂，斯可以爲君子。

子曰：「弟子入則孝，出則弟，謹而信，泛愛眾，而親仁。行有餘力，則以學文」。（學而）

不試，故藝。』」（子罕）

劉逢祿論語述何曰：「此因上文孝弟、謹信、愛仁而類記之。文者字之始，誦法六經，先正聲音文字，謂小學也。」毛奇齡四書賸言曰：「姚立方云：文，字也。非詩書六藝之文。言弟子稍間使學字耳。」閻若璩曰：「史記孔子世家：孔子以詩書禮樂教弟子，蓋三千焉，身通六藝者七十有二人。」又曰：「言六藝者折衷於夫子。以詩書六藝詁『文』字，語本無病，毛氏攻之，非也。」 今按：劉氏承毛、姚之意，以「文」爲文字。則豈有能行孝弟，謹信愛仁，而始教之以識字？凡此皆清儒之曲說。閻之駁毛是矣。然古人所謂「六藝」，亦非漢儒所謂之六經。則閻說亦不全是。

黃震日鈔曰：「此章教人爲學以躬行爲本，躬行以孝弟爲先。文則行有餘力而後學之。所謂文者，又禮、樂、射、御、書、數之謂，非言文字之末。」 今按：黃說較允。古人所謂「文」，本與「藝」通。陸德明經典釋文引鄭玄云：「文，道藝也。」何晏論語集解引馬融曰：「文者，古之遺文。」此皆古注，較後儒爲允。學習六藝，非可全捨書本。 朱注：「文謂詩書六藝之文。」 今按：六藝既有禮樂，斯必及詩書。以詩書爲禮樂之文則可，固不必牽連漢以後之六經爲說。此處朱子用「六藝」字，仍與閻氏同失。 朱子又曰：「力行而不學文，則無以考聖賢之成法，識事理之當然。」此說甚是。此宋儒之說，轉與漢儒近，而清儒所釋，有轉違於漢儒之舊詁者。所以爲學貴於擇善而從，不貴乎門戶主奴之見也。

子路使子羔為費宰，子曰：「賊夫人之子。」子路曰：「有民人焉，有社稷焉，何必讀書然後為

學？」子曰：「是故惡夫佞者。」（先進）

此章言「讀書」，猶上章言「學文」。可見孔門決不斥讀書為非學。程朱論學，有時於習藝不免輕

視；而自陸王迄於顏元，又不免輕視讀書。一軒一輊，同是不平。就論語本書言，殊未見有此軒

輕也。

此章孔子勸人學詩，即勸人讀書學文也。

子曰：「小子何莫學夫詩。詩，可以興，可以觀，可以羣，可以怨。邇之事父，遠之事君。多

識於鳥獸草木之名。」（陽貨）

子謂伯魚曰：「女為周南、召南矣乎？人而不為周南、召南，其猶正牆面而立也與！」（陽貨）

此章孔子教其子伯魚學周南、召南，即教其學詩，教其讀書學文也。

陳亢問於伯魚曰：「子亦有異聞乎？」對曰：「未也。嘗獨立，鯉趨而過庭，曰：『學詩乎？』對曰：『未也。』『不學詩，無以言。』鯉退而學詩。他日，又獨立，鯉趨而過庭，曰：『學禮乎？』對曰：『未也。』『不學禮，無以立。』鯉退而學禮。聞斯二者。」陳亢退而喜曰：「問一得三。聞詩，聞禮，又聞君子之遠其子也。」（季氏）

此章記孔子教其子伯魚學詩、學禮，亦即教其讀書學文也。王應麟困學記聞曰：「孔庭之教曰詩、禮。」子思曰：「夫子之教，必始於詩、書，而終於禮、樂，雜說不與焉。」荀子勸學亦曰：「其數則始乎誦經，終乎讀禮。」此皆孔門以讀書學文為學之顯例。

子曰：「君子博學於文，約之以禮，亦可以弗畔矣夫。」（雍也）

此章「博文」，即包括讀書學文。可見當時所謂聖人博學，大義不外兩端，一多習藝，一多讀書。直至近代，言人博學，亦率指此二者。朱子不免偏重於教人讀書，顏元不免偏重於教人習藝，是皆各得其一偏也。

又按：劉逢祿論語述何曰：「文，六藝之文。禮，貫乎六藝。」此解博文約禮，最為得之。餘說紛綸，各有偏主，不復一一具辨。

子以四教，文行忠信。（述而）

何義門讀書記：「小學先行而後文，『弟子』章是也。大學先文而後行，此章是也。」王應麟困學紀聞曰：「四教以文爲先，自博而約。四科以文爲後，自本而末。」此「文」字皆指書本。則孔門教人爲學，必不偏輕讀書學文，亦居可見。

子曰：「我非生而知之者，好古，敏以求之者也。」（述而）

何晏論語集解引鄭玄曰：「言此者，勸人學。」今按：孔子曰：「生而知之者，上也。」學而知之者，次也。困而學之，又其次也。困而不學，民斯爲下矣。」孔子不自居於生知，孔子之所謂學，正在於好古敏求。好古必從事於讀書學文。不讀書，不學文，又何以博聞於古而擇善以從乎？可知孔門之學決不廢讀書，抑且必以讀書爲要務。

以上言孔門之學，首重通習技藝時務，讀書博古。此乃古今爲學通誼，即孔門爲學，亦無以異也。

## 二 學於仁，即「依於仁」之學

孔子曰：「我非斯人之徒與而誰與。」既爲人，學人道。學於仁，即是學人道，即是學爲人也。

後儒釋《論語》「仁」字，多不免於深求。孟子曰：「仁，人心也。」則仁道者，即人道也。鄭玄以「相人偶」釋仁，是「依於人」以爲學，即依於人與人相處之道，即依於相人偶之道以爲學也。

子曰：「三人行，必有吾師焉，擇其善者而從之，其不善者而改之。」（述而）

此即孔子「依於仁」之學，亦即孔子之學爲人，乃即於人而學爲人，故曰「三人行，必有吾師」也。

子曰：「加我數年，五十以學，亦可以無大過矣。」（述而）

今按：孔子雖學至於五十，尚求無大過，此仍是學爲人，學人道，即「依於仁」之學也。學爲人，依於仁之學，亦豈易言？蓋「依於仁」之學，固當終生以之。俗云：「活到老，學到老」，誠哉不

虚也。

子曰：「弟子入則孝，出則弟，謹而信，汎愛眾，而親仁，行有餘力，則以學文。」（學而）

今按：孝弟、謹信、愛仁皆須學，此即學人道，即學「依於仁」也。然則學人者，固非僅習藝讀書之謂。居家出門，凡一切躬行實踐，所以為人之道，皆學之事。子夏曰：「賢賢易色，事父母能竭其力，事君能致其身，與朋友交，言而有信；雖曰未學，吾必謂之學矣。」此章「雖曰未學」之「學」，即指讀書學文言。「吾必謂之學」，則指學為人，謂一切日常人生實踐躬行之莫非學也。後儒如陸王言學，偏重踐行，實近子夏此章之義。若循此推衍益遠，必陷於子路「何必讀書然後為學」之偏，然孔子固已斥為「佞」。則孔門烏曾主不讀書之學乎？象山曰：「堯舜以前曾讀何書來？」此一時，彼一時，周孔以後，固未能有不讀書之學者。惟孔子既曰：「行有餘力，則以學文」，則陸氏之說，其於幼學，要為得之。

子曰：「君子食無求飽，居無求安，敏於事而慎於言，就有道而正焉，可謂好學也已。」（學而）

明王恕石渠意見曰：「古之學者，其要在乎謹言慎行以修身，非徒記誦辭章而已。故夫子告子張曰：

『愼言其餘，愼行其餘。』又曰：『言忠信，行篤敬。』中庸曰：『言顧行，行顧言』，是皆以言行爲學也。』

今按：以言行爲學，即是學爲人，即是「依於仁」以爲學也。

子曰：「君子不重則不威，學則不固。主忠信，無友不如己者。過則勿憚改。」（學而）

此章亦主學爲人之道而言。

以上言孔門言學，皆主於日常人生之躬行實踐，主於學爲人。此亦古今爲學之通誼也。即在近代，亦無不認此爲學。是仍與古無異。「子以四教，文行忠信」，一主文，一主行，兩者不偏廢。大略言之，宋明儒論學，多偏主行。漢清儒論學，多偏主文。若就西方學術言，宗教似偏行，哲學、科學似偏文。孔門兩者兼重。皇侃論語疏：或問：「既云『行有餘力，則以學文』，又云：『子以四教，文行忠信』，文、行或先或後，何也？」答曰：「論語之體，悉是應機適會。教體多方，隨須而與，不可一例責之。」今按：教體多方，即是學術多門也。有志孔子之學者，亦貴隨順自力，不宜偏主一端一途，而輕起是非之辨矣。

且上所謂游藝、依仁之學，通而言之，亦實是一事。學爲人，固必通於藝。世無不習一藝之人，習藝亦人道處世一大端也。「不學詩，無以言」，「不學禮，無以立」，以言、以立，亦即學爲人之條件。是學文亦即所以學爲人，亦即是「依於仁」之學矣。又曰：「詩，可以興，可以觀，可以羣，可

以怨，邇之事父，遠之事君。」興、觀、羣、怨，事父事君，獨非學爲人之道與？然則讀書學文，固亦通於學爲人之道。故游藝、博文，皆所以學爲人，皆即是「依於仁」之學。若必鄙斥藝文，高論人道，是人道將不免陷於孤狹，殆非所以相人偶，而轉近乎不仁之歸矣。故欲「依於仁」，學人道，亦無有不兼涉於游藝學文之事者。此亦古今相同，無大違越也。

又按：孔門諸賢，如子路可使治賦，冉有可使爲宰，公西華可使束帶立朝與賓客言，而孔子皆謂「不知其仁」。蓋「用之則行，舍之則藏」，孔子惟以許顏淵。出處行藏，乃學爲人之大節。子路、冉求、公西華抱藝在身，未能深藏不用，故孔子未許以仁。然則爲人之學，有其淺，亦有其深。有其層累焉，有其相通焉。游藝、依仁之學，不僅有其相通，亦有其層累。有志孔門之學者，必明乎此相通與層累之二義，乃可以得孔子博文而一貫之深旨。

## 三　學於德，即「據於德」之學

上述兩項，游藝、依仁，乃古今言學之通誼。下兩項，據德、志道，乃孔門論學之淵旨。然下兩項亦本於上兩項而學，特循此而益進耳；非謂捨於上兩項而別有下兩項之學也。

子曰：「學而時習之，不亦說乎？有朋自遠方來，不亦樂乎？人不知而不慍，不亦君子乎？」

（學而）

此章「學而時習之」，即前述上兩項之學。同聲相應，同氣相求，人至中年，學成名聞，有朋友同道，遠來講習，故可樂也。及乎其所學益進，所造益深，至乎人無知者，而其內心有所自得自信，雖欲罷而不能焉，此又何慍之有？則此誠學人之盛德，非學之深而養之粹，未易臻此。此即由游藝、依仁而深入於「據德」之境矣。且悅樂亦已在內心，此已是內心之自得。故學而時習，有朋遠來，雖曰習藝學文，主於學為人，而固已見其即為「據德」之學矣。故游藝、依仁之與據德，雖若層累之三級，實亦會通於一貫。

子曰：「古之學者為己，今之學者為人。」

（憲問）

此章為據德之學之最要義。荀子勸學篇云：「君子之學也，入乎耳，著乎心，布乎四體，形乎動靜，一可以為法則。小人之學，入乎耳，出乎口，口耳之間則四寸耳，曷足以美七尺之軀哉？」又曰：「古之學者為己，今之學者為人。君子之學也，以美其身。小人之學也，以為禽犢。」後漢書桓榮傳論曰：「為人者，憑譽以顯揚；為己者，因心以會道。」故知人之為學，無論其為學於藝，學於文，抑

學爲人之道，雖其所學同，而其所以學之用心，則有爲己、爲人之別，此誠不可以不辨。學知爲己，即知所以爲據德之學矣。

子曰：「默而識之，學而不厭，誨人不倦，何有於我哉！」（述而）

此章「學不厭，誨不倦」，此即門弟子之就此而謂夫子固已聖者也。今試問：何以能誨不倦？則必在己能學不厭，斯對人能誨不倦矣。試又問：何以能學不厭？則必其先知默而識之，斯能學而不厭矣。故本章三語，雖若並列，實則層累而進，亦爲學之階程有此三級也。「默而識之」者，朱子曰：「謂不言而存諸心也。」此即荀子所謂「入乎耳，著乎心，布乎四體」，是即爲己之學之眞精神，眞法門也。若「入乎耳」，即欲「出乎口」，則爲學惟求顯揚，最多亦只以爲人。斯之爲學，或得志，或失意，無不易厭，以其不知學之必「據於德」也。

哀公問弟子孰爲好學？孔子對曰：「有顏回者好學，不遷怒，不貳過，不幸短命死矣。今也則亡，未聞好學者也。」（雍也）

李中孚四書反身錄：「學，所以約情而復性也。孔子承哀公之問，舍博學篤志之子夏，舍多聞多識之

子貢，而推靜默如愚之顏氏。乃以不遷不貳爲好學之實。可見學苟不在性情上用功，則學非其學。性情上苟不得力，縱夙夜孜孜，博極羣籍，多材多藝，兼有眾長，終不可謂之好學矣。　今按：學在性情上用功，即所謂「據德」之學也。　宋儒有「顏子所好何學論」，即本此章發題。論語如此等章，最見孔門據德之學之眞趣。此始純粹是一種爲己之學，即在自己德性上有期望，有到達，故謂之據德之學也。然若提倡過偏，認爲惟此是學，而鄙視上述游藝、學文、學爲人之諸端，而始有此境界。非謂舍卻游藝、依仁，而可以直下追尋，惟此爲學也。　宋儒論學，似於此不能無過偏之弊。此則論學之士之所當深辨也。

子曰：「射有似乎君子，失諸正鵠，反求諸其身。」此即下學習射，可上達於「不遷怒」之境界也。

又曰：「舉一隅不以三隅反，則吾不復之矣。」此即下學習器游藝，可上達於「不貳過」之境界也。孔門據德之學，固仍是依仁、游藝之爲學，而非別有所學，可知矣。自捨游藝、依仁之學，而謂可以專崇夫「據德」以爲學，而儒學始有歧；此則宋儒之過也。然若論宋儒於儒學傳統之大貢獻，則亦惟其所發揮於據德之學之一端，爲最淵微而深切矣。惟其於此有大貢獻，故亦於此不能無偏主。此則貴乎好學者之善爲愼擇也。

子曰：「由也，女聞六言六蔽矣乎？」對曰：「未也。」「居！吾語女。好仁不好學，其蔽也

愚。好知不好學,其蔽也蕩。好信不好學,其蔽也賊。好直不好學,其蔽也絞。好勇不好學,

其蔽也亂。好剛不好學,其蔽也狂。」(陽貨)

朱子曰:「六言皆美德。然徒好之而不學以明其理,則各有所蔽。」 今按:此六言者,固可說是

美德,然《論語》稱「六言」,不稱「六德」,則「言」與「德」仍宜有辨。蓋此「六言」,特人世間所

公認之六德目;若不能切身而反求之己,當時而求通之於人情世務,徒好此六德目之名,規效摹襲而

行之,迹似神非,斯則不免於「六蔽」之陷矣。當知若稱「六德」,則不宜復有蔽。而所謂「六蔽」,

亦皆本於各人之心性,即皆蔽於其人德之所未純。愚、蕩、賊、絞、亂、狂之六者,亦不可不謂其原

於人性;而特未加修學以使成爲美德,偏陷所至,而遂有此;是所謂惡德也。孟子有「行仁義」與

「由仁義行」之辨。若徒好此六德,而不復濟之以學,則是「行仁義」,非能「由仁義行」。「行仁

義」,僅是慕外而行之。必能「由仁義行」,乃始爲據德之學,成德之行也。然則又如何而學乎?此

則捨博文、約禮無由矣。孟子所謂「明於庶物,察於人倫」,朱子所謂「考聖賢之成法,識事理之當

然」,此皆「博文」之學之所有事。能由是而反之吾身,而誠見其不可易,乃有以深得夫「易地而皆

然」之心同理同,反身而誠,知萬物之皆備於我,則由「博文」以達於「約禮」,即此以爲據德之學

也。此實內外交修,人己同盡,決非僅憑己心,不重外學之所能到。本此一章,又可見博文、依仁、

據德之學之層累而相通,有其階程層次,而實無彼此之扞格界劃也。

子曰：「德之不修，學之不講，聞義不能徙，不善不能改，是吾憂也。」（述而）

此章亦以「修德」與「講學」分言之。徙義、改過，此乃修德事，亦即講學事。雖可分而仍互通。

子曰：「十室之邑，必有忠信如丘者焉，不如丘之好學也。」（公冶長）

戴震孟子字義疏證云：「聖賢論行，固以忠信為重。苟學不足，則失在知而行因之謬。雖其心無弗忠弗信，而害道多矣。」黃式三論語後案云：「忠者心之盡，信者言之實。不能好學，而心與言之失，可勝數乎？是以四教必曰文行忠信，此章正為自恃忠信者戒其堅自執耳。」　今按：此乃有美質而未學者。美質，鄉人所同有。好學，聖人所獨至。聖人之為學，固非離棄乎己之忠信之質以為學。及其學之所至，亦以益美其忠信之質而已。固非期其有外乎己之忠信之質，或轉異乎己之忠信之質，以別成其所謂學也。然必本乎此人所同有之忠信本質而為學，以成其德而躋乎聖，此乃孔門「據德」之學之所以為獨特而超卓，而他之言學者或未之能逮也。

顏淵季路侍。子曰：「盍各言爾志！」子路曰：「願車馬衣裘，與朋友共，敝之而無憾。」顏淵

曰：「願無伐善，無施勞。」子路曰：「願聞子之志。」子曰：「老者安之，朋友信之，少者懷

之。」（公冶長）

此章記孔子、顏淵、子路三人之志，此即三人之所願學也。此三人所懸舉以爲學的者，全屬自己一種

内心境界，故謂之爲「爲己」之學也。於此境界而有所期望，而能到達，斯即學人之心德也，故又謂

之爲「據德」之學焉。朱子謂：「三人之志，皆與物共，特有小大之差。」此即指其所期望到達之心

境小大，亦即成德之小大也。然其所願皆在己，不在人，此所以稱之爲「爲己」之學。程子曰：「古

之學者爲己，其終至於成物。今之學者爲人，其終至於喪己。」爲己之學，所願只在己。其所求完成

者，即其一己之心德。而其一己心德所能到達之最後境界，乃爲一種「物我一體」之天地氣象。如孔

子所謂「老者安之，朋友信之，少者懷之」，此種境界，豈不「爲己」而終至於「成物」乎？然則此

種學問，所謂「爲己」「據德」之學，豈非即是學爲人，由「依於仁」之學之更進一級而始見其有是

乎？朱子謂「仁者心之德」，故依仁之與據德，亦是有其相通，有其層累也。

　又按：孔門四科，德行、言語、政事、文學，亦可以淺言，可以深言。若以德行爲「據德」之

學，則言語、政事、文學則「游藝」也。若以德行之科爲「依仁」，則其餘三科，皆「游

藝」也。要之，孔門之學有其相通，有其層累。心知其意，則一以貫之，固不必一一爲之分割割

絕也。

朱子曰：「學不可以一事名，德行、言語、政事、文學，皆學也。今專以德行為學，誤矣。」陳澧東塾讀書記申之曰：「此論四科之不可偏廢。且專以德行為學，朱子猶以為誤，則專以言語、政事、文學為學，尤誤可知矣。專學一科，不誤也。專以己所學之一科乃謂之學，而以己所學之三科不得謂之學，則誤也。」今按：朱、陳之說允矣。論孔門之學者，必明其層累而遞進，與夫一貫之相通，而後可以窺孔門之學之淵微而廣大。否則，如顏回者，豈真專學夫「德行」一科乎？是知學之必博，而博之必能反於約，而為己、據德之學之亦不可捨乎游藝、博文以為學矣。

## 四　學於道，即「志於道」之學

學必有標的，有對象。如「游於藝」之學，乃以事與物為學之對象。「依於仁」之學，乃以人與事為學之對象。「據於德」之學，則以己之心性內德為學之對象。而孔門論學之最高階段，則為「志於道」。「志於道」之學，乃以兼通並包以上之三學，以物與事與人與己之會通合一，融凝成體，為學之對象。物與事與人與己之心性之德之會通合一，融凝成體，此即所謂「道」也。故志道之學，實以會通合一為對象。會通合一之至，達於以「天」為對象之至高一境，此乃孔學之所以為高極而不可驟企也。

子曰：「可與共學，未可與適道。可與適道，未可與立。可與立，未可與權。」（子罕）

觀此章，則其人知向學，未必即已知「適道」；向學、適道，其間尚有階序。然則其人雖不知志道，固不可即謂其不知好學，特非好學之至耳。必如此言學，乃始可與人共學。若必求能志道者而始與共學，則「可與共學」之途狹矣。「可與共學」之途狹，亦非「依於仁」之學也。宋明儒論學，必以有志適道者始謂之學，故若於游藝、博文之學，皆擯之於學術之牆外。甚至自漢唐諸大儒，如董仲舒、鄭玄、王通、韓愈，幾皆擯不得預夫學術之大統，一若不可與共學焉。此決非孔門論學宗旨。且如學於仁，如孝弟之類，世亦多有隨俗為人，其人非不孝弟，然亦未可即謂其「志於道」。有子曰：「孝弟也者，其為仁之本與？本立而道生。」若只平實就事言之，亦可謂孝弟只是做人根本，再從此根本上生出道。則志道之學，應該自有其境界，自有其工夫矣。故孔門言學，亦於游藝、依仁、據德三者之外，別有「志道」一目也。

孔門言道，亦有時深言之，有時淺言之。

子游曰：「昔者偃也聞諸夫子，曰：『君子學道則愛人，小人學道則易使也。』」（陽貨）

此於道淺言之也。此所謂「道」，殆指「相人偶」之道，即學「依於仁」之道也。

子曰：「篤信好學，守死善道。危邦不入，亂邦不居。天下有道則見，無道則隱。邦有道，貧且賤焉，恥也。邦無道，富且貴焉，恥也。」（泰伯）

此於道乃深言之。「守死善道」是能立。「有道則見，無道則隱」是能權。然所以為「志道」之學者，則猶不盡於此。

衛公孫朝問於子貢曰：「仲尼焉學？」子貢曰：「文武之道，未墜於地，在人。賢者識其大者，不賢者識其小者，莫不有文武之道焉。夫子焉不學，而亦何常師之有？」（子張）

朱子論語或問：「何以言文武之道為周之禮樂也？」曰：「此固好高者之所不樂聞。然其文意不過如此。以『未墜在人』之云者考之，則可見矣。若曰道無適而非，惟所取而得，則又何時『墜地』？且何必『賢者識其大，不賢者識其小』而後得師耶？此所謂人，正謂老聃、萇弘、郯子、師襄之儔耳。若入太廟而每事問焉，則廟之祝史，亦其一師也。大率近世學者，習於老佛之言，貪騖高遠之意，故其說常如此，不可以不戒也。然彼所謂『無適而非道』者，亦豈離於文章禮樂之間

哉？但子貢本意，則正指其事實而言，不如是之空虛恍惚而無據也。」今按：朱子此條，闡述孔子「志道」之學極深切明白。本此言之，孔子志道之學，實即其游於藝、學於文，實即是「博文」「約禮」之學也，而豈復有他哉？劉寶楠論語正義云：「書傳言：夫子問禮於老聃，訪樂萇弘，問官郯子，學琴師襄，其人苟有善言善行足取，皆為吾師。此所以為集大成也與？」今按：劉氏說亦是也。本此，又見孔子「志道」之學，亦即其游於藝、依於仁之學也。惟是所謂孔子之「集大成」，則其層累相通之間，實大有事在。蓋學必至於集大成，乃始見道，否則皆所謂小道。子夏曰：「雖小道，必有可觀者焉。致遠恐泥，是以君子不為。」然大道亦由會通小道而成，固非離絕於一切小道而別有所謂大道也。

子曰：「學而不思則罔，思而不學則殆。」（為政）

此所謂「思」，即思通。道必思其會通而始見。學無小與大，皆必由思得通，通而後見道。若僅知逐事效學，則終於見事不見道。故志道之學首貴於能「思」也。今若舉「時習」為游藝之學之首務，則「孝弟」乃依仁之學之首務，「為己」乃據德之學之首務，「思通」則志道之學之首務也。

子曰：「吾嘗終日不食，終夜不寢，以思，無益，不如學也。」（衛靈公）

孔子與論語

二〇〇

今按：孔門論學，雖「學」「思」並重，然二者亦有本末先後。苟非先有逐事具體之學，則何從有博綜會通之思？故本章又特著學思先後之大序焉。子夏曰：「博學而篤志，切問而近思，仁在其中矣。」此即依仁之學，亦必先「博學」而繼之以能思，又必知先「近思」。此孔門論學重思之要旨。亦即孔門論學必本於學以致思之要旨也。

子曰：「賜也，女以予為多學而識之者與？」對曰：「然。非與？」曰：「非也。予一以貫之。」（衛靈公）

此章所謂「多學而識之」，乃孔子之學所與門弟子以共見者，故子貢遽對曰「然」也。「一貫」之學，則博學而思其會通。此不能與人以共見，門弟子宜有所未曉，故孔子特呼子貢而面告之也。孔門之「一貫」，後儒辨之者眾矣。顧炎武日知錄曰：「好古敏求，多見而識，夫子之所自道也。然有進乎是者。六爻之義至賾也，而曰『知者觀其彖辭則思過半矣』。三百之詩至泛也，而曰『一言以蔽之曰思無邪』。三千三百之儀至多也，而曰『禮，與其奢也寧儉』。十世之事至遠也，而曰『殷因於夏禮，周因於殷禮，雖百世可知』。百王之治至殊也，而曰『道二，仁與不仁而已矣』。此所謂『予一以貫之』者也。其教門人也，必先叩其兩端，而使之以三隅反。故顏子聞一以知十，而子貢『切磋』之

言，子夏『禮後』之問，則皆善其可與言詩。豈非天下之理，殊塗而同歸，大人之學，舉本以該末乎？彼章句之士，既不足以觀其會通；而高明之君子，又或語德性而遺問學；均失聖人之指矣。」竊謂顧氏此條，實最為得孔門「一貫」之學之真解。此皆具有明證實據，非苟為推測之辭、馳騖之論也。朱子語類云：「孔子告子貢，蓋恐子貢祇以己為多學，而不知一以貫之之理。後人不會其意，遂謂孔子祇是一貫，不用多學。則又無物可貫。孔子實是多學，無一事不理會過，祇是於多學中有一以貫之耳。」方賓王問朱子，謂：「一貫乃積累既久，豁然貫通。向之多學而得之者，始有以知其一本而無二」，朱子善其說。則朱子說孔子博學一貫之義，蓋已甚是。顧氏所辨，亦未能越出朱子所論列也。

然朱子之言，復有滋後人之非議者。孔廣森經學巵言有云：「子之問子貢，非以多學為非，以其『多學而識』為非。子貢正專事於『識』者，故始而然之，但見夫子發問之意似為不然，故有『非與』之請。此亦質疑常理。必以為積久功深，言下頓悟，便涉禪解。『予一以貫之』言予之多學，乃執一以貫通所聞。推此而求彼，得新而證故。必如是，然後學可多也。若一一識之，則其識既難，其忘亦易，非所以為多學之道矣。蓋一貫者，為從事於多學之方。」宋人言『今日格一物，明日格一物』，久而後能『一旦貫通』，得無與此義相左乎？今按：孔氏此辨極深摯，乃所以藥漫無統紀專以好多鶩博為學之失也。然而亦未全允。「多學而識」，此乃古今學問通法，未可遽以為譏。惟若漫無統紀，專鶩多學，則誠有如孔氏之所戒者。而循孔氏之言，則其學亦每易陷於偏至，仍非孔門

「一貫」之真旨。必當學思並進，交互爲功；既非僅俟積久，一旦自有豁然之境，亦非先守一貫，奉以爲多學之方也。若必先守此一貫，則孔子已明戒夫學者，謂「終日不食，終夜不寢，以思，無益，不如學」矣。故非經「多學」，則何來有此「一貫」？亭林以「觀其會通」釋「一貫」，其語最無病。

觀其會通，即用思之功也。每一學問，必當用思以觀其會通焉。有小會通，有大會通，有終會通。上引曰知錄所舉，孔子論易、論詩、論禮、論百世可知、論百王之治，其實此等會通，就孔子之學言，則仍還是小會通，孔子之一以貫之，尚有其更大會通、終極會通之一境。此即孔子「志道」「知天」之學之所至也。若如孔氏之說，先執一理以貫通所聞，則斷難達此境界矣。朱子所謂

「今日格一物，明日格一物」，「格」亦可訓「通」。先求通於此，通於彼，久而後能全體會通。則朱子「格物窮理」之教，善體之，仍未可非。且朱子亦云：「莫不因其已知之理而益窮之。」此與孔氏之辨，正復相似。故學者細味孔說，正足益明朱意。兼取善會，庶乎得之。至陸王學者以「良知」爲

一貫，清儒又釋一以貫之爲「一以行之」，恐終非孔門論學規矩。

又按：李中孚反身錄，謂：「博以養心，猶飲食以養身。多飲多食，物而不化，養身者反有以害身。多聞多識，物而不化，養心者反有以害心。飲食能化，愈多愈好。博識能化，愈博愈妙。蓋并包無遺，方有以貫。苟所論弗博，雖欲貫而無由貫。劉文靖謂邱文莊博而寡要，嘗言『邱仲深雖有散錢，惜無錢繩貫錢。』文莊聞而笑曰：『劉子賢雖有錢繩，卻無散錢可貫。』斯言固戲，切中學人徒博而不約，及空疎而不博之通弊。」

今按：錢繩貫錢，向來用以喻孔門之一貫。然散錢無繩，一錢

尚有一錢之用；僅無繩貫串，則多錢不易藏，易致散失耳。若並無一錢，而空有貫錢之繩，此繩將絕

無用處。抑且譬喻之辭，終有未盡切者。當知若手中無錢，將遍天下覓不到此貫錢之繩。陽明提倡

「良知」，即以爲「一貫」之學，其曰：「見父自然知孝，見兄自然知弟」，見父即是得一錢，知孝便

是把此錢上貫。見兄又是得一錢，知弟便是又把此錢上貫。故陽明良知之學，首貴「即知即行」，又

貴「事上磨練」，貴於得一錢即貫一錢，得兩錢即貫兩錢。此乃陽明良知學之喫緊教人處。若不求得

錢上貫，而空求此貫錢之繩，空手把玩，亦必爲陽明所斥。

顏淵喟然歎曰：「仰之彌高，鑽之彌堅，瞻之在前，忽焉在後。夫子循循然善誘人。博我以

文，約我以禮。欲罷不能。既竭吾才，如有所立卓爾。雖欲從之，末由也已。」(子罕)

朱子曰：「仰彌高，不可及。鑽彌堅，不可入。在前、在後，恍惚不可爲象。此顏淵深知夫子之道無

窮盡，無方體，而歎之也。」程子曰：「此顏子所以爲深知孔子而善學之者也。」胡氏曰：「高堅前後，

語道體也。仰鑽瞻忽，未領其要也。惟夫子循循善誘，先博我以文，使知古今，達事變，然後約我以

禮，使尊所聞，行所知。如行者之赴家，食者之求飽，是以欲罷而不能，盡心盡力，不少休廢。然後

見夫子所立之卓然。雖欲從之，末由也已，是蓋不急所從，必求至乎卓立之地也。」李中孚反身錄

曰：「謂顏子從夫子學道則可，謂爲學夫子之道，非惟不知道，並不知顏子矣。夫道爲人人當由之

道，若謂學夫子之道，是舍己而學人，及後世徇迹摹倣者之所爲，即一學而成，亦與自己心性有何干

涉？」　今按：博文、約禮，乃孔門教學之通則大法。然爲學而僅止於此，則終不能超乎游藝、

依仁二者之上，而不免於二曲所謂「後世徇迹摹倣者之所爲」矣。故必繼此益進，則知有據德之學

焉，有志道之學焉。知據德之學，則使學者一一就其所學而反之於己之心性，而得見其本原，得有所

歸宿；此即所謂「爲己」之學也。知志道之學，則又必使學者一一能用思以見所學之會通，會通之

極，而有見於其大全之一體焉；此即孔子「知天」之學，「知命」之學，而顏子之所歎以爲「欲從末

由」者也。李氏曰：「謂顏子從孔子學道則可，謂顏子學孔子之道則不可」，此辨尤深摯。學者由此

求之，更可知據德之學之貴於反己，而志道之學之貴於能思也。而此據德、志道之學之會通合一，終

極一貫，亦可即此而思過其半矣。

　　子曰：「莫我知也夫！」子貢曰：「何爲其莫知子也？」子曰：「不怨天，不尤人，下學而上

達，知我者其天乎！」（憲問）

何晏曰：「聖人與天地合其德，故曰惟天知己。」皇侃曰：「下學，學人事。上達，達天命。我既學人

事，人事有否有泰，故不尤人。上達天命，天命有窮有通，故不怨天也。」　今按：論語比考讖：

「君子上達，與天合符。」蘇轍古史謂：「孔子自謂下學而上達者，灑掃應對，詩書禮樂，皆所從學

也，而君子由是以達其道，小人由是以得其器。」何坦西疇常言（見百川學海本四書拾遺引）謂：「學成行

尊，優入聖賢之域者，上達也。農工商賈，各隨其業以成其志者，下達也。」朱柏廬毋欺錄謂：「上

達即在下學中，所以聖賢立教，只就下學說。纔以上達立教，便誤後學。」竊謂此章蓋孔子發之於顏

子卒後也。顏淵之從事於博文、約禮，皆「下學」也；其喟然之歎，蓋歎孔子「上達」一境之所躋

之欲從而末由也。顏淵死，子曰「天喪予」。蓋孔子一生志學之所上達而通之境界，自顏子之死，而

其門人弟子，遂莫有能窺鑽之者矣。

又按：游藝、依仁之學，皆「下學」也。知據德、志道，則「上達」矣。「上達即在下學中」，學者

當從此細細參入，乃可悟孔門之所謂一貫。

子貢曰：「夫子之文章，可得而聞也。夫子之言性與天道，不可得而聞也。」（公冶長）

此章言「文章」，皆屬下學事，即游藝、依仁之學所從事也。孔子時言之，故門弟子亦時聞之。「性

與天道」，則屬上達，即據德、志道之學。此由學者之善反諸己，又能深思而自得之。其境界各不同，

高下深淺，未可一概言，故孔子不以為教，門弟子乃不得而聞也。博文、約禮，皆「文章」也。凡所

能舉以教人者，亦盡於此二途。至於「仰之彌高，鑽之彌堅」，此乃顏淵之善學。由此上達，皆屬

「性與天道」之事，故顏子見其卓爾，欲從末由也；而子貢乃曰「不可得聞」。故孔子又發之曰：

「二三子以我爲隱乎？吾無隱乎爾。吾無行而不與二三子者，是丘也。」蓋捨於博文、約禮，捨於游藝、依仁，聖人亦無以爲教。此貴乎學者之善體而自得之。孔子又曰：「天何言哉！四時行焉，百物生焉。」天固不盡於四時之行，百物之生，然捨四時行，百物生，又何以見乎天？天亦更何道以示於人乎？

子曰：「吾十有五而志於學，三十而立，四十而不惑，五十而知天命，六十而耳順，七十而從心所欲不逾矩。」（為政）

今按：「可與共學，未可與適道。可與適道，未可與立。」然則孔子三十以前，博文、約禮，既志道，又能立矣。

蘇轍曰：「遇變而惑，雖立不固。四十不惑，可與權矣。」

毛奇齡四書賸言曰：「不惑是知人，知天命是知天。不惑是窮理盡性，知天命則全契天德也。」

劉寶楠論語正義云：「說文：『命，使也。』言天使已如此也。韓詩外傳子曰：『不知命，無以爲君子。』言天之所生，皆有仁、義、禮、智順善之心；不知天之所以命生，則無仁、義、禮、智順善之

明，知天命是聰明聖知達天德。蓋不惑則於人事不貿亂，知天命則全契天德也。」今按：「天命」即道之大原，亦道之全體也。是孔子五十而志道之學已達於大原全體之境矣。

此即本章「三十而立」之立。又曰：「不學禮，無以立。」

心，謂之小人。漢書董仲舒傳對策曰：『天令之謂命。人受命於天，固超然異於羣生，貴於物也。故曰「天地之性人爲貴」。明於天性，知自貴於物，故孔子曰「不知命無以爲君子」。』二文皆主德命意。故君子知命之原於天，必亦則天而行。故盛德之至，期於同天。

與志道之學，亦一以貫之矣。故孔子曰：「天生德於予，桓魋其如予何。」即此一語，而孔子之「命」之「不惑」之「知天命」，皆循序而可見。孔子之下學上達，正宜如是參之。必博文、約禮，乃始知有立。有立焉而上達於不惑，又上達於知天命，而據德、志道之學亦胥在是矣。今若先懸「天命」一道教學者從事而學焉，而謂其餘事乃始可旁及於游藝博文之途，此則教學者以孔子五十之所詣，爲顏淵之所喟然歎其欲從而末由者；而使學者轉於孔子十五之始學，且置爲後圖也。其可乎？其不可乎？治孔學者不可不深辨。

何晏集解引鄭玄曰：「耳順，聞其言而知其微旨也。」朱子曰：「聲入心通，無所違逆。」焦循論語補疏曰：「耳順即舜之『察邇言』，所謂『善與人同，樂取於人以爲善』也。學者自是其學，聞他人之言，多違於耳。聖人之道，一以貫之，故耳順也。」今按：「不惑」、「知天命」，與「耳順」，此又一貫之學之循序上達而可見者。聖人由知有立而始能不惑，由不惑而始上達於知天命。既知天命，則不僅知己德之原於天，又知凡人之性之莫弗原於天焉。故苟知天，斯知人。既知人，斯聽言聞聲，皆知其所以然，則怡然理順，何逆之有。故子曰：「十室之邑，必有忠信如丘者焉，不如丘之好學也。」此孔子由知天之學，而轉落於知人，而有此極高至深之一境，而何其言之又若是其淺近而平實也。」

嗚呼！此其聖人之所以爲聖人也！

朱子曰：「從心所欲不逾矩，隨其心之所欲而自不過於法度，安而行之，不勉而中也。」　今按：

孔子之學，至於七十而達此一境，至是則據德之學與志道之學達於極則，亦即「一以貫之」之達

於極則；蓋至是而即心即天，爲他人所莫能企及矣。所以有「知我者其天」之嘆也。後

之儒者，乃即懸舉此聖學極高之一境以爲教，使學者即此而學焉。試問懸舉此以爲教者，果能自達於

此境否乎？此既非孔門「默而識之」之訓，宜乎不能達於學不厭而誨不倦之地。則曷爲不「循循然

善誘人」，先博文，後約禮，且姑使教者、學者之同能達於顏子「喟然」之歎之猶爲較切近而可

冀乎？

李威嶺雲軒瑣記云：「論語吾十有五章，集注程朱二說，皆極可異。程云：『孔子自言其進德之序如

此者，聖人未必然，但爲學者立法，使之盈科而後進，成章而後達耳。』夫自『志學』以至『從心

欲不踰矩』，此豈人人之定法？又必人人十年而一進，恐世間無印板事也。是惟夫子親身自驗，故能

言之。其發端一『吾』字，斷非誑語。乃以爲『未必然』，不知其何所見？朱云：『聖人生知安行，

固無積累之漸，然其心未嘗自謂已至此也。是其日用之間，必有獨覺其進而人不及知者。故因其近似

以自名，非心實自聖，而姑爲是退託也。』夫自『志學』以至『從心所欲不踰矩』，分析得明明白白，

何得謂之『近似』？且已實在承當，又何嘗『不自謂已至此』？似此影響之談，皆由視生知之聖爲不

待學，而不知聖之自有其學，非猶夫人之學也。」　今按：程朱所以必於此章爲如是曲說者，亦有

故。一則程朱論學，以志道、據德爲本而當先，以依仁、游藝爲末而在後，於孔門博文、約禮「下學」一段不免忽過，一開始便要學者在「仰鑽瞻忽」處用力，捨下學而求上達；先覓錢繩，再求散錢；故其爲說有如此。此一也。又其一，程子言：「灑掃應對，直上承天德，若下學上達，其間更無階程層次。」於孔子十五始學，以至七十最終所詣，已一語道盡。若僅求之於言語文字，程子之說，亦無不是。而以教、以學，則大有階程層次，累曲折矣。故朱子必謂「聖人固無積累之漸」。宋儒所言，不免窺其高而忽略其基址，與夫其建構之層自儒學大統言，宋明儒終自與先秦儒有不同。此又一也。並此二者，所以終不免於此章有曲說也。邑，必有忠信如丘者焉，不如丘之好學」。當知所謂忠信如丘者，固非指孩提之童之有其良知良能言，實乃指凡十室之邑之成人言也。然孔子自言所以異於人者，乃不在其「忠信」，而在其「好學」。「子於稱道之「滿街皆是聖人」也。此等忠信如丘之成人，即陽明所謂「黃金一兩之聖人」，亦即明儒所樂以四教，文行忠信，此非教人學爲忠信，乃本於人之忠信以爲教。而所教者，則文與行之二者，所謂博文、約禮是已。孟子曰：「大匠能與人以規矩，不能與人以巧。君子欲其自得之。」惟其巧不能以與人，而欲其自得之，故大匠之所能與人者，僅止於規矩。故學必重於多見多聞。而宋儒必分「德謂博文、約禮是已。孟子曰：「大匠能與人以規矩，不能與人以巧。君子欲其自得之。」惟其巧不能性之知」與「見聞之知」爲二，又輕視見聞之知，教人直從事於德性之知以爲學，故必首重據德與志道，；而不知當先從事夫「下學」，先從事於游藝、依仁之學以漸求其「上達」，而漸企及於據德與志道之學焉。於是遂使學者不見規矩，而高論大匠之奇巧。夫大匠誠非無此奇巧之一境，惟非所以爲

學，亦非所以為教。此則學術本末先後之辨，所以終不能謂宋儒之無走失於孔學之原樣也。惟李氏又謂「聖人自有其學，非猶夫人之學」，則語猶有疵，仍易滋人之誤解。蓋聖人之下學，本亦猶夫人之學，非別有其學。惟其無以異於人之學，故曰「下學」焉。惟「小人下達，君子上達」，下達者，即達於其所學之一境而止。其學謂之「下學」，故其達亦謂之「下達」。而宋儒必以「人欲」釋下達，於是「天理」在君子，「人欲」屬小人，「志學」則必志於據德、志道，而儼若與游藝、依仁之學顯然有上下截之判，更不見其互通層累之一貫。此實宋學之失。至其由下學而互通層累以漸躋於上達之一境，此則為孔門教學之所以異於夫人之學者。然亦由乎夫人之學而以通以累，而始更有其上達之一境耳。固非無此「下學」，而徑可躋此「上達」之一境也。

# 孔學與經史之學

## 一

治論語者，不僅可以知孔子之學，抑亦可以知孔子之所由學與其所為學。司馬遷有言：「孔子序列古之仁聖賢人，詳矣。」孔子亦自言之，曰：「我好古，敏以求之。」此即孔子之所由學與其所為學也。試觀論語，自堯舜以來，迄於吳泰伯、伯夷，下及子產、晏嬰之倫，可不謂詳乎？自孔子以前，學在貴族，古者謂之「王官之學」。孔子始以王官之學傳播於社會，於是而有「百家之言」。「家言」與「官學」相對而稱。家言者，一家之私言。以近世語述之，當稱為平民學。劉歆謂「王官之學散而為百家」，此蓋謂古代學術，乃由貴族學術轉而為平民學。換言之，古代學術，乃由貴族階級下降而散播於平民社會。而孔子則掌握其轉變之樞機。故論百家，必先及於儒，而儒學則創始於孔子。孔子乃「家言」之開山，亦即古代「王官之學」之傳播人。

史記謂孔子「刪詩書，訂禮樂，贊易而作春秋」。在孔子以前，已有「魯春秋」，有「百國春秋」，故孔子之作春秋，孟子曰「其文則史」，孔子亦曰「述而不作」。則孔子之前，先已有經籍，爲孔子之所學。漢人稱之曰「六藝」，又曰「六經」。然漢人之六經，其遂果爲皆孔子以前之舊籍乎？自漢以後，已迭有知其非者。此姑勿深論。但謂孔子以前已有經籍，則斷然無可疑。而後人又謂「六經皆史」。清儒章學誠備論其義，謂六經皆掌於古之史官，史官猶如後世之書吏；史官所掌，乃略類於後世衙門之檔案。「六經皆史」，在章氏之意，謂六經即略有類於當時各衙門官方之檔案耳。六經既爲其時之衙門檔案，故遂綜之曰王官之學。惟孔子則研求此種檔案而深思獨見，有以發揮其所涵蘊之義理，宣揚其大道，自成一家之言。後世推尊孔子，乃推尊及其所研習，而崇其名曰「經」。故就實言之，則「經學」即「史學」也。明白言之，「官學」也。則章氏之所謂「六經皆史」，乃指古代之官學言，其義專有所指，其所指並不恰當於後世之所謂史。章氏文史通義特有史釋一篇，闡明此意。彼所謂「六經皆史」者，其義亦不始於章氏，蓋上承明代王陽明之所言。而陽明之所謂「六經皆史」，殆僅指古籍言，治古籍即猶之治史學矣。

然「六經皆史」，其語蓋泛謂經學即史學。其所謂史，孔子之學，蓋本原於人文社會之演進，專就人事而推尋其義理。雖非狹義之史學，然亦非狹義之官學。用今語述之，當稱之爲人文學，非宗教，故不上求之於天神。非科學，故不旁究之於萬物。孔子之學，則並不如章氏之嚴格。其義蓋泛謂經學即史學。孔子乃就古代典籍，就其歷史演變，而推尋研求人文社會之一切義理之學。故曰「好學，庶乎近是。」

古，敏以求之」。然孔子之注意於古典籍，仍復有其注意之特點。孔子固非僅務見聞之博，記誦之廣，而惟古之求。孔子乃於古典籍中，就於歷古之仁聖賢人，闡明其所言論，所作爲，而求有以會通發見於人文社會之大道。故孔子之所爲學，以今語述之，固不妨稱之曰「史學」。惟孔子之史學，乃屬廣義之史學，乃泛指一種全體的人文學而言。故曰：「孔子志在春秋，行在孝經」。春秋固史籍也，惟此爲孔子生平惟一之著作。孔子有志於此人文社會之整體，故曰「志在春秋」。其私人踐履之所由始，則始於爲子弟之事其父兄者，故曰「行在孝經」。

二

然孔子之道大，孔子欲其弟子知所以扼要統宗而求之，故其告子貢、曾子，皆曰：「吾道一以貫之。」子貢曰：「顏淵聞一以知十，賜也聞一以知二」，因遂自謂不如。推子貢之意，乃欲就獲聞於孔子之所言，而推類引伸，以及於更廣大更泛博，而增益其所不知。此顯爲未得孔子「一貫」之旨者。而曾子則曰：「夫子之道，忠恕而已矣。」後人遂謂曾子傳孔子之孝經，未嘗謂曾子傳孔子之春秋，其語殆非無本。曾子之學傳而爲孟子。孟子之學，規模較曾子爲博大。然孟子亦知就於一貫之旨，以上窺孔子之所學者。故孟子能發明「性善」之旨，而大有功於孔門。

孟子之後有荀卿，其學非孟子而主「性惡」。孟子主性善，故偏言「仁」；荀子主性惡，故偏言「禮」。此皆有得於孔子之一偏。而荀子又有「法先王」、「法後王」之辨。法先王必遠溯之於上古，法後王則僅自限於當世。就人性論，苟能遠以求之，就其永恒之流變與趨勢之大歸而觀，則人性之終極向善，易於證見。若專就當前現實，就短時期之演變論之，則常易使人陷入於悲觀，每僅見於人性之黑暗與人性之惡。此荀學之所由與孟異。故荀子之學，不免偏重於禮法，而忽略於教化。若就其大體論之，則孟子、荀子皆為「史學」。惟孟子直溯遠古，而荀子則偏重近世。然荀子亦言「知通統類。」又曰：「明百王之道貫。」豈不以治史學者必溯流而窮源，始有以明其統類，得其條貫？而荀子之教人，則偏重於「知今」，而較輕於「窮古」。孔子曰：「久矣，吾不復夢見周公。」又曰：「郁郁乎文哉！我從周。」此即孔子之法後王，此實為荀子之所承。孔子亦何嘗不重當世？然孔子之學，則殊不盡於此而止。學孔子者，必知周公以前尚復有堯、舜、禹、湯、文、武，然後乃知孔子之學之所由來。荀子生當諸子競鳴之際，各就所知所見以為言，而求有以建其宗主，而為之限斷；故宗主之於孔子，亦限斷之以孔子。在荀卿之意，若復由孔子而上溯，既如墨者之言大禹，莊老之言黃帝，知不通於統類，則將泛濫而無所歸宿。荀子乃急切以求，斬割以言。然而不能謂其不有流失於孔子之學統。

然孟、荀皆儒家，要皆知就古以求，而其他諸家，則不復盡然。蓋皆自我而作古。墨子較先出，尚亦知稱道《詩》《書》，上法大禹。墨者後學則不復治史。兼愛之說，流衍而為名辨。引而上之，則復遠本

之於天志。其言頗近於西方之所謂「哲學」與「宗教」者，而於「史學」爲無當。道家寓言無實，就堯舜而上推之於黃帝，益荒唐玄遠，其去史實益甚。道、墨而外，等諸自鄶。或主管仲，或主晏嬰。孟子曰：「子誠齊人也」，則知管仲、晏子而已矣。」或更引而近之，主商鞅，主申不害。此亦一法後王，亦何嘗不切己當身？此等人之於當時，如管、晏、申、商，其言論行事，亦何嘗不見有一之實效？何嘗不足以爲人所師法？然而「雖小道必有可觀，致遠恐泥」。百家之言，因其背於「史」而亦離於「經」，於是詩書古典籍，遂不爲彼輩之所重。此又當時學術界一大分野。趨於極則終至於有韓非。韓非從學於荀卿，則知荀卿之即以後王爲限斷，其弊有不可勝言者。

三

然其時則復有專就古籍以爲直接孔學之眞統者。鸑鷟已翔於遼廓，而羅者猶視夫藪澤。於是或治詩，或治書，或治春秋，或治禮樂。彼不知孔子之所學在是，而孔子之所得則不復在是。求古而自限於古，不復足以通之今；此荀子之所爲欲「隆禮樂而殺詩書」者，亦有慨於此輩而然。此輩姓名不盡傳於後世。雖其聲名湮沒，然其潛力之在當時，則亦研治學術史者所不當不知也。

秦之衰，漢之興，當時之學術界，大略而言，其服務於政府者，知有法律而已。法律何自來？則

沿襲之於秦。其號爲深遠莫測者，則高談黃帝、老子。黃帝、老子何所語？曰：莫大於「無爲」。無爲而不可不爲則奈何？曰「一仍舊貫」。若是，則仍守後王之法，仍知循秦人之舊而已。於是荀卿、韓非、老子，乃匯而爲一流。其游食於諸侯王者，有文學，有縱橫，有神仙。彼輩之所見聞，上之曰陸賈，下之曰酈通；上下之所通，則曰安期生，曰海上仙人。彼輩莫不指天劃地，睥睨於朝廷王國間，幾幸天下之一旦有事，而置身於青雲。否則誇宮室之壯麗，導男女之淫樂，耀藥物之珍秘，競辭賦之奢大，以圖當前游食之驕逸。彼輩蓋不得志於朝廷，因亦不安於秦舊，而上覬戰國晚世之所有，心期諸王爲燕昭，築黃金臺，而自居於郭隗死馬之列。蓋如是焉而止。故漢廷之表章六經，罷黜百家，實起意於「復古更化」。「更化」者，化此晚周亡秦之覆轍。「復古」者，復於三代堯舜之前軌。故詩書之在當時，見稱曰「古文」。必上窺古文，始知歷史淵源。必知歷史淵源，始可以矯挽此晚周亡秦近世之頹波。則漢廷之宏獎經籍，實亦宏獎史學也。今試游心而思之，若果漢廷不宏獎六藝，一如秦廷之禁錮詩書，惟留黃、老、申、韓，下及枚乘、司馬相如之徒之辭賦；則中國之古史，亦將何所憑藉以復傳於後世？故漢廷之「經學」，就其實而論之，即當時之「史學」，而董仲舒、司馬遷爲其選。

董、馬皆治春秋，皆史學也。董子之學，見之於漢廷之制度。馬遷之學，則見之於國聞之整理。其均爲史學甚顯。其他諸儒，亦莫不曰「通經致用」。「通經」則溯諸古，「致用」則施之今。此不得謂其無當於孔學之一端。而流弊所趨，則有兩歧。一曰「專經」，一曰「比附」。何以謂「專經」之

二二八

弊？經學必稱六籍。以近代觀念繩之，若易經屬哲學，尚書、春秋屬史學，詩經屬文學，禮樂屬政治

制度乃及社會風教，亦史學也。如是則支離破碎，無當於孔學之所求。孔子之所用心，則在人文社會

之整體。必求於人文社會整體大道有所見，則必會通此諸端者而始有以見其全。故孔門所治，非哲

學，非文學，非史學，非政治社會學。乃求會通此諸學，必上溯之上古，必下通之當代，直上直下，

而發見夫人生之大道，以求實措之於當身。此孔學之所宗主也。若專經則割裂，知其一不復知其

二。離於「史學」而言經，既非孔學之真旨；即復「聞一知二」，乃至「聞一知十」，多學而識，終非

一以貫之。此所謂專經之弊也。何以謂之「比附」之弊？上治古籍，有以窺見於歷古仁聖賢人之用心

而實措之於當世，斯為明體而達用。不此之務，而徒援據偏辭，張皇隻義，強求會通，此乃平津侯之

曲學阿世。其流弊所及，則有如京氏之易、齊之詩、公羊之春秋，莫不上尊孔子，儕之為神，而下伍

儒生於巫覡。此之謂比附之弊。於是物極必反，乃有東漢馬、鄭之所謂「古文經學」者起而代之。

馬、鄭之學，其長在能有意於篤守經籍之本眞。非通諸經則不足以通一經，故不專治。淡於用

世，故不比附。雖怪誕未盡，而虛華已謝。其弊則忽忘於經籍之大用。王充氏已誹之在前矣。曰：

「知古而不知今，是謂陸沉。」孔子作春秋，筆則筆，削則削，游、夏之徒不能贊一辭。使馬、鄭復立

於孔門，亦極於為游、夏之徒而登峯超極矣。馬、鄭之「述而不作」，非復孔子之「述而不作」。其

貌似，其神非。於是「經學」「史學」乃相離以為學。班固、蔡邕為一流，馬融、鄭玄為又一流。

經、史之分，將如河、漢之不可復合，是則東漢儒者之鄙也。

四

魏晉以下，南朝則史勝，北朝則經勝。史勝者，似文而實質，以其自沉溺於當世之事變，不能超越現代而游情於古昔。經勝者，似質而實文，以其上窮往古，可舉以與當世現實相繩覈，而有以見當世之不盡是；有所想望參比，而求有以一變當身之卑近。於是有蘇綽、王通之徒，而下啟隋唐之光昌。

唐制襲於隋，隋襲於北周，此皆宇文泰、蘇綽之緒餘；而唐代諸賢，顧不尊蘇綽而好揄揚及於河汾之王氏。此何故？曰：蘇綽本於經而向下引致之於史，王通達於史而向上推致之於經。蘇綽之所建樹，盡於現實而止。而王通之所思慮言論者，則每每脫出於當代，寄情於玄古。經、史之末流，既一分而不可復合，則蘇綽偏近史，王通偏近經。貞觀一朝諸賢，討論政教措施，不甘長自隱於周隋之脅下，而必上承兩漢，遠迹三代；則政法規模，雖近襲之蘇綽，而風教理據，必仍遵於王通。此亦唐人之卓識，所以成其為一代之宏製者，固非偶爾而然也。

顧自魏晉以來，佛學東播；當時之學術界，擴而論之，不僅經、史異塗，抑且理、事分席。貞觀諸賢，伉直如魏徵，其於諍論所及，就當時之見解論之，亦極於就事論事而止。若必上窺邃理，窮探

幽深，非如房玄齡，殆不堪當。故有唐一代，可以有「史學」，而不能有「經學」。可以有政事，而不能有教化。教化之與經學，當求之於浮屠，當求之於梵唄，而孔穎達之五經正義，遂終不爲唐賢所重。唐人著作，如劉知幾之史通，杜君卿之通典，其卓卓者，皆史學也。而經學大儒，則蔑焉無聞。而遂有昌黎韓愈氏者出。

昌黎之學，非經非史。經學非其所長，史學非其所願。乃曰「所願則在孟子」。必挽理而歸於事，必崇事而會之理。其自道所學，則曰「好古之文，因以好古之道」。「道」則貫通古今，雖非經非史，而亦經亦史。經史之所會歸，亦會歸於「道」而止。經史之所本原，亦本原於「道」而止。然而此非韓愈氏一人之所能肩之而趨者。於是而下開宋儒。

## 五

宋儒之學，有偏於經者如王荊公，有偏於史者如司馬溫公。荊公、溫公新舊之爭，不僅爭在政，亦爭在其所學。荊公論政，必上追三代，偏於重理想。溫公論政，則依循漢唐近效，偏於重現實。現實與理想之分，即「史學」與「經學」之分。蘇氏蜀學近溫公，程氏洛學近荊公。則尊荊公，抑溫公。南渡易轍，其時則尊洛學，抑新學。蔡京擅權，其時則尊荊公，抑溫公。要而論之，有宋一代之學，經勝於史，是其

大趨。故唐人科舉考詩賦，而宋自荆公以下，易之以經義。此雖溫公不能違，可以覘時代之嚮往焉。

顧就本原論之，則「經學」實「史學」也。偏陷於近代，偏陷於現實，雖曰是史學之恒趨，實非史學之上乘。偏陷於古典，偏陷於舊籍，雖曰是經學之共嚮，亦非經學之眞際。王安石自爲《三經新義》，頒諸學宮，懸爲功令。其所以必造新義者，夫亦曰：經學貴通今而致用。西漢之伏、董，東京之馬、鄭，其義已不足以會通之於宋世，則在宋而治經學，必賦以新義無疑。新義何自來？曰：新義雖仍一本於經，而亦緣起於世變。必不昧於世變，而又能會通之於舊統，有以見於古今百世之道貫者，而後經學之新義始立。然則經學之新義，豈不將仍求之於史學乎？荆公抱匯古宏今之大願，而有志於勒成一家言，以一新經學之面目，固不失爲識時務之俊傑；而惜乎當時之趨勢附時者，不能通荆公之所通，不能志荆公之所志，則本欲變學究爲秀才，轉變秀才爲學究。此荆公及身之自嘆，不徒可以見荆公之心事，亦以見治經而不能見其大，不能求其通，仍必自陷於漢人之專經比附與夫章句訓釋之舊窠，而莫能自拔也。

顧荆公本身，亦自有其偏蔽。荆公創三經新義，實偏重於周官。求荆公之用心，極其所至，亦仍猶夫荀卿之「隆禮樂而殺詩書」。荆公亦僅知會通於古今之政制，而未能重定一世之事理。論荆公之學統，近之則不越歐陽永叔本論與新唐書諸志之所陳，遠之亦仍沿北周蘇綽之遺轍。故荆公晚年，政治趣味既衰，卜居金陵，轉依釋氏以自娛。是荆公雖遠希上古，其造詣亦殊未能卓絕唐賢，如房玄齡、裴度諸人之所養。其本原既非，而高論創制變法，宜不爲溫公、東坡諸賢所悅服。故循昌黎之所

想望，其先必達於盧陵與臨川；而繼此益進，又必止夫伊川與考亭。此有宋一代學術趨嚮所必然應有之大勢。自今論之，其軌轍蓋甚顯也。

## 六

蓋政制僅僅事理之一端，而人文社會之事理，必通觀之於人文社會之整體，乃始有以見其所以然。欲識人文社會之整體，固不能昧於古昔，專據現代；故治史者必上通之於經，而經學精神則仍必向於史而止。必待夫「史學」之窮本探源而乃始有所謂「經學」者，其意至於晦庵朱子而始定。朱子平生努力，重於「述」，不重於「作」。而其述古之尤大者，則在其四書集注。自今論之，朱子之四書集注，即猶王荊公之三經新義，皆不過求爲經學下新注耳。唯漢儒治經，側重於孔子之所由學，所爲學，而未能真窺見於孔子之學之所得。若論孔子之學之所得，則既大備於論語。而論語之在兩漢，僅爲治經籍者幼學之階梯。是漢儒治學，實乃由孔以窺經，非能循經以見孔。漢儒雖尊孔，而未能以孔尊孔。實以尊經者爲尊孔也。故漢儒之學，實「經學」，非「儒學」。朱子盡精竭瘁爲論語作注，始是探驪得珠妙手。然論語精妙非可驟見，故朱子教學者由論語而下求之；於是有曾參氏之大學、子思氏之中庸、孟軻氏之孟子，合論語而定爲四書；以爲由是而尋之，庶乎可以窺見論語之真趣。故朱

子之《四書》，自兩漢學者目光論之，實「儒學」，非「經學」。然儒學之在漢代，則殆非所重。而自晦

翁以來七八百載之遙，學者遞有探索，又知大學非曾參作，中庸非子思作。其所創獲，若既超越於晦

翁之上。而晦翁之意，則若謂學孔子者，當學之於孔子之後學，不當學之於孔子之前賢；學術所重，

當重於孔子所創之儒學，而不當仍重於孔子所從學之經籍；則遙之千古，仍少解人。故若以兩漢所治

為「經學」，則宋人所求，實為「儒學」。而其間分別，必至朱子而後定。故欲尊孔子，必通朱學。

朱子之學，蓋不尋之於《六經》，而直尋之於孔氏。此朱子一特識也。其尋之於孔氏者，不僅尋之於孔子

之當身，而徧尋之於孔子之後學與繼起。此又朱子一特識也。故朱子於《四書》之後，又特提西漢董氏、

隋之王通氏、唐之韓氏，而下及於宋代濂溪伊洛諸賢。此猶孔子「序列古之仁聖賢人」之遺意。由是

論之，朱子之學，仍亦一種「史學」。朱子蓋亦一種由史以通經之學。

論儒學之精神，必知孔子之所謂「好古敏求」，不自我而作古。何以謂之自我作古？如論墨學，

必推極於墨子。於墨子以前，雖若猶有所尊，則曰大禹，然大禹之所以為大，則既荒遠而難稽；治墨

學者又必上推之於天志，天志則更渺茫而無著。如治莊老道學，必推極於莊老。莊老而上，則別無可

尊矣。曰黃帝，曰神農，伏羲，其為荒遠也益甚。曰自然，則已非人文社會以內事。治縱橫則祖蘇、

張，治法術則祖管、商、申、韓，治名辨則祖惠施、公孫龍。此數子者，皆可謂之自我作古。「我愛

我師，我尤愛真理」，真理既在我，則何妨由我而作始哉？獨孔子之為學則不然。孔子曰：「我非生

而知之者，好古敏以求之者也。」孔子自述所得，乃得之於前人，而非得之於本己。故學古學者必治

史，必不自我而作始。亦不當以孔子爲限斷。故朱子雖推尊四書，而四書之上，仍不能不有五經。而朱子之於五經，其見解又獨爲超越。

朱子曾自注易矣，而曰：「易爲卜筮之書。」朱子曾自注詩矣，然於詩之風則曰「此男女淫奔之詩也。」朱子於詩、易，自許能推翻前人窠曰，直探詩、易之本眞。其於書，朱子曾疑古文，又知尙書特史之一種，其間多天文、地理、算數、名物，當詢之於史學專家，故委其弟子蔡沈氏爲之注，蓋未親自致力。其於春秋，蓋謂孔子作春秋，乃孔子當時所見、所聞、所傳聞之近代史實。學孔子者，亦當各自注意於其本身當時所見、所聞、所傳聞之近代。故欲就溫公通鑑創爲綱目，即此以爲春秋矣。昔司馬遷學於董仲舒，得春秋微旨而作史記。後世通其意者殆爲朱子。溫公則直接左傳而成通鑑。溫公之用心，重史不重經。故朱子必欲就通鑑而作綱目者，其微旨正在此。其於禮樂，則謂禮樂當隨世而變，不得位則無可制禮而作樂；故僅寫爲家禮，曰以傳其子孫。故朱子於五經，其見解之通達透闢，上較荆公，已超出甚遠。元明以來，遂一尊朱子，即以朱子之四書五經懸爲制舉之功令，而盡捨荆公，不復采其所謂三經新義者，是亦不得謂後世人無別擇也。

孔子又有言曰：「吾欲載之空言，不如見之行事之深切而著明也。」然則吾儕逆推朱子治孔子當時之意，豈不亦曰：我欲了解孔子，與其了解之於孔子以前之古經籍，尤不如了解之於孔子以後治孔子學者之思想遞變之史跡之爲更有據、更可憑，爲更深切而著明乎？則朱子之學，豈不亦可謂其重視「史學」尤甚於重視「經學」乎？曰：是則又不然。朱子之於當時，則既盛推洛學，而輕視溫公。其於荆公，

猶多推扣之辭，獨於蘇氏蜀學更多鄙斥。即在其交游朋友間，亦極推南軒，而深戒東萊，謂其「以史學授後進，乃將教壞了後學之心術」。則朱子之學，若又明明重「經」不重「史」。陳龍川與朱子往復辨難，更可以徵「史學」與「經學」之分際所在。蓋史偏於事，經偏於理。在朱子之意，吾儕之所欲了解於孔子者，在求能了解於孔子所明之理。在孔子則就其當時之事而見理，在吾儕則貴能各就吾儕當身所遇之事以求理。故朱子繼伊川而言「格物窮理」。在伊川、朱子當時之事，蓋尤用力於辨儒、釋之疆界。儒、釋所爭在理不在事，故必能深造於格物窮理之學，乃能挽回魏晉以來佛學之囂張，而重返之於孔子之真。然格物窮理，實非初學急切所能冀。在朱子之意，若謂吾儕今日所求之理，其大體仍將不背於孔子當時所明之理。何者？此人文社會之理，既未有所大不同於孔子與今日之間，則孔子當時所發明於此人文社會之理，豈不將仍通於今日？我儕之所務，既在就人文社會之整體而研尋其事事之理，則格物窮理固不妨與讀書明理兼途而並進。故宋儒之學，至於程朱，就實正名，當曰「理學」。理學者，因其主於人文社會而求其事事之理。宋儒乃因於重視尋求人文社會事事之理而尊孔，非即奉孔子以為人文社會一切事理之準則。惟孔子以來，儒家之學，固無不重視於尋求人文社會事事之理者；而此所謂理，雖因社會之變而有變，亦因社會之同而有其同。；故程朱雖主格物窮理，亦無害於其又主讀書明理之相輔而為學。惟專就讀書言，則程朱之意尤重視夫四書。程朱之於四書，蓋不啻兩漢諸儒之於六經。故縱謂四書乃宋儒程朱一派所尊奉之新經典，亦無不可。然則孔子尊六經，而程朱尊四書，謂其貌離而神合，亦無所不可矣。

二三六

然即由此而復啟宋儒之爭點，是爲陸王與程朱之爭，亦即後人所謂「心學」與「理學」之爭。

宋儒之學，既重在求明夫人文之理，既重在沿孔子之成規而求明夫此人文之理，則試問孔子之所明於此人文之理者，今又當於何而求之？曰：孔子則求之歷古之仁聖賢人，求之歷古仁聖賢人之言論與行事，就其言論行事而得其用心之所在，而有以深見夫彼歷古之仁聖賢人者，其用心乃有其條貫，有其大同。孔子曰：「吾道一以貫之」，無亦曰即貫之於我之此「心」之與歷古仁聖賢人之「心」之大同，而成其爲條貫者。此在孔子則謂之「仁」，曾子則謂之「忠恕」，孟子則謂之人心之「敬」與「愛」，謂之人性之「善」，而人文社會種種之理則胥由此而出。然而今人之心則猶古人之心。愚夫愚婦之心，則猶古之仁聖賢人之心。故陸王乃主反身求之，即心即理。於是「六經皆我注腳」，是不啻謂「經學」即「心學」矣。

孔子之學，本主「好古敏求」，固未嘗謂反身而求之於吾心而即得。然孔子言仁，言一貫，其所得者固不出於吾心。曾參、孟軻乃由此而暢發之。則陸王固不可謂其無當於曾參、孟軻之所傳。曾子之言「忠恕」，孟子之言「敬愛」，豈不猶如象山之言「吾心」，陽明之言「良知」乎？然而陽明又言

「六經皆史」者則何居？豈不爲歷史不外乎人事，而人事全本於人心。無此心即不復有此事。故治「史學」當以「心學」爲主。人心之積而爲史心。無所見於人心，而謂有所見於史心，天下無此理。故治「史學」者則史者一堆堆之事變，亦曰陳人之陳迹而止耳。故陸王之心學，必主於人事與世變。象山重篤實踐履，陽明重事上磨鍊，此皆偏重於人事與世變，其實則猶之伊川、晦翁之格物而窮理。惟陸王之意，格物窮理乃其末，反求之人心者乃其本。必先有見於此心，而後可以運此心以格物而窮理。如是則陸王之所側重，雖在於人事與世變，而不主遠求之於往古，乃主反身切己，即求之於當前本身之所遇。如是則孔子以前之六經，乃更非陸王之所重。故陽明曰「六經皆史」，其意亦不啻謂：六經之所載，亦皆古人之所得於其當身之人事與世變之學耳。

然而孔子固未嘗謂人事世變之理，一一可以即身求之吾心而遽得。惟孔子既言「一以貫之」，而貫之者實惟人心之「仁」與「忠恕」與「敬愛」。顏淵曰：「博我以文，約我以禮。」孟子亦言之：學者必由博而返約，約則必歸於吾心。陸王單刀直入，即以「心學」爲宗主，此不得不謂陸王之有所見於孔學之精微；然而終亦不得不謂陸、王之有所失於孔學之博大。然陸、王之言「吾心」與「良知」，要之皆近於孔子所謂「以約失之者鮮矣」之教。而終亦不可謂之爲孔學之本眞。於是復有晚明諸儒起而矯其偏，救其弊。而晚明諸儒之所得，則若於「史學」爲尤近。

八

言晚明諸儒，則必以顧亭林氏爲之巨擘焉。亭林之言曰：「經學即理學也。」然隸亭林於「經學」，終不如謂是「史學」之尤允。梨洲、船山皆史學湛深。然史學亦終必切證之於當世而見其實。而其時則適滿清入主，文網之嚴，使學者不敢昌言近代當身事以賈禍。故晚明史學終不昌，其末流則曲折以匯於乾嘉之考證。考證則僅史學之一端。訓詁、校勘，皆考證所有事。以訓詁、校勘、考證爲經學，極其所止，則鄭玄氏而止，許愼氏而止，終不出於東漢諸儒之樊籬。然而其所以爲考訂之方法則甚精甚密。乾嘉之學，蓋以治史之術治經。故所謂乾嘉經學者，就實言之，誠亦「史學」也。惟僅爲一種狹義之史學，而且爲狹義史學中之微端與末節，而無當於史學之大義。其在當時之所自詡，則曰「實事而求是」。不知古書乃前人之糟粕，既不得謂之爲「實事」，求古書之眞是，亦非即求人生社會事理之眞是。訓詁、校勘、考據，可以治古書，而非所以治人生，明事理。清儒之「求是」，乃自限於求古經籍之是，非能直上直下，求人文社會大道之是。能求當身事爲之理之是，亦未可謂之求人心之是。而捨乎人心，捨乎當身之事爲，捨乎人文社會之大道，更何所謂「實事」？然乾嘉學術之偏陷，亦誠出於不得已。道咸以降，清室文網既弛，學者遂復

二二九

從東漢許、鄭返尋而上，溯及西漢，而有意於董子與公羊。此即求爲一種通經致用之學，其意已非訓詁、考訂而止矣。然董子、公羊之於西漢，雖不失爲通經致用；而用之於西漢者，未必即能用之於晚清。在西漢人之所謂「通」，亦非即是晚清人之所欲通。通於西漢，大可不通於後世。所謂「通經致用」者，貴在於本諸當身近世而求其通；而晚清學人，則仍不免本之西漢之所通以爲通。於是龔、魏以下，迄於康有爲之徒，乃自成其爲一種非經非史、非漢非宋之學，無當於事理，無當於人心，而徒自揭櫫之曰：「此經學也，此孔子之眞傳也」。是乃晚清末流之學病。然若不察於此，即以晚清之學病病經學，即以晚清之學病病孔子，則又別自成爲又一種不通之見矣。

## 九

當乾嘉之時，經學方盛，亦有重倡「六經皆史」之說者，是曰章學誠。章氏之意，本在鍼砭當時嫥經媚經之學病，而眞有冀夫實事而求是。章氏自述學統，由梨洲上溯陽明，蓋有得於期由「史學」而通「心學」者。章氏論學，力求不持門戶偏見，其論學派，自承爲浙東之薪傳，而亦不菲薄浙西之所長。故亦盛推顧亭林之博古通經，而謂乾嘉經學，則僅得亭林之緒餘，而已昧失亭林之本原。章氏自謂不失爲持平之見。故謂：「朱陸之異同，乃千古不可無之異同。」就其所分析，朱子蓋由「經學」

而上進於「理學」，陸王則由「心學」而下逮於「史學」也。

清末廣東有朱次琦，頗有意會通漢、宋。浙人朱一新，亦明夫經學、史學之分合流變。南海康氏既師事次琦，又獲交於一新，其初講學番禺萬木草堂，爲梁啟超、陳千秋開示治學新軌，獨標「心學」、「史學」爲學術兩大塗轍。若循此以爲學，庶亦可以上承陽明，下通實齋，尚無背於「經學即史學」之宗旨。而南海信道不篤，持守不堅，誤信蜀人廖平氏之荒言，勦襲其說而爲新學僞經考、孔子改制考。此兩書者，非研經，乃辨史。顯已由經學而轉爲史學矣。此亦途窮思變，爲大勢之所趨。而惜乎康氏不自知，猶守經學之門戶，猶旁漢人家法之藩籬。於是以主觀之成見，而貌襲考訂之矩矱。其所主張，無一而是。而於是其所謂「孔學」者非孔學，所謂「經學」者非經學，所謂「史學」者亦非史學，而「理學」、「心學」皆置不問。狂流所趨，至於輓近世之學絕道喪。罪魁禍首，康氏實不得辭其咎。

康氏顧獨大聲疾呼曰「我尊孔」，曰「我欲復興孔教」，而復傲然以當代之「新孔子」自居。蓋康氏之學，其用心固亦欲上溯之於孔子與六經，而近通之於近代與當世。惜乎其志大而才疏，其深中痼疾之癥結，乃在於急功近利，一切惟以變法維新、救亡圖存爲迫不及待之倉皇，而不復深求之於古人之真相，抑亦不復求之於古人之真得；遂欲憑藉六經以爲一己號召之注腳。跡近於陸王而實不能爲真陸王，貌似於乾嘉而又心不屑爲真乾嘉；極其所能至，仍不出荀卿之「隆禮樂而殺詩書」之意見。而康氏以來，乃竟未有能糾正康氏之失者。然固遠不足以仰望荀氏之項背。

民初「新文化運動」以還，學術界遂有疑古之新趨。其淵源所自，實出康氏。而「打倒孔家店」之呼號，亦不得謂非由於康氏尊孔創教之妄說有以相激相盪而使然。物極則必反，矯枉者過正。繼此而往，遂至於今日，馬列洪流泛濫於中國。有所爭，而所爭者非學術。有所持，而所持者非實事。有所見，而其所見實昧吾心以爲見。學術之變而爲意氣，爲流俗；學術之積敝，其害極於人心之喪亡而失眞。此已非言辭之所能爲力，所堪以挽此狂瀾於既倒矣。

## 一〇

然而反觀既往，孔子既爲中國人傳統所尊，六經亦爲中國人傳統所重。若天不喪中國，中國人猶有遺胤，再復得生長食息於此霄壤間，引而遠之以極於無限，我固無所知；若就近以觀，百年、一二百年乃至於五百年之內，謂孔子遂可以亡失於中國之人心，六經亦可以棄絕於中國之學界，斯吾所未能信。苟稍有能平心以思之者，殆亦將莫之信。

然僅就學弊而言，則西漢人之尊經，乃上儕孔子於天神；此決非孔子之眞相。東漢人之尊經，乃斤斤於章句之訓解；此亦非孔門之教法。清代乾嘉時人之尊經，經籍僅爲其時所獨擅之校勘、訓詁、考訂之學之材料，人人埋首於故紙堆中，惟字形、字音、字義之是求；此亦決非孔學之宗主。晚

清康、廖諸人之尊經，其意惟在於疑經，在發經之僞，在臆想於時代之所需要而強經以從我。蓋經學

至於是，已墮地且盡。康、廖之弊頗似於西漢，其意皆欲本世用，奴經術。惟西漢蒙其害，亦獲其

利，故猶能維持於數百年之久。東漢馬、鄭之徒目擊其敝，而無真知大力以為挽回；故僅不失為一經

生，而猶獲稍存經籍之真相，以期待於後世。乾嘉諸儒則不得已而為之，其於古書有貢獻，於經術無

發明。論其得失，如是而止。

今若有志於孔子之學，則洵非「經學」所能盡。然孔子固曰「好古敏求」，孔子既不自我而作

古，學孔子者亦決不以蔑經為尊孔。有所謂「理學」焉，有所謂「心學」焉，雖與經學相通，亦非

經學之所能範圍。今人則積非成是，談古色變。一若古之不絕，則今之必亡。古今成為水火，則不僅

六經為古書，孔子為古人，乃至吾父、吾祖而上，已莫不為古人。昔孔子論語，「序列古之仁聖賢人」

而「好古敏求」，以自成其所學。而若今人之意，則人之既古，斯必不仁不聖不賢，可以一概而棄絕。

縱或為仁為聖為賢，亦當淡然而旁置。惟古乃為不祥之尤。而惜乎言之不可若是其幾也。今人之自詡

為新學者，就詢其所學，則固無一而非古人之所遺。古今之間，又何從立此一限斷？其實今人之所主

為「古今」之辨者，夫亦曰「中外」之辨而已。學於外者，雖古而皆珍，又何嘗惟古之是棄乎？故

我知孔子之學，終亦必仍存於中國之人心也。

惟孔子之道大，未可一端而窺。孔子曰：「知之為知之，不知為不知，是知也。」爰敢就其所知，

略陳孔門弟子以下，孟軻、荀卿之徒，下及近世，其有志於孔子之學而從事焉者，為之辨其流變，論

其得失。是亦一種「史學」也。是亦孔子「論列古之仁聖賢人」之遺意也。敬以爲孔子二千五百又二年之誕辰作紀念。知我罪我，是在讀者。

（原題經學與史學，一九五二年九月紀念孔誕作，載香港民主評論三卷二〇期。）

# 從朱子論語注論程朱孔孟思想歧點

朱子注四書，元、明、清三代懸爲功令，家誦戶習，踰七百載。清儒刻意攻朱，訓詁考據，凡朱注有失誤處，幾乎盡加糾剔。然亦有朱注已得在前，清儒存心立異，轉失在後者。若論義理闡發，則清儒斷不足以望朱子之項背。乃朱注亦有違失孔孟原旨者。並所違失，盡在大處。此因程朱與孔孟，時異代易，思想體系，本有歧異。；朱子以宋儒宗師解釋先秦孔孟舊義，雖盡力彌縫，而罅隙終不能合。余曾有程朱與孔孟一文①，粗發其緒。此文則專舉朱子論語注爲例。然亦僅拈其大綱節所在，不能詳備，讀者諒之。

程朱與孔孟思想最大相異處，乃爲其關於「天」與「性」之闡釋。

① 編者按：此篇收入《中國學術思想史論叢》（五）。

一

陽貨篇：

子曰：「性相近也，習相遠也。」

朱注：

此所謂性，兼氣質而言者也。氣質之性，固有美惡之不同矣，然以其初而言，則皆不甚相遠也。但習於善則善，習於惡則惡，始相遠耳。

程子曰：「此言氣質之性，非言性之本也。若言其本，則性即是理，理無不善，孟子之言性善是也。何相近之有哉？」

今按：論語僅言「性相近」，孟子始言「性善」，後儒仍多異說。宋儒始專一尊奉孟子『性善』之論，

又感有說不通處，乃分別為「義理之性」與「氣質之性」以為說。朱子嘗言：「氣質之說，起於張、程，極有功於聖門，有補於後學，前此未曾說到。故張、程之說立，則諸子之說泯矣。」所謂「諸子」，殆指荀子以下凡與孟子性善說持異者。然則氣質之說，亦僅於孟、荀間作調停而已。明儒自羅整菴以下，已於此氣質、義理之辨，迭有非難。王船山重於張、程兩家間細加分別。其為讀四書大全，在孟子一編中闡發孟子性善義，於程朱甚多糾彈。如此條引程子「何相近之有哉」一語，見程子意實與孔子原義相背。朱注云「此言氣質之性」，然朱子亦非不知氣質之說起於張、程，在孔孟時實未有此分辨。今朱注云云，豈孔子僅知有氣質之性，不知有義理之性乎？然朱注亦有斟酌，故曰「氣質之性固有美惡之不同」，此處下「美惡」字，不下「善惡」字。性本相近，自有「習」而始分善惡。細玩朱注，仍不覺與論語原義大相違。圈下引程子語，而違異始顯。朱子一遵二程學統，遇與孔孟相異處，則力求彌縫，其跡彰著，即此條而可見。

## 二

又《陽貨》篇：

子曰：「唯上知與下愚不移。」

朱注：

此承上章而言。人之氣質，相近之中，又有美惡一定，而非習之所能移者。

程子曰：「人性本善，有不可移者，何也？語其性，則皆善也。語其才，則有下愚之不移。所謂下愚有二焉，自暴、自棄也。人苟以善自治，則無不可移，雖昏愚之至，皆可漸磨而進也。惟自暴者拒之以不信，自棄者絕之以不為；雖聖人與居，不能化而入也。仲尼之所謂下愚也。然其質，非必昏且愚也，往往強戾而才力有過人者，商辛是也。聖人以其自絕於善，謂之下愚。然考其歸則誠愚也。」

或曰：「此與上章當合為一，『子曰』二字蓋衍文耳。」

今按：此處引程子語，乃以孟子說論語，而顯與論語原旨相違。論語明云「上智與下愚不移」，程子單說下愚不移，已不合。又據孟子「自暴自棄」說之。自暴自棄既非下愚，亦非不移，故程子曰「其質非昏且愚」，又曰「雖昏愚之至，皆可漸磨而進」。然則程子語豈非針對論語原文而特加以駁正乎？惟朱注則與論語原旨不相違。

又按：朱子語類出於四書集注成書之後。讀集注又參讀語類，可見朱子意見自有依違遷移之處。

語類討論此章者凡八條，茲試節錄分說如下：

性相近以氣質言，性善以理言。

性相近，喚做近，便是兩箇物事。這便是說氣質之性。若是降衷底，便是沒那相近了，箇箇都只一般。

此兩條論「性相近」一遵程說。又曰：

人性本善，雖至惡之人，一日而能從善，則為一日之善人；夫豈有終不可移之理？當從伊川之說。

此一條論「不可移」亦遵程說。然又曰：

先生問木之：「前日所說氣質之性，理會得未？」對曰：「雖知其說，終是胸中未見得通透。」曰：「便是。莫要只管求其合。且看聖兼集注『上智下愚』章先生與程子說未理會得合處。」曰：

人所說之意。聖人所言各有地頭。孔子說相近至不移，便定是不移了。人之氣質，實是有如此者，如何必說道變得。所以謂之下愚。而其所以至此下愚者是怎生？這便是氣質之性。孔子說得都渾成，伊川那一段，卻只說到七分，不說到底。孟子卻只說得性善。其所言地頭各自不同。正如今喫茶相似，有喫得盡底，有喫得多底、少底；必要去牽合，便成穿鑿去。」

此一條明說程子說不能與論語原文定相牽合，並謂孔子「說得都渾成」，伊川「只說到七分」，顯與前引三條不同。又一條云：

問：「集注謂氣質相近之中，又有一定而不可易者；復舉程子無不可移之說；似不合。」曰：「且看孔子說底。如今卻自有不移底人，如堯舜之不可為桀紂，桀紂之不可使為堯舜。夫子說底只如此。伊川卻又推其說。須知其異而不害其為同。」

此一條與前一條相同，顯與前引三條異意。朱子注文與其圈外所引程子語即頗多歧異未盡合者。當時朱子門人即多從此上發問，而朱子云，「須知其異而不害其爲同」，是即有意作彌縫也。

三

〈學而篇〉：

有子曰：「其為人也孝弟，而好犯上者，鮮矣。不好犯上而好作亂者，未之有也。君子務本，本立而道生。孝弟也者，其為仁之本與？」

本，猶根也。仁者，愛之理，心之德也。為仁，猶曰行仁。言君子凡事專用力於根本，根本既立，則其道自生。若上文所謂孝弟，乃是為仁之本，學者務此，則仁道自此而生也。程子曰：「孝弟，順德也，故不好犯上，豈復有逆理亂常之事？德有本，本立則其道充大。孝弟行於家，而後仁愛及於物，所謂親親而仁民也。故為仁以孝弟為本，論性則以仁為孝弟之本。」或問：「孝弟為仁之本，此是由孝弟可以至仁否？」曰：「非也。謂行仁自孝弟始，孝弟是仁之一事。

謂之行仁之本則可，謂是仁之本則不可。蓋仁是性也，孝弟是用也，性中只有箇仁、義、禮、智四者而已，曷嘗有孝弟來？然仁主於愛，愛莫大於愛親，故曰：『孝弟也者，其為仁之本與？』」

今按：此條引程子，又顯與論語原義相違。論語以孝弟為「仁之本」，而程子必以孝弟為「行仁之本」。所以然者，仍以程子說「性」字與孔孟不同，牽連及此，乃亦不得同也。孟子盡心篇：

「人之所不慮而知者，其良知也。所不學而能者，其良能也。孩提之童，無不知愛其親；及其長也，無不知敬其兄。親親，仁也。敬長，義也。」

是孟子以孝弟為人之良知良能，擴而充之，乃有仁義；則孟子實亦以孝弟為仁義之本也。孝經云：

夫孝，德之本也。

語亦同義。斯知孝弟之為本，乃先秦儒共同義。或人問程子，謂「是由孝弟可以至仁否」，當謂由孝弟可以生仁，乃合論語此條原旨；而程子非之，必謂「性中曷嘗有孝弟」。此語實大堪注意。即孟子言性，亦只就其發見於人心者而指之為性耳。人心有善端，故謂之「性善」，此猶謂善者是「性」

也。今程子則謂「性中只有箇仁義禮智」，此說乃沿襲漢儒以下以五行說性，指仁、義、禮、智、信為五常，謂性中有此五者；與孟子「四端」之說大不同。孟子只謂惻隱之心擴而充之可以為仁，故先人心之有惻隱乃仁道之發端；而漢儒以下，乃說成由於性中有仁，發出端倪來而有惻隱之心。乃是先有了「仁」之性，始有人心之「惻隱」。故程子謂「仁是性，孝弟是用」。此處「性」字即所謂「性體」。然「體」「用」之別，先秦所未有，其說始自晚漢，此後佛家承用之，宋儒又承用之。故程子謂孝只是用，只是一種行為，或可說是一種德，卻不能說是人之「性」。因性屬「本體」，德與行則只是本體所發現之「作用」。此乃晚漢以下之新觀念，在孔孟時未嘗有，則宜乎其立說之相違矣。

又按：朱注：「仁者，愛之理，心之德」，以此六字詁「仁」，其意亦全本程子。孟子曰：「仁者愛人，有禮者敬人。」此說仁是愛人之事，禮乃敬人之事。義與智亦屬事。但就宋儒言，性中不能有事，只能有理。故宋儒既主「性即理」，又說「性中只有仁義禮智」，遂必說成「仁者愛之理」矣。

朱子又謂「仁者心之德」。此因仁既屬性，不能如孟子逕說「仁者，人心」，故必曰「心之德」。人心本具之德屬「性」，不屬「心」。然論孟書中所有「仁」字，若一一以朱子此六字說之，必多扞格。

正因雙方思想體系不同，故甚難彌縫合一。

至「本立道生」之說，朱注謂：「君子凡事專用力於根本，根本既立，則其道自生。若上文所謂孝弟，乃是為仁之本，學者務此，則仁道自此而生也。」此一節與論語原旨無大相違。惟所引程子說，謂「德有本，本立則其道充大。孝弟行於家，而後仁愛及於物」，此卻故意避去一「生」字，而轉依

孟子改用「充大」字。蓋因「仁」既是「性體」中所固有，則不待行孝弟而始生。朱子依論語原文作注，不能避此「生」字；然既謂仁爲「愛之理」，理則先在，亦不待行孝弟而始生。又「道」字與「理」字含義不同，故可曰「仁道自此生」，卻不能說「仁理自此生」。論孟多用「道」字，少用「理」字，至程朱始專一以「理」字說之，又必彌縫難合矣。則朱子此注，其依違於孔、孟、二程之間而彌縫求合之情，亦可見。

語類有關此章之討論凡七十三條。茲再摘錄數條分說之如下：

陸伯振云：「象山以有子之說爲未然。仁乃孝弟之本也。有子說：『君子務本，本立而道生』，起頭說得重卻得。『孝弟也者，其爲仁之本與』，卻說得輕了。」先生曰：「上兩句泛說，下兩句卻說行仁當自孝弟始。所以程子云：『謂孝弟爲行仁之本則可，謂是仁之本則不可。』」

又曰：

「君子務本，本立而道生」，此兩句泛說凡事是如此，與上下不相干。下文卻言「孝弟也者」，方是應上文也。故集注著箇大凡也。

孔子與論語

二四四

今按：此兩條顯是勉強曲解，與集注原文又不同。朱子此處謂「本立而道生」兩句乃泛說，與上下文不相干，「孝弟也者，其爲仁之本與」兩句方是應上文；豈有如此文理乎？

語類又曰：

愛親、愛兄是行仁之本，仁便是本了，上面更無本。如水之流，必過第一池，然後過第二池、第三池，未有不先過第一池而能及第二、第三池者。仁便是水之原，而孝弟便是第一池。

又曰：

仁如水之源，孝弟是水流底第一坎，仁民是第二坎，愛物則三坎也。

又曰：

問：「『孝弟為仁之本』，便是『物有本末，事有終始，知所先後』之意？」曰：「然。」

集注原文云「本」是「根本」，與下文「本立而道生」之「生」字相聯，已得論語原旨。語類改作

「終始先後」解，與注文不同。水流之喻，又是取之孟子「如火始然，如泉始達」之義，仍是不得已而曲解。

語類又曰：

「仁者愛之理」，是將仁來分作四段看。仁便是愛之理，義便是宜之理，禮便是恭敬之理，智便是分別是非之理。理不可見，因其愛與宜，恭敬與是非，而知有仁、義、禮、智之理在其中，乃所謂「心之德」。

仁、義、禮、智就論孟看，皆指行事，而宋儒必轉言其指「理」。然朱子注論語云：「義者，事之宜」，「禮者，天理之節文」，智字則不特爲加注，尚不見有大害。若語類此條，則顯見牽強。果此四字皆指理，試問何來有不仁、不義、無禮、不智之稱？不義只是失行事之宜，豈能謂失宜之理？不智只是遇事不能分別是非，豈能謂不合分別是非之理乎？此因程朱認仁義禮智是「性」，又謂「性即理」，乃不得不造此曲釋。

語類又曰：

或問：「仁者心之德，愛之理。」曰：「愛之理便是心之德。公且就氣上看，如春、夏、秋、

冬，須看他四時界限，又卻看春如何包得三時。四時之氣，溫涼寒熱；涼與寒既不能生物，夏氣又熱，亦非生物之時；惟春氣溫厚，乃見天地生物之心。到夏是生氣之長，秋是生氣之欲，冬是生氣之藏。若春無生物之意，後面三時都無了。此仁所以包得義、禮、智也。」明道所以言義、禮、智皆仁也。」

鄭玄以「相人偶」訓仁。今若謂仁是人羣相處之道，則義、禮、智亦莫非人羣相處之道。本此而言仁包四德，猶之可也。此處以仁、義、禮、智分屬春、夏、秋、冬四時，語類又一條又將仁、義、禮、智分屬東、西、南、北四方，青、紅、白、黑四色；故知程朱言性多有承襲漢儒陰陽五行家言，宜其與孟子言性有違隔。

語類又曰：

舉程子說云：「性中只有個仁、義、禮、智，何嘗有孝弟來？」說得甚險。自未知者觀之，其說亦異矣。

朱子雖尊承二程，然於二程立說，亦非一一墨守。語類中對二程說，多有是正或非難語，彙集之當踰數百條以上。朱子注論語，遇二程語與論語原旨不合者，多依違兩可，或曲意調停；獨於本章，朱子

縱謂二程「說得甚險」，又謂「自未知者觀之，其說亦異矣」，然仍一意堅守，絕無游移之意。緣此論「性」一節，乃程朱思想大體系所關，稍有轉側，牽動甚大，故不容含糊。

四

八佾篇：

王孫賈問曰：「與其媚於奧，寧媚於竈，何謂也？」子曰：「不然。獲罪於天，無所禱也。」

朱注：

天即理也，其尊無對，非奧竈之可比也。逆理則獲罪於天矣，豈媚於奧竈所能禱而免乎？言但當順理，非特不當媚竈，亦不可媚於奧也。

今按：此注「天即理也」四字，清儒大肆詬病。若僅謂「天尊無對，逆理則獲罪於天矣，故但當順

理」云云，此亦無何不可。今必謂「天即理」，則當云獲罪於天即是逆理，或逆理即是獲罪於天；然朱子亦似心知其不安，乃改下一「則」字，曰「逆理則獲罪於天矣」，則仍見「天」之不即是「理」。

論語他節「天」字，朱子亦不一以「理」字作注。又如孟子「天之降才爾殊」，豈能云「理之降才爾殊」乎？「中庸」「天命之謂性」，又豈能云「理命之謂性」乎？然此處朱子終下此一注曰「天即理也」。此非朱子之輕率處，而實是朱子之鄭重處。此等乃程朱、孔孟思想絕大歧異所在，孰是孰非，非訓詁考據之所能定也。

孔孟言「天」，莊周已改易爲「自然」字，老子已改易爲「道」字，易家、陰陽家又改易爲「氣」字、「陰陽」字、「五行」字，魏王弼又改易爲「無」字。此等轉變，就思想史言，不得謂其非有一種重大之進展。惟在萬事萬物之上既抹去了一「天」，則於萬事萬物之中，不得不推尋出一「理」。故自王弼下至郭象，即好言「理」字。佛家亦莫能自外，如竺道生亦常言此「理」字。下至宋儒，周濂溪言「無極太極」，言「陰陽五行」，此皆孔孟當時所不言，皆起孔孟之後，晚周先漢始盛言之。若求從此重回到孔孟，於是濂溪有「立人極」之說。此亦一種不得已也。惟「人極」終不能超於「無極太極」之外立此「人極」。二程始言「性即理」。則人與萬物同屬此自然界，同此氣質，同有一分之理，又何以異？因此不得不於「氣質之性」之外再添上一「義理之性」，亦猶濂溪於「無極太極」外，仍須添出一「人極」也。惟「人極」終不能超於「無極太極」之外，而程子言「性即理」，亦以此「理」字兼包天、人；則朱子「天即理」之說，亦

是順理成章，有非如此說之而不可之勢。於是遂發展出其理氣論，理在氣之中，又必認其當在氣之先。故「天即理也」一語，實自孔孟以下，在思想史上經歷了無數曲折波瀾，而始成立此一語者。此乃一包涵總括語，經千錘百鍊而來。清儒輕肆譏彈，亦僅見其為短識淺見而已。然程朱與孔孟在思想大體系上之歧趨，則正由此而顯。

程朱言「性即理」、「天即理」，着重此一「理」字，萬物不在理外，於是又言「格物窮理」；其本意則為「立人極」，而必取徑於格物。然所格者，乃物之氣質乎？抑物之義理乎？又豈在氣質之外，別有一番義理存在乎？抑且格物有不勝格之勢，而人極之立則不可待。無怪象山視朱子為「支離」矣。象山不喜濂溪言「無極」，又不喜朱子之從事於「格物」，然而主張「心即理」。

言「心即理」，終嫌單薄。陽明承之，又說到：「人的良知，就是草木瓦石的良知。草木瓦石無人的良知，不可以為草木瓦石；天地無人的良知，亦不可為天地。」如此則良知易簡，豈不仍支離流漫到天地萬物那一邊去？船山承王學之窮，又主回歸於橫渠。蓋橫渠正蒙獨於「氣」之上重提一「神」字，「窮神知化」即是「盡性知命」，似較朱格物窮理，陸王反求之心，更為於孔孟原初本意相近。此等處極複雜，本文只在指示程朱與孔孟相異處，不在評定其是非得失。

其一則，乃是六條中僅討論及於「天即理」之說者：

語類討論此章凡六條，可見當時人對「天即理也」之注文已不覺驚奇，故亦引不起討論。茲僅引

問：「獲罪於天，集注曰：『天即理也』，此指獲罪於蒼蒼之天耶？抑得罪於此理也？」曰：「天之所以為天者，理而已。天非有此道理，不能為天。故蒼蒼者即此道理之天，故曰其體即謂之天，其主宰即謂之帝。如父子有親，君臣有義，雖是理如此，亦須是上面有個道理教如此始得。但非如道家說真有個三清大帝著衣服如此坐耳。」

此條指「蒼蒼者」為天，又曰「其體即謂之天」，是天亦只指「氣」言，亦是形而下者；惟「理」始是一切之所以然，始是形而上。一切理雖若平舖散放，上面則若有一箇理教一切理如此，此即「天即理也」之「理」，亦即程子之所謂「天理」。程子嘗曰：「吾學雖有所授受，天理二字，卻是自家體貼出來。」可見此二字，乃程學特見精神處。至云「其主宰即謂之帝」，其實作為天地間一切主宰者仍此理，非謂真有一上帝存在。朱子意如此。可謂乃程學嫡傳所在。

## 五

公冶長篇：

子貢曰：「夫子之文章，可得而聞也。夫子之言性與天道，不可得而聞也。」

朱注：

文章，德之見乎外者，威儀、文辭皆是也。性者，人所受之天理；天道者，天理自然之本體；其實一理也。言夫子之文章，日見乎外，固學者所共聞；至於性與天道，則夫子罕言之，而學者有不得聞者。蓋聖門教不躐等，子貢至是始得聞之而歎其美也。

程子曰：「此子貢聞夫子之至論而歎美之言也。」

程子必謂其乃「聞而歎美之」，朱子又闡釋程子之言，謂「教不躐等，子貢至是乃始聞之」，皆非論語原義。

又按：「性」與「天道」，子貢明明分作兩項說，而朱子之注則合為一事，謂「其實一理也」。既謂「性即理」，又謂「天即理」，則此二者宜無大分別。此皆顯與論語原義不合。

語類討論此章者凡十二條，茲再擇引分說如下：

性與天道，孔子罕言之，其門人不得聞。而程朱則常言之。日與其門人所討論者，主要即在此。故此章子貢明稱「不可得而聞」，而程子必謂其乃

性與天道，性是就人物上說，天道是陰陽五行。

今按：此證程朱沿襲晚周以及漢儒以陰陽五行說天，孔子當時則絕未有此。綜觀論語各章言「天」字可見。

問：「孔子言性與天道不可得而聞，而孟子教人乃開口便說性善，是如何？」曰：「孟子亦只是大概說性善，至於性之所善處也少得說。須是如說『一陰一陽之謂道，繼之者善也，成之者性也』處，方是說性與天道爾。」

孟子道性善，已與孔子言性略有不同。易繫傳尤晚出。先秦儒家思想，自有此三階段之演變。程朱立說，多據易繫傳，而謂易繫傳乃孔子語，又不認孟子與孔子在思想進展上亦可有異同，而必混合通說之，認爲只是一理；所以程朱與孔孟終有未合處。

問：「集注說性以人之所受而言，天道以理之自然而言。不知性與天道亦只是說五常人所固有者，何故不可得聞？莫只是聖人怕人躐等否？」曰：「這般道理，自是未消得理會。且就它威

儀、文辭處學去，這處熟，性、天道自可曉。」又問：「子貢既得聞之後，歎其不可得聞，何也？」曰：「子貢亦用功至此，方始得聞。若未行得淺近者，便知得他高深作甚麼？教聖人只管說這般話，亦無意思。天地造化陰陽五行之運，若只管說，要如何？聖人於易，方略說到這處。『子罕言利，與命，與仁』，只看這處，便見得聖人罕曾說及此。又舉『子所雅言，詩、書、執禮，皆雅言也』，這處卻是聖人常說底。後來孟子方說那話較多。」

此條兩問皆有意思。朱子所答，似未足解問者所疑。論語本章，文義明白，隨文說之，義本自見，而程朱必屢以己說，故終亦難於自圓其說。

問：「子貢是因文章中悟性、天道，抑後來聞孔子說邪？」曰：「是後來聞孔子說。」曰：「文章亦性、天道之流行發見處。」曰：「固亦是發見處，然他當初只是理會文章，後來是聞孔子說性、天道。今不可硬做是因文章得。」

問：「舊時說性與天道便在這文章裏，文章處即是天道。」曰：「此學禪者之說。若如此，孟子也不用說性善，易中也不須說『陰陽不測之謂神』。這道理也著知，子貢當初未知得，到這裏方始得聞耳。」

問：「謝氏性、天道之說，先生何故不取？」曰：「程先生不曾恁地說。程先生說得實，他說

得處。」問：「先生不取謝氏說者，莫是為他說只理會文章，則性、天道在其間否？」曰：「也是性、天道只在文章中。然聖人教人也不恁地，子貢當時不曾恁地說。」

以上三條，牽涉到另一問題去。關於「性與天道」之解釋，乃程朱思想與孔孟歧趨大綱宗所在，已可由上引論語諸章朱注而見其大概。語類此三問所牽連者，乃「性與天道」即在「文章」中見，形上、形下一以貫之，在日常人生中即是妙道流行。此等說法，朱子認為乃學禪者之說。然朱子在此方面，態度頗為游移，故又說：「也是性、天道只在文章中。」又謂：「且就它威儀、文辭處學去，這處熟，性、天道自可曉。」但又謂：「程先生不曾恁地說。」惟謝顯道乃程門高第弟子，其末梢流入禪去，亦由二程平常教人本是有禪味。程氏於論語此章雖未如此說，然在說他章時，確有類此說法。

此上乃專就其論「性與天道」者言。此下專就其討論日常人生者言。即此兩端，可見孔孟、程朱歧趨所在。

六

先進篇……

子路、曾皙、冉有、公西華侍坐。……「點,爾何如?」鼓瑟希,鏗爾,舍瑟而作,對曰:「異乎三子者之撰。」子曰:「何傷乎?亦各言其志也。」曰:「暮春者,春服既成,冠者五六人,童子六七人,浴乎沂,風乎舞雩,詠而歸。」夫子喟然歎曰:「吾與點也!」

朱注:

曾點之學,蓋有以見夫人欲盡處,天理流行,隨處充滿,無少欠闕。故其動靜之際,從容如此。而其言志,則又不過即其所居之位,樂其日用之常,初無舍己為人之意;而其胸次悠然,直與天地萬物上下同流,各得其所之妙,隱然自見於言外。視三子之規規於事為之末者,其氣象不侔矣。故夫子歎息而深許之。而門人記其本末獨加詳焉,蓋亦有以識此矣。

程子曰:「古之學者,優柔厭飫,有先後之序。如子路、冉有、公西赤言志如此,夫子許之亦以此,自是實事。後之學者好高,如人游心千里之外,然自身卻只在此。」

又曰:「孔子與點,蓋與聖人之志同,便是堯舜氣象也。誠異三子者之撰,特行有不掩焉耳,此所謂狂也。」子路等所見者小,子路只為不達『為國以禮』道理,是以哂之。若達,卻便是這氣象也。」

又曰：「三子皆欲得國而治之，故夫子不取。曾點狂者也，未必能為聖人之事，而能知夫子之志，故曰『浴乎沂，風乎舞雩，詠而歸』，言樂而得其所也。孔子之志，在於『老者安之，朋友信之，少者懷之』，使萬物莫不遂其性；曾點知之，故夫子喟然歎曰『吾與點也』。」

又曰：「曾點、漆雕開已見大意。」

今按：論語本文「夫子喟然歎曰：吾與點也」凡十字，朱注化了一百三十七字，憑空發揮一篇大理論。從來注書無此體例。可見朱子當時心中極重視此一番道理，又因從來未經人闡發到，故不覺詳盡落筆也。

又引程子語四條之多，此亦特殊。程子謂「曾點便是堯舜氣象」，此與言「性中曷嘗有孝弟來」，皆是極大膽、極創闢語，既是從來未經人道過，道來也實足駭人聽聞。惟自朱子以後，二程被世推尊已久，故遂習焉而不察耳。

今問曾點何以便是堯舜氣象？朱注以十六字為之說明，曰：「其胸次悠然，直與天地萬物上下同流，各得其所之妙，隱然自見於言外。」又另增一番話補足之，曰：「人欲盡處，天理流行，隨處充滿，更無欠闕。」今試問論語原文十字，何以真見有此等境界與氣象乎？豈不因朱子補入此一段注，讀者並正文與注文連續讀之，遂亦覺其如此。其實乃朱子意，非論語意也。從來皆知朱子大學格物補傳，朱子把他自己一番「格物窮理」之大見解裝進大學，遂使讀者疑若古人真有此意。惟大學格物補傳，朱子

明說是增補進去，非大學本文；而論語本章此段之注，則更易使人受其催眠，彷彿若孔子當時喟然一歎實是真有此意想與義蘊。故其影響入人之深，實不下於格物一傳。如明儒多知辨「格物」，而亦多喜言「與」「點」之嘆，即可知矣。

黃東發日鈔曾論及此章孔子之歎，云：

夫子以行道救世為心，而時不我與，方與二三子相講明於寂寞之濱，而忽聞曾點浴沂之言，若有獨契其浮海居夷之志，曲肱飲水之樂，故不覺喟然而歎；蓋其意之所感者深矣。

黃氏乃朱門後學，此條卻較近論語本章原義，比之朱注，遙為穩愜。孔子心在行道救世，論語隨處可證。此一行道救世之心，亦可即以朱子所謂「人欲盡處，天理流行」之心說之。惟其志既在行道救世，而道終不獲行，世終不得救，則何得謂其「隨處充滿，無少欠闕」乎？當知正爲此心天理流行，故道不行，世不救，終覺是一大欠闕。故曰：「天下有道，丘不與易。」又曰：「其矣吾衰也，久矣吾不復夢見周公。」又有「欲居九夷」之想，有「吾已矣夫」之歎。孟子嘗曰：「天下有饑者，猶己饑之，天下有溺者，猶己溺之。」天下多饑溺，豈遂「胸次悠然，與天地萬物上下同流」乎？雖曰「禹、稷、顏回，易地則皆然」，然顏子之簞食瓢飲，居陋巷而樂者，亦以求道爲樂耳；不如朱子所謂「即其所居之位，樂其日用之常」也。明道嘗謂：與弟伊川，「再見

二五八

孔子與論語

茂叔後，吟風弄月，有『吾與點也』之意。」此自是二程自己學脈，不得謂孔子在當時亦復如是。

明道又言：「泰山爲高矣，然泰山頂上已不屬泰山。雖堯舜事業，亦只是如太虛中一點浮雲過目。」惟其如此，故曰「視三子之規規於事爲之末者，其氣象不侔矣」。然「事業」乃古人所共重，「氣象」乃程朱所獨尊。朱子嘗言：「程先生所言實，上蔡所言則虛。」今試問氣象是實，事業是虛乎？抑事業爲實，氣象爲虛乎？

論語稱歎堯舜語亦屢見。泰伯篇：

子曰：「堯之爲君也，巍巍乎！惟天爲大，惟堯則之。蕩蕩乎！民無能名焉。巍巍乎！其有成功也。煥乎！其有文章。」

雍也篇：

惟其有「成功」，有「文章」，故得成堯舜之大。惟天亦然，「四時行，百物生」，皆以事業與成功而成天之大也。天亦豈徒以氣象爲大乎？

子貢曰：「如有博施於民而能濟眾，何如？可謂仁乎？」子曰：「何事於仁，必也聖乎！堯舜其猶病諸！」

是堯舜君臨天下，尚不能「濟眾博施」；如何浴沂風雩，遂可「使萬物各遂其性」？此等皆大可商榷。

語類討論此章者共五十條。蓋「與點」一歎，乃宋儒當時一重大題目，故爭相討論及此。然細玩語類各條，似朱子意態已與注論語有不同。茲再略引分說如下：

曾點言志，當時夫子只是見他說幾句索性話，令人快意，所以與之。其實細密工夫卻多欠闕，便似莊列。如季武子死，倚其門而歌，打曾參仆地，皆有些狂怪。

此一條說曾點「狂怪」，顯與論語注大不同。又曰：

他大綱如莊子。明道亦稱莊子，云：「有大底意思。」又云：「莊生形容道體，儘有好處。」邵康節晚年意思正如此，把造物世事都做則劇看。曾點見得大意，然裏面工夫卻疏略。明道亦云：「莊子無禮無本。」

此條亦以曾點比莊周，又言明道亦有欣賞莊周語，而引其「無禮無本」之說。所指皆甚平實，遠非注論語時以曾點擬堯舜之意態。又曰：

只怕曾點有莊老意思。他也未到得便做莊老，只怕其流入於莊老。他卻是工夫欠細密。因舉明道說康節云：「堯夫豪傑之士，根本不貼貼地。」又曰：「今人卻怕做莊老，卻不怕做管商，可笑！」

此條仍以曾點與莊老、邵雍並提，最多只是「豪傑之士，不貼貼地」，那裏便見是「堯舜氣象」？其實明道有時也還是不貼貼地，仍有豪傑氣。即如云「堯舜事業如一點浮雲過目」，「曾點乃堯舜氣象」之類，皆是。至云「今人卻怕做莊老，不怕做管商」為可笑，此乃朱子有意作廻護語，謂做莊周總比做管商為佳耳。

問：「曾點浴沂氣象，與顏子樂底意思近否？」曰：「顏子底較恬靜，無許多事。曾點是自恁說，卻也好。若不已，便成釋老去。所以孟子謂之狂。顏子是孔子稱他樂，他不曾自說道我樂。大凡人自說樂時，便已不是樂了。」

此條平實有分寸。曾點浴沂尚不能比「顏子樂底意思」，何能遽是「堯舜氣象」？朱子注論語時說曾點心無欠闕，此處卻云：自說樂時未便是樂。朱子屢說曾點工夫疏略，此處卻說：幸而他只是說，

若眞做，便成釋老去。此皆見其意態之變。又曰：

事亦豈可廢！若都不就事上學，只要便如曾點樣快活，將來卻恐狂了人去也。學者要須常有三子之事業，又有曾點襟懷，方始不偏。

此條亦不斥三子「規規於事爲之末」矣。又曰：

某嘗說曾晳不可學，他是偶然見得如此，夫子也是一時被他說得恁地也快活人，故與之。今人若要學他，便會狂妄了。夫子說：「吾黨之小子狂簡，斐然成章，不知所以裁之。」這便是狂簡，如莊列之徒皆是。他自說得恁地好，若是不裁，只管聽他恁地，今日也浴沂詠歸，明日也浴沂詠歸，卻做個甚麼合殺！

此條明明說：如曾點之輩，應加以裁正，否則將成無合殺。則朱子之意顯然可見矣。又曰：

程子論「三子言志，自是實事」一段，甚好。及論「夫子與點」一段，意卻少異。所以集注兩載之。

從朱子論語注論程朱孔孟思想歧點

此條大可注意。謂程子「論三子言志自是實事一段甚好」，則言外見程子論「夫子與點」一段，在朱子意若有憾矣。其實程子論三子言志，謂：「古之學者有先後之序，三子言志如此，夫子許之亦以此，自是實事。後之學者好高，如人游心千里之外，卻自身只在此。」此乃謂三子言志地位儘低，然總還是實事，故夫子亦許之，不如後代學者志高而不實。朱子注論語時，依程意，謂：「視三子之規規於事爲之末者，其氣象不侔矣。」如此下語，確與所引程子四節語意相洽。程子此四節話，一論三子，一論曾點，前後語意並無相異。只因朱子後來自己意見逐漸變了，故又改換口氣，作此分析。讀者於此等處當細辨。

問：再看「浴沂」章程子云云。先生曰：「此一段惟上蔡見得分曉。蓋三子只就事上見得此道理，曾點是去自己心性上見得那本源頭道理。使曾點做三子事，未必做得。然曾點見處，雖堯舜事業亦不過以此為之而已。程子所說意思固好，但所錄不盡其意。看得來上面須別有說話在先，必說曾點已見此道理了，然後能如此，則體用具備。若如今恁地說，則有用無體，便覺偏了。」

此一條，朱子正面闡釋程子意思。然謂「如今恁地說，則有用無體，便覺偏了」，則朱子對程子這幾

段話，仍覺不甚妥愜。又曰「程子此一段話，惟上蔡見得分曉」，則朱子解釋二程語，依然要走上上蔡路子。此亦大可注意。又曰：

上蔡說「鳶飛魚躍」，因云：「知『勿忘，勿助長』，則知此；知此，則知夫子與點之意。」看來此一段好，當入在集注中「舞雩」後。

此條當與上引一條合看。前引公冶長篇「子貢文章性與天道」一節，朱子本不贊成上蔡之說；實則上蔡謂「性與天道即在文章裏」，正猶此處謂性與天道即在鳶飛魚躍上見。此即伊川所謂「體用一源，顯微無間」也。朱子所以有取於上蔡此一節話者，殆為其不見有下工夫處；所以不取於上蔡「性天文章」一節話者，殆為其不見有下工夫處，故謂「程先生說得實，他說得虛」。朱子此處又謂「程子語若如今恁地說，則有用無體」者，是亦嫌程子語落虛了。可見朱子此等處雖大體仍遵二程，遇為二程語作解釋，亦不得不借徑於上蔡之說。然朱子究是平實，故在此等處總見其頗費斟酌調護之苦心。後代傳說，朱子於易簀前曾悔集注「吾與點也」一節未能改定，恐遺誤後學。雖無確證，然細讀語類關於此章之許多討論，似朱子確亦有此悔。而本章集注之有失論語原旨，則更可見。明儒仍襲宋儒遺風，張皇「與點」一章，則朱注少此一改，其影響亦不可謂不鉅矣。

公冶長篇：

子使漆雕開仕。對曰：「吾斯之未能信。」子說。

朱注：

斯，指此理而言。信，謂真知其如此，而無毫髮之疑也。開自言未能如此，未可以治人，故夫子說其篤志。

程子曰：「漆雕開已見大意，故夫子說之。」

又曰：「古人見道分明，故其言如此。」

謝氏曰：「開之學無可考。然聖人使之仕，必其材可以仕矣。至於心術之微，則一毫不自得，不害其為未信。此聖人所不能知，而開自知之。其材可以仕，而其器不安於小成，他日所就，

其可量乎？夫子所以說之也。」

此條「斯」字顯指仕言，謂己於仕事勝任否未能自信也。而朱子以「理」字釋之，謂其「未能眞知此理而無毫髮之疑」，則試問此理又何理乎？

又朱子此章注引程子語，又引謝子語；朱注謂「無毫髮之疑」，即採上蔡「心術之微」，一毫不自得，不害爲未信」語來。此章注語當與「吾與點也」注合看。程子謂「曾點、漆雕開已見大意」，語類朱子謂「三子只就事上見得此道理，曾點是去自己心性上見得那本源頭道理」；亦猶此章引上蔡從心術微處闡述漆雕開已見大意也。細玩本章所引上蔡語，似主要尚不在見此理，而更要在信得及此心之所見。此顯是禪味深厚，孔門當時決不有此等意態。

語類討論本章，亦得三十條，茲再節鈔分說如下：

上蔡言漆雕開不安於小成，是他先見大意了，方肯不安於小成。若不見大意者，只安於小成耳。

上蔡之意，出仕治民僅是小成，在心術微處用工夫，始可直入聖域也。程子謂子路、冉有、公西赤三子，「皆欲得國而治之，故夫子不取」，此即上蔡所謂「安於小成」者也。漆雕開其材可以仕而不仕，

故謂其「已見大意」。上蔡此等處，直是二程真旨嫡傳。朱子本章注僅云：「開自言未能如此，未可以治人，故夫子說其篤志。」不謂「其材可以仕而不仕」，下語謹慎，意態亦平易，較之程、謝，顯有距離。

問：「漆雕開與曾點孰優劣？」曰：「舊看皆云曾點高，今看來，卻是開著實，點頗動蕩。」

此又見朱子平實處。「舊看皆云曾點高」，蓋自程門相傳看法如此。朱子稍後始對曾點常加疑問糾正之辭，而於漆雕開則較多稱許。

問：「恐漆雕開見處，未到曾點？」曰：「曾點見雖高，漆雕開卻確實，觀他『吾斯之未能信』之語可見。」

程子曰：「點與聖人之志同，便是堯舜氣象。」當時程門意見，似乎認為曾點已見到此理，而又無不自信處，故許爲高於漆雕開。朱子卻因漆雕開之不自信而稱其「確實」。此朱子學脈從二程轉手處，尚論者當深細體會。

問：「曾點、漆雕開已見大意。」曰：「漆雕開想是灰頭土面，樸實去做工夫，不求人知底人。雖見大意，也學未到。若曾皙，則只是見得，卻不曾下工夫。」

朱子意頗不許曾點，就此引諸條皆可見。語類討論「與點」章亦有較量此兩人處，今再補錄一則於下：

若是曾皙，則須是更去行處做工夫始得。若不去做工夫，則便入於釋老去也。觀季武子死，曾點倚其門而歌。他雖未是好人，然人死而歌，是甚道理？此便有些莊老意思。程子曰：「曾點、漆雕開已見大意。」看得來漆雕開為人卻有規矩，不肯只恁地休，故曰：「吾斯之未能信。」

朱子不喜曾點語，在語類中隨處可見；只爲程門相傳推尊此人，故終還稱其有見。至於漆雕開，程子雖以「已見大意」許之，然終不如許與曾點之高；而朱子乃處處倒轉此兩人之地位。此皆自集注已成之後而始有此轉變。

先進篇：

子曰：「從我於陳蔡者，皆不及門也。」德行：顏淵、閔子騫、冉伯牛、仲弓。言語：宰我、子貢。政事：冉有、季路。文學：子游、子夏。

朱注：

弟子因孔子之言，記此十人，而並目其所長，分為四科。孔子教人各因其材，於此可見。程子曰：「四科乃從夫子於陳蔡者爾。門人之賢者，固不止此。曾子傳道而不與焉，故知十哲，世俗論也。」

本章朱子注文極平實。引程子語謂「十哲世俗之論」，又是「不貼貼地見豪傑氣」。若論相從於陳蔡

時，游、夏尚年幼，決不相及。若論「曾子傳道」，則從古皆謂孔子傳道於七十子，惟自禪宗達摩至慧能，始有衣缽，一線單傳；孔子寧有信物獨付曾參乎？程子謂「門人之賢固不止此」，其心中除「曾子傳道」之外，尚有「曾點、漆雕開已見大意」；如子路、冉有所見者小，而轉列之十哲，故目之爲「俗論」也。

九

子張篇：

子游曰：「子夏之門人小子，當洒掃應對進退，則可矣。抑末也，本之則無，如之何？」子夏聞之，曰：「噫！言游過矣。君子之道，孰先傳焉？孰後倦焉？譬諸草木，區以別矣。君子之道，焉可誣也？有始有卒者，其唯聖人乎！」

朱注：

言君子之道，非以其末為先而傳之，非以其本為後而倦教。但學者所至，自有淺深，如草木之有大小，其類固有別矣。若不量其淺深，不問其生熟，而概以高且遠者強而語之，則是誣之而已。君子之道，豈可如此？若夫始終本末，一以貫之，則惟聖人為然，豈可責之門人小子乎？

程子曰：「君子教人有序，先傳以小者、近者，而後教以大者、遠者。非先傳以近小，而後不教以遠大也。」

又曰：「洒掃應對，便是形而上者，理無大小故也。故君子只在謹獨。」

又曰：「聖人之道，更無精粗，從洒掃應對與精義入神，貫通只一理。雖洒掃應對，只看所以然如何。」

又曰：「凡物有本末，不可分本末為兩段事。洒掃應對是其然，必有所以然。」

又曰：「自洒掃應對上便可到聖人事。」

朱子引程子語後又自加按語云：

愚按：程子第一條，說此章文意最為詳盡。其後四條，皆以明精粗本末，其分雖殊，而理則一。學者當循序而漸進，不可厭末而求本。蓋與第一條之意實相表裏，非謂末即是本，但學其末而本便在此也。

今按：本章朱子注文極爲平實明盡。下引程子語凡五則，朱子又爲加按語，謂所引第一條「說此章文意最爲詳盡」，是也。至此下四條，顯與論語原旨不合。既曰「聖人之道更無精粗」，又曰「物有本末，而不可分本末爲兩段事」，又曰：「自洒掃應對上便可到聖人事。」凡此，與子游、子夏原意皆有違異。朱子按語謂其「實相表裏」，此自朱子語爾。程子語之本眞涵義似不如此。但細玩程子原文可見。此又朱子著意彌縫之一迹也。

語類討論本章者共凡二十條，茲再節錄分說如下：

問：「洒掃應對」章程子曰四條。曰：「此最難看。少年只管不理會得『理無大小』是如何，此句與上條『教人有序』都相反了。多問之前輩，亦只似謝氏說得高妙，更無捉摸處。因在同安時，一日，差入山中檢視，夜間忽思量得不如此。其曰理無小大，無乎不在，本末精粗，皆要從頭做去，不可揀擇，此所以為教人有序也。非是謂『洒掃應對』便是『精義入神』，更不用做其他事也。」

今按：朱子此番解釋，誠是周匝圓到，無奈程子語意實非如此。抑且朱子在他處亦曾依照程子意說之，如述而篇「吾無隱乎爾」章，語類有三條，茲摘錄其二如下：

夫子嘗言「中人以下，不可以語上」也，而言性與天道則不可得而聞。想是不曾得聞者疑其有隱。不知夫子之坐作語默，無一不是這個道理；風霆流形，庶物露生，無非教也。聖人雖教人灑掃應對，這道理也在裏面。

如此條所說，乃頗與程子語意相當。謝上蔡本說「性與天道即在這文章裏」，而朱子說「性與天道」章不之取；今說「無隱乎爾」章，仍落到上蔡圈裏。此等處，朱子儘只依違。一面覺得程門此等話有理，一面又恐其有流弊，故有時這樣說，有時那樣說，總不使偏鋒話。此皆朱子之極費斟酌調停處。又曰：

問：「伊川言：『聖人教人常俯就，若是掠下一著教人，是聖人有隱乎爾。』何也？」曰：「道有大小精粗，大者、精者固道也，小者、粗者亦道也。觀中庸言『大哉聖人之道，洋洋乎發育萬物，峻極于天』，此言道之大處。『優優大哉，禮儀三百，威儀三千』，是言道之小處。聖人教人，就其小者、近者教人，便是俯就。然所謂大者、精者，亦只在此，初無二致。要在學者下學上達自見得耳，在我初無所隱也。」

程子言「聖人之道更無精粗」，又曰「理無大小」，朱子則緩其辭曰「道有大小精粗」。凡二程語露豪傑氣，若有不貼貼地處，朱子都把其稜角來磨了。然說本章大義，仍採二程說，則明白可見。而於「洒掃應對」章，則說得更圓到此。

問：「伊川云：『洒掃應對便是形而上者，理無大小故也。故君子只在謹獨。』又曰：『聖人之道，更無精粗，從洒掃應對與精義入神，貫通只一理。雖洒掃應對，只看所以然如何。』」曰：「某向來費無限思量，理會此段不得。如伊川門人都說差了。且是不敢把他底做不是，只管就他底解說，解來解去，只見與子夏之說相反，常以為疑。後在同安，出往外邑定驗公事，路上只管思量，方思量得透。當時說與同官某人，某人亦正思量此話起，頗同所疑。今看伊川許多說話時，復又說錯了。所謂『洒掃應對與精義入神，貫通只一理，雖洒掃應對，只看所以然如何』，此言洒掃應對與精義入神是一樣道理。其曰『通貫只一理』，言二者之理只一般，非謂洒掃應對便是精義入神。；固是精義入神有形而上之理，即洒掃應對亦有形而上之理。」問：「如云『下學而上達』，當其下學時，便上達天理是也。」

〈集注〉云：『始終本末一以貫之，惟聖人為然』，此解得已分明，但聖人事是甚麼樣子？」曰：

今按：朱子對此番道理，確曾大費過思量。伊川云：「從灑掃應對與精義入神，貫通只一理。」則「灑掃應對」便是形而上者。此即「顯微無間，體用一源」之義。而此一理，從上蔡說，則只在心術微處可見。故曾點之浴沂詠歸，此番心情即是堯舜心情。堯舜事業，只從此心情中流出。故說曾點浴沂詠歸「便是堯舜氣象」。若把此一番理論再推申，再凝斂，便開象山「先立乎其大者」，「心即理」之主張。只爲伊川說話較明道多了些二、密了些二，此下遂有朱子「格物窮理，以求其一旦豁然貫通」之說。然朱子說來說去，仍不能全否定了象山之立論。細玩此條，朱子同安路上是一悟，如上引「語類」一條，即是同安路上所悟，明白認定說「非謂灑掃應對便是精義入神，更不用做其他事」；但此條則在同安路上悟後，到得看伊川許多說話時，又覺得自己以前說錯了，便又說「灑掃應對亦有形而上之理」，「下學時便上達天理」。此見朱子心中仍是依違游移，儘求斟酌調停，總是彌縫難合也。

問：「程子云：『故君子只在謹獨』，何也？」曰：「事有大小，理卻無大小，合當理會處，便用與他理會，故君子只在謹獨。不問大事小事，精粗巨細，盡用照管，盡用理會。不可說個是粗底事，不理會，只理會那精底。既是合用做底事，便用做去。又不可說灑掃應對便是精義入神。灑掃應對只是粗底，精義入神自是精底。然道理都一般，須是從粗底、小底理會起，方漸而至於精者、大者。所以明道曰：『君子教人有序，先傳以近者、小者，而後教以大者、遠者。非先傳以近小，而後不教以遠大也。』」或云：「灑掃應對非道之全體，只是道中之一節。」

二七五

曰：「合起來便是道之全體，非大底是全體，小底不是全體也。」問：「伊川言：『凡物有本末，不可分作兩段。』曰：「須是就事上理會道理，非事何以識理？洒掃應對，末也；精義入神，本也。不可說這個是末，不足理會，只理會那本，這便不得。又不可說這末便是本，但學其末，則本便在此也。」

此條仍是同安路上所悟語。此乃朱子「格物窮理」精神。朱子謂：「非事何以識理？」故不喜上蔡、象山專就心上說。

問：「子游知有本而欲棄其末，子夏則以本末有先後之序，程子則合本末以為一而言之。詳味先生之說，則所謂洒掃應對固便是精義入神事，只知於洒掃應對上做工夫，而不復深究精義入神底事，則亦不能通貫而至於渾融也。惟是下學之既至而上達益加審焉，則本末透徹而無遺矣。」曰：「這是說洒掃應對也是這道理，若要精義入神，須是從這裏面會將去。如公說，則似理會了洒掃應對了，又須是去理會精義入神；卻不得程子說，又便是子夏之說。」

此條問得極清晰扼要。朱子只說「格物」雖有不同，「窮理」則只是一貫，從此上再把程子說與子夏說分疏，便見程子說更高過了子夏說。其實則仍是同安路上所悟，只彌縫更密，說來更圓到。又曰：

先傳後倦，明道說最好。伊川與上蔡說，須先理會得子夏意方看得。

此條最見調停甚苦，而亦最見分寸。謂「伊川與上蔡說，須先理會得子夏意方看得」，下語極斟酌有力。其實二程當時，極多突出語、過高語，學者必先理會得論、孟真意，方可看得。又如讀論語注，亦須先理會得朱注，然後其圈外所引二程語及其他諸家語方可看得。如此分別而看，逐一理會，有離有合，有出有入，可見義理之無窮。若誤謂朱子語即是程子語，又誤謂程朱語即是論、孟原旨，即是孔孟語，則至少已違失朱子「格物窮理」之教矣。

問：「程子曰：『洒掃應對，與佛家默然處合』，何也？」曰：「默然處只是都無作用。非是取其說，但借彼明此。洒掃應對，即無聲無臭之理也。」

二程當時，有許多突出語、過高語，有許多「不貼貼地見豪傑氣」語，多半借用佛氏禪宗。縱謂「非是取其說」，然「借彼明此」，已為儒、釋作溝通橋樑。故曰「彌近理而大亂真」。究已引進了許多釋氏之「近理」處，但又要力辨其「亂真」處。欲究程朱與孔孟異同，此等處最當著眼。

又曰：

一日夜坐，聞子規聲，先生曰：「舊為同安簿時，下鄉宿僧寺中，衾薄不能寐。是時正思量『子夏之門人小子』章，聞子規聲甚切。今纔聞子規啼，便記得是時。」

又附注另一錄云：

思量此章，理會不得，橫解豎解，更解不行，又被杜鵑叫不住聲。

語類記此條者又自附一注云：

當時亦不能問。續檢尋集注此章，乃是程子諸說多是明精粗本末，分雖殊而理則一，似若無本末，無小大。獨明道說「君子教人有序」等句分曉，乃是有本末小大。在學者則須由下學乃能上達，惟聖人合下始終皆備耳。此是一大統會，當時必大有所省。所恨愚暗，不足以發師誨耳。

今按：細玩此條，朱子當時同安路上一悟，實是思量甚苦後乃得之。即今讀此條，當時情況，猶可依

稀想像。後人僅讀論語朱注，以爲循朱注即可明得論語本旨，若不檢尋語類，又焉知此中有如許曲折，如許苦心乎？

記此條者謂此是「一大統會」，誠然誠然。本篇偶拈「吾與點也」章至此，皆在此一統會中。論語他章與此「一大統會」相關涉處尚多，本篇僅發其例於此，不復詳引。

以上僅就論語朱注，擇取其有關「性與天道」之認識，及有關日常人生之體會者，就此兩大綱，各舉數條，粗加陳說，而程朱、孔孟思想歧異處，亦已約略可見。若欲再作深究，此當更端別撰，非本文所能盡也。

四書義理之展演

# 一

中國人在宋以前，大家都讀五經，宋以後，大家必讀四書：論語、孟子、大學和中庸。今天我要講的，就是關於四書義理的問題。我們首先要問：四書的義理，是共通一致的？還是各別相異的呢？

在我個人認爲，它們間的義理，是共通一致的。可是從另一方面看，四書的義理，又是各別不同的。

論語是論語，孟子是孟子，大學、中庸自是大學、中庸。

共通一致和各別相異似乎對立，其實不然。學、庸、論、孟的義理，是在它們的共同一致下，有其各別相異。大綱領相同，小節目差異。從瞭解其各別相異之點，去體察其共同一致性，就是我今天講題的主旨。

論語、孟子本原是獨立成書，大學、中庸則是屬於小戴禮記中的兩篇。雖然唐以前就有人注過

二八一

論、孟，蕭梁以後就有人對中庸下過講解，但把這四書視爲一個思想體系而予以表章的，卻從宋代二程和朱子開始。他們認爲四書是一脈相承的，論語屬孔子，大學屬曾子，中庸、孟子分屬子思與孟子。

就成書的早晚來看，學、庸定在孟子之後。從文學史的觀點來看，論語、孟子爲記言體裁，一若後代的「語錄」。論語篇章多短，大都爲門弟子所記。孟子七篇，也是記言。如梁惠王篇，記孟子與梁惠王的問答。大抵七篇爲孟子自作。朱子說此書文章一貫，文筆絕佳，他的門人未必寫得出。

孟子比論語前進了，主要的是論語章節短，孟子篇幅長。至於大學，一起頭：

中庸開宗明義：

大學之道，在明明德，在親民，在止於至善。

天命之謂性，率性之謂道，修道之謂教。

中庸同樣文體，上篇：

簡單扼要地把全書綱領明白提出。論文章體裁，便知學、庸比孟子又進一步。老子道德經和大學、中

道可道，非常道。名可名，非常名。無名，天地之始；有名，萬物之母。

也將一書主旨，首先提出。莊子也是記言文體，與論、孟相同。不過論、孟是實有此問答，莊子則多假託寓言，如鯤與鷦鷯之問答即是。其次，莊子每篇都有題目，和後來荀子等相似，與論、孟之學而、梁惠王不同。總之，由文體演變來看，莊子在老子先。議論體的學、庸，該在記言體的論、孟之後。

## 二

茲先講論、孟，再及學、庸。

孔、孟講義理，可說完全相同。但在大的義理之下，亦有其各別之相異處。唐以前人，每以周公、孔子並稱。但並不以孔、孟並稱。宋以後人，始並稱孔、孟。史記，孔子有「世家」，孟、荀合列一「傳」。戰國衹以孔、墨齊舉。漢書藝文志「六藝略」除五經外，有論語、孝經、小學如爾雅等。讀書人從小學、孝經、論語，再上纔讀五經。五經中，惟春秋是孔子作，但相傳孔子刪詩書，訂

周易。藝文志「諸子略」首儒家，由曾子、子思而至孟子、荀卿。孔子上承周公，孟、荀同列子部。這是一項極重要的區別。當時論語尚未列爲一「經」。待經書中列入論語時，尚未有孟子。此一經過，見孔、孟在宋以前本不受人平等看待。至宋，纔以孔、孟並尊。而十三經之結聚，乃明代以後事。宋代以孟子與論語、學、庸併稱四書，讀書人先讀四書，後讀五經，四書比五經更重要。

孔子以「禮、樂、射、御、書、數」六藝設教。孔門弟子分四科：「德行、言語、政事、文學」。言語和政事實是同一事。所謂言語，只是「使於四方，不辱君命」的外交活動。文學殿四科之末，始是側重在書本方面的學問。前三科顏淵、閔子騫等是孔子早年弟子；文學一科，子游、子夏受業在後，是孔子晚年弟子。可見孔子教學生，開頭注重在德行、言語、政事三科。德行一科，不是不理會言語、政事，只是能不急求進身，不苟合取容。雖然本身抱有從政才能，但沒有施展抱負的正當機會與環境，便不輕求從政。孔子自己博學多能，早年嘗爲乘田、委吏，中年當過魯國司寇。晚年返魯，見道不行，遂著意在典章文籍上教導後進，俾得傳之身後。

孔子曾說：

甚矣！吾衰也。久矣，吾不復夢見周公。

他以周公的治平實績作榜樣，想在當身做一番事業。他又說：

他把文王、周公的實際勳業自任。所以又說：

如有用我者，吾其為東周乎？

文王、周公建業在西周，孔子要在東方再建新周。他在政治、外交、軍事、經濟上，都有實幹的準備，不然他決不敢輕言：

苟有用我者，期月而已可也，三年有成。

之語。孔子把他所長分科教授，所以有四科之前三科。

孔子又說：

夏禮吾能言之，杞不足徵也；殷禮吾能言之，宋不足徵也。

文王既歿，文不在茲乎？

這裏所說的「禮」，並非指婚、喪、士禮如儀禮十七篇所載，而是指的治國平天下的大禮。修、齊、治、平之事，在春秋時皆屬「禮」，今應稱之爲廣義的大禮。冠、婚、喪、祭乃是一種狹義的小禮。

孔子對整個國家社會天下治平之大禮，不僅西周，即夏、商以來三代傳統一切大禮，皆所研尋。只因杞、宋兩國不够用來證明，孔子只是心知其意，其博大深微處，無法引用與人共見者來作證。其弟子子張問：「十世可知也？」孔子答道：

殷因於夏禮，所損益，可知也；周因於殷禮，所損益，可知也。其或繼周者，雖百世，可知也。

殷禮承襲於夏，但有不同。周禮承襲於商，亦復有不同。孔子懂得夏、商、周三代之禮，是在一大傳統之下有損有益，有增有減。他瞭解它們之間的變化，與其所以要變化的道理。從他這一套歷史知識來透視此下十世三百年，甚至百世三千年，亦可瞭如指掌；知其不能越出此一大規範，大準繩。孔子逝世，迄今不到百世三千年。他預知歷史必然有變，但有些必然不變。所謂「變」，只是在一大傳統下有的增添些，有的減少些。這是孔子一套最偉大的「歷史哲學」。用以前學人語，應稱之爲「歷史因革論」。（清代惲子居即曾提出「三代因革論」一名詞。）但孔子治史，雖是三代一貫而下，而其精神嚮往則偏重在周代。所以他只推崇文王、周公，又說：

郁郁乎文哉，吾從周。

他並不甚推尊殷代的先王先公。近代有人卻說孔子是商民族之後，好像他內心不忘商，有意復興。那真是臆測之談。但孔子雖說「從周」，也不一意悉遵文王、周公，所以又說「吾其為東周」。他要跟隨周代再向前變，卻非要上復殷周之舊。這是明白無疑的。

再看孔子對顏淵問「為邦」，更知端的。顏淵問為邦，孔子說：

行夏之時，乘殷之輅，服周之冕，樂則韶舞。

難道只此夏時、殷輅、周冕、舜樂便可包括了國家大政之一切嗎？我們又該問為什麼曆法要用夏代、車制要遵殷代、冠冕用周代，而音樂又要遠法虞舜？我們應把此處所舉四條會通看。我們今天已距孔子兩千五百年之久，當然不能把此四條具體詳說。但孔子博采前古，斟酌損益，有因有革，求適當前之意，則顯然可見。而其「行夏之時」一項，秦漢以下終於依照孔子意見，直至於今。可見孔子所謂「損益可知」，是確有歷史證驗，非同空論。

我們今天來研究孔子思想，不應該單把眼光全放在所謂忠恕、一貫等上面。孔子六藝之學，四科

之教，我們都該注意。孟子則說：「仲尼之徒，無道桓文之事者。」但論語孔子極稱管仲，人所盡知。

孔子又說：「齊桓公正而不譎，晉文公譎而不正。」若我們細讀左傳，便知孔子對桓、文此一批評，乃是恰中要害。孟子七篇中講身心、講義理，所講可謂與孔子並無二致，有此處講得格外詳盡，更加邃密。但孟子講學，似乎偏重在此，所以在他門下，便無四科可分。其論及爲邦治國之處，也像是只及其大㮣。滕文公問爲國，孟子雖亦告以三代制度，但孟子自說：

此其大略也。若夫潤澤之，則在君子。

他學生問「周室班爵祿，如之何？」孟子答道：

其詳不可得聞。

這和孔子能言夏禮、殷禮，詳略精粗，顯有不同。談到民生問題，孟子只說：

五畝之宅，樹之以桑。雞豚狗彘之畜，無失其時。

談到如何統一天下，孟子只說：

不嗜殺人者能一之。

這就是孔、孟講學顯有不同處。故孔子卒後，其學生爲諸侯所爭用，就連再傳弟子如田子方、段干木、吳起等，也是極受時君重視；孟子學生像萬章、公孫丑輩，皆不能在實際政治上有所表現。這當然因時代不同，事變相異，不能一一拘泥比論；但亦可反映出孟子講學與孔子有不同。

三

孟子以後有荀子。荀子著書極重視「禮」。他書中講究富國強兵，也多具體說話。他的門人也在政治上多有活動。韓非、李斯更是著例。清人常說荀卿有傳經之功。若把孟子與顏淵、曾參相比，荀子則近似子游、子夏。論語雍也篇：「子謂子夏曰：『女爲君子儒，無爲小人儒。』」荀子書中多論到「儒」之分類，而孟子七篇往往高論師道，絕不見一「儒」字。亦可謂孟子重「師道」，荀子重「儒術」。孔子則兼此二者。道遠而分，有此兩歧。

漢初經師，往往爲荀卿弟子或其遞傳，故漢儒治經，多屬荀學系統。但不如清儒之拘狹。漢儒雖

在訓詁章句上用力，但主要則欲「通經致用」，如賈誼，董仲舒都在政治上發抒重大意見，尤其是董

仲舒建議當朝「罷黜百家，一尊儒術」。漢武帝設太學，立五經博士，皆遵用仲舒之意。即如張湯，

依兒寬判法，大爲武帝稱賞。寬治尚書，爲歐陽生弟子，乃伏勝之再傳弟子。又如魯申公，武帝初即

位召至京師，他告武帝說：「爲治不在多言，顧力行如何耳。」其弟子趙綰、王臧欲爲武帝創制變法，

遭竇太后反對而止。但此下漢廷重用儒生，至東漢猶然。

綜觀漢代儒家，大抵可分兩大類：一在太學爲博士。雖亦通曉政治，要之以講學爲主。一爲從事

實際政治工作者。兩漢治平實績，不得不謂乃漢儒之貢獻。直到季漢大儒如鄭玄、王肅，其經學分

派，實即是政治分派。康成生平未涉政治，但他的經注，常把當代實際制度爲經文作證。他還是治經

而通政治的。當時的經學，在政治上有領導地位。王肅對政治上有野心，乃不惜僞造古書，企圖先在

經學上壓倒鄭玄。

南朝門第鼎盛，大門第必重禮，尤其是喪禮服制；子與姪及一切親疏嫡庶承襲爵位和產權等複雜

情形，都將由喪服的等差中表現出來。劉宋雷次宗最善講喪服，乃與鄭玄齊名，一時有「雷、鄭」之

稱。又我們歷史上有三次政治大興革，都欲根據周禮來推出新政，一是漢代王莽與劉歆，一是宋代王

安石，中間是北周時代的蘇綽。蘇綽創制，下爲隋唐承襲，開統一盛運之復興。我們不能否認雷次

宗，蘇綽都是大儒，他們都能用經術在實際事務上作貢獻。直至北宋初趙普，自說用半部論語幫太祖

定天下，要再用半部論語來佐太宗致太平；那是漢唐儒生一貫相傳之抱負。

但孔子所講的一套治國平天下道理，漢人過於強調了，因而忽略了孟子那一面所偏重的心性義理

的另一套。於是道、釋兩家乘虛而起，把這一套搶去。直到唐韓愈起而提倡師道，推尊孟子，他說：

「堯、舜、禹、湯、文、武、周公、孔子之道，至孟軻之死而不得其傳。」他自己起來攘斥老、釋，自

比於孟子之「闢楊、墨」。但昌黎好友裴度，同時也是昌黎的上司，他卻是信佛的。他似乎也認爲修

養心性的一套，應從佛門去求。他同時在政治上有其卓越表現。這是治國平天下的另一套，則是周

公、孔子傳統。退之同時李翱，也受佛學影響，著復性書，提出中庸一書，認爲中庸理論高過釋氏。

此後韓、李學說影響宋儒。范仲淹是宋儒中第一個開新風氣的人。他內爲宰輔，外扞邊圉，常說

要「先天下之憂而憂，後天下之樂而樂」。范文正告訴他說：「儒者自有名教可樂，何事於

關中兵事地理，以萬言書請謁，獻其用兵之計。范仲淹帶兵去西安，張載時屬青年，因是關中土著，熟知

兵？」因送張載一本中庸，勸他回家細細研讀。歐陽修推獎王安石，希望他做韓愈後起；荊公卻以

孟子自期，不願僅爲一文學家。此等皆可看出宋代儒風之變，顯與漢唐不同。

但在北宋時，孟子地位雖已提高，卻還沒有確立。馮休有删孟，李覯有常語，司馬溫公有疑孟，

都是攻擊孟子七篇的。直到二程子顥、頤兄弟，纔正式提出四書，大力表章孟子書中義理，主要從教

育方面著手，引導人走向理想的人生。南宋朱子、象山繼出，孟子地位始爲確定。大體說，宋代理學

家接近孟子，近人稱爲「新儒學」。漢唐經學家則比較只看重孔子，上與周公並尊，而不免看輕了孟

子。所以宋代理學畢竟與漢唐經學有其不同。到了明末大儒，如顧亭林（炎武）、王船山（夫之）、黃梨洲（宗羲）諸大儒，嫌陽明學之末流陷於空疏，纔有再從理學返向經學之號召。

四

以上約略講了論語、孟子兩書中義理的同異，其實只是偏輕偏重之間而已。下面再講大學、中庸。

中庸是一部晚出書，其中雜有不少道家思想。極多論到宇宙、天地、萬物，顯與論孟又有微別。孟子由歷史上推論人性，故其論「性善」則「言必稱堯舜」。中庸則根據宇宙大自然來探究人性本原，故開首即曰：

天命之謂性，率性之謂道。

若子思作中庸，而孟子承之，則孟子論「性善」，不應撇開宇宙萬物不理會，而專從歷史上堯舜說起。中庸陳義既與莊老有出入，故能兼與後起之佛學相通。中庸一書在南北朝時，已受人注意，後來禪宗

亦好談中庸。唐李翱、宋范仲淹以及張橫渠、程明道、伊川兄弟，對此書頗用力。朱子則教人：先讀大學以立其規模，次讀論語以定其根本，再讀孟子以觀其發越，最後才讀中庸，以窮究其微妙之處。若論思想進程，則中庸確是較論孟微妙多了，卻不應把此書來插在論孟的中間。

中庸思想，亦頗與周易十傳相會通。而十傳中亦多采及道家言。其實中庸與易傳皆屬晚出。中庸有云：

　　今天下車同軌，書同文，行同倫。

子思時代，正是列國分據，絕不能「車同軌」。自李斯作小篆之後，各國習用字體始慢慢統一。至於「行同倫」，也是秦始皇統一後所提倡，至今尚有秦刻石可證。漢代君王自高祖以下，都以「孝」字冠在帝號上，如孝惠帝、孝文帝、孝景帝。偏重「孝」的一倫，也是沿襲嬴秦，有人告秦始皇所謂「陛下以孝治天下」是也。故知中庸成書必然在孟子之後。但其發揮儒家義蘊，則還是一脈相承的。

至於大學有三綱領八條目，而僅言「心」不及「性」，則與孟子、中庸又別。其偏重在八條目，所謂「格物、致知、誠意、正心、修身、齊家、治國、平天下」，既是注重在治平大道上，故後來魏晉清談乃及佛家出世，多不喜此書，遠不如中庸之被重視。宋代理學家極重講孟子、中庸心性精微，正要與釋、道對壘。若新儒繼起，不能講心性精微，則不能拔趙幟立赤幟，把久已陷溺在釋、道中的

人心挽救拯拔過來。但若只講心性，不講治平大道，則何以上承孔子儒家之大統？故朱子教人讀四書，必先讀大學以立其規模，正謂精究心性，乃欲期求治平；欲期求治平，則必精研心性。內外本末一以貫之，正是孔子儒學之大規模所在。

但大學亦決非曾子撰。如其講「格物致知」，把「知」與「物」合論，這顯然是後出的事。我曾有推止篇①，詳論先秦思想，可分兩大趨勢：一主推，一主止。孟子主推，貴能擴而充之。荀子主止，故重師法。而…

大學之道，在明明德，在親民，在止於至善。

顯是沿襲主「止」一派的。故說：爲人君「止於仁」，爲人臣「止於敬」，爲人父「止於慈」，爲人子「止於孝」。先懂得了「止於孝」，始能去盡孝。孝道如何盡？則貴求知。「致知在格物」，該在事物上去求。先秦諸子書中，把「知」與「物」兩字連稱對用之先後演變，我在推止那篇文中詳細羅列，可證大學之爲晚出書。大學又說：

---

① 編者按：此文收入《中國學術思想史論叢》（二）。

自天子以至於庶人，壹是皆以修身為本。

大學雖不能指說它是荀學，但確有許多處有荀子思想之存在。

總之，大學、中庸都是晚出書，大約爲戰國末年乃至秦初的作品。說它們晚出，也並不貶損了他們在學術史上的地位和價值。先秦有許多偉大思想家，留下許多不知名的不朽巨著，大學、中庸亦是一例。

五

子貢說：

夫子之文章，可得而聞也。

此所謂「文章」，便是孔子所講的禮樂制度。所遺憾的是，當時門人沒有把它詳細記載下來。這些禮樂制度，便是修身、齊家、治國、平天下的具體項目。子貢又說：

夫子之言性與天道，不可得而聞也。

論語上只有「性相近也，習相遠也」一語，孟子乃推闡出性善論。孔子說天道，不過云：「天何言哉？」到中庸卻說到「天命之謂性，率性之謂道」。朱子教人先讀大學，就懂得人之為學，不僅應該知道如何誠意、正心，還要知道如何修身、齊家、治國、平天下。再讀論孟，則一切心性治平之道都在內。至於中庸，則應放在最後讀，因其更廣大、更微妙。若一開頭便讀中庸，常會由於體會未到，持守未定，而流入於釋老。

我們今天研究孔孟學說，應該體、用並兼。但今天講的，似乎忽略了其實用。孫中山先生認為宋明以後講「修身」以前的「誠意」「正心」之學嫌多了，講「修身」以後的「治國」「平天下」之道則嫌少了。在宋代理學家，他們講學主要在求對付釋老，這也無可厚非。漢唐人則在政治統一以後，要多留心於治平實績。這正與宋明儒各走了一偏。我們今天的教育，正應該效法孔子通六藝，開四科，不該專講「性與天道」，卻忽略了「文章」。我們要使青年們縱不夢見周公、孔子，至少也得夢見孫中山先生。

（一九六八年十一月三日臺北孔孟學會第五十九次研究會講，載於一九六九年四月孔孟學報第十七期。）

# 孔子思想與此下中國學術思想之演變

## 一

在孔子前，遠自羲農、黃帝、堯舜、夏、商、周三代，中國早已緜歷了兩千五百年上下的歷史傳統。孔子把此一段長時期的歷史傳統，融會折衷，開創出他一番思想和理論，後人稱之爲集大成。孔子以後，孔子思想有如中道而立。凡屬在思想上有建樹、有創闢，必然會和孔子思想有交涉。不論是反孔抑尊孔，孔子思想儼然成爲中國此下思想史上一會合的中心。

孔子以下，先秦戰國百家爭鳴。反孔的不提，尊孔的主要有兩大派：一孟子，一荀子。孟子主「性善」，荀子主「性惡」。兩家意見正相反，長期不能獲定論。兩漢以下，儒學中衰，道、釋兩家，遞興迭盛，經歷了魏晉南北朝、隋唐、五代一段長時期。孔子思想與儒家學術雖未熸息，只與道、釋如鼎足分峙。抑且孔子與儒術，僅以應世濟俗；若論宇宙眞理，人生原則，道、釋兩家轉踞在上，儒

術似未足相抗衡。

北宋理學崛起，儒術復興。理學家長處，在能入虎穴，得虎子。兼采道、釋兩家有關宇宙真理、人生原則方面，還本儒學，加以吸收或揚棄。遂使孔子思想嶄然以一新體貌、新精神，超然卓出於道、釋兩家之上，而又獲一新綜合。此事成於南宋之朱子。但即在朱子同時，理學家中即有與朱子持異議、唱對臺戲者。厥為陸象山。朱子亦自說，他所講在「道問學」方面多了些，象山所講，在「尊德性」方面多了些。後人稱之曰「朱、陸異同」。此一爭辨，亦如戰國孟、荀性善惡之爭，同樣長期未獲一解決。

明代王陽明繼起，偏祖象山。理學中遂分程朱、陸王兩壁壘。直至滿清入關，明遺民講學，此兩壁壘依然存在。厥後乾嘉學派，盛推兩漢經學，與宋明理學樹異幟。自標其訓詁考據工夫，以與宋明儒所主心性義理之學相抗衡。直至清末，西方學術思想東來，當為以下的中國學術思想界又開出一新形勢。

今姑不論以後，且綜述以前。自孔子迄今，亦將兩千五百年。孔子思想依然是此兩千五百年一段長時期歷史一中心。不論反孔、尊孔任何一方面，均不能拋棄孔子思想於不聞不問之列。專就尊孔一面論，有孟、荀異同，有漢、宋異同種種爭辨。若我們要研究孔子思想，即不當該要研究自戰國迄清末此一段兩千五百年長時期的中國思想史。我們不能一刀切斷，把戰國孟、荀以下全部割去，專就論語一書來研究孔子思想。只為初學入門言，要研究瞭解孔子思想，斷當從論語一書入

手。而以成學到家言，亦自當以論語一書作為此一研究之最後歸宿。

本講簡之又簡，運用單刀直入方法，想要在論語一書上、下編二十篇中，單舉一章，試來扼要敍述孔子思想之綱宗所在；為此下孟、荀異同，朱、陸異同，漢、宋異同，經歷兩千五百年長時期的中國儒學史上這幾項大爭議，作一綜合性的解答。並試擬為此下中國在學術思想上，在此前古未有之一種新形勢之下，究可有何種新趨向？走上何種新道路？來作一大膽探測性之提示。

二

論語公冶長篇最後一章云：

子曰：「十室之邑，必有忠信如丘者焉，不如丘之好學也。」

此即為我所要單獨提出的一章。在我認為，此一章正可奉為孔子思想之綱宗所在，亦可憑以判斷此下孟荀、朱陸、漢宋種種爭辨之主要依據。

孔子不多言「性」，論語中僅有「性相近，習相遠」一章。故子貢有「夫子之言性與天道不可得

閒」之歎。但上引「十室之邑，必有忠信如丘者」，此即言人性相近，並其相近處是善非惡。是孔子

亦言性善，惟與孟子不同。孟子曰：「聖人與我同類者。」凡同類者皆相似，因曰：「人皆可以爲堯

舜。」此則成爲全稱肯定語，又懸格太高，遂啟後人疑問爭辨。論語本章，僅言人類大多數如是，不

說盡人皆然，此則爭辨較少。又僅說「忠信」，不言仁、義、禮、智四端，其間大有分寸。

孔子平日最重言「仁」，又常與「禮」與「智」並言。禮有軌迹可遵，而智則有上智、下愚之不

移。孔子教人，一面守其易遵之禮，一面企其難及之智。雙方配合，走上仁道。仁道人人可能，但亦

少人能及。孔子似乎在人之最後成就上，並未明白主張人人有平等之可能。只是天生本質相近，如

「忠信」。而別立人生至高標準，如「仁」與「智」。人能忠信，可稱一善人。仁且智，才始是聖人。

今若責人不忠不信，人不甘受，必怒於言色以報。但若說此人不是一聖人，則此人自俯首悅服，不覺

愧怍。

孟子教人爲堯舜，乃曰：「非不能，是不爲。」意存責備。孔子則曰：「若聖與仁，則吾豈敢。」

是孔子並不自居爲聖與仁。孟子把教人標準提高了，不免說得容易。孔子把教人標準放低，「十室之

邑，皆有忠信」，待其人做到高處去，則自見困難。孔子自己，只以「學不厭，教不倦」自負。顏淵

最爲孔子稱賞，但亦稱賞其「好學」而已。論語二十篇，即以「學而時習之」一章開始。論語一書

中孔子論學語，屢見不一見。孔子自說，他忠信與人同，好學與人異。我們要學孔子，亦只有從我與

孔子同處，學孔子與我異處，即是學孔子之「好學」，學孔子之「學而時習」、「學不厭」。此是惟一

正辦。

又《學而篇》第二章，即繼之以有子曰：「孝弟也者，其爲仁之本與？」第四章，又繼之以曾子曰：「吾日三省吾身。爲人謀，而不忠乎？與朋友交，而不信乎？傳，不習乎？」「傳」即孔子之所傳，即指上文「忠信」言。可知孔子教人爲學，方其在家爲子弟時，即教之以孝弟；及其成人處世，即教之以忠信。人不能爲不孝不弟，不忠不信之人。孝弟、忠信乃爲人基本，當終身以之。其實孝弟、忠信，亦屬一事。未有在家不孝不弟，而出門處世能忠能信者。亦未有處人能忠信，而在家不孝不弟者。孔子身後，有子、曾子，在門弟子中最受尊敬，故七十子後學編集論語，首以此兩章承孔子論學、論仁之語。開宗明義，昭灼甚顯。

今再要約言之。人當初生幼弱之年，即知孝知弟。逮其成人涉世，即知忠知信。人之有學，則必本此以爲學。孔門之教，務使人皆爲一孝弟、忠信之人。由此以學，及其所至，則尚有更高標準，不能限一格相期。故孔門弟子分四科，曰德行、曰言語、曰政事、曰文學，而要之必以孝弟、忠信爲本。故孔子曰：「性相近，習相遠。」孝弟、忠信是在始學基層相近處；逮其學成行尊，乃成相遠；不僅是流俗陷阱使人相遠。

## 三

今再本本論語本章進論孟荀、朱陸、漢宋之異同。

孟子道「性善」，比較與孔子意爲近。荀主「性惡」，謂善者是僞。「忠信」非不善，「十室之邑」之忠信，不能謂其皆出於僞。故後人闡揚孔教，多采孟子。然論爲學之重要，則荀子若較勝。兩漢經學傳衍，荀子貢獻，實居孟子上。宋儒始特提孟子，少及荀子。惟程朱唱爲「格物窮理」之教，朱子於訓詁考據，漢唐經學傳緒，亦所留心。掇拾兼通，博大周詳。能於「尊德性」大前提之下，不忘「道問學」。又程朱皆言孟子爲學尚粗，不如顏子。而象山乃譏朱子爲「支離」。自謂其學由讀孟子書而自得之。陽明更特提孟子之說「良知」。流弊所及，乃謂「滿街都是聖人」，端茶童子亦是聖人。使孔子來端茶，亦無以勝此童子，是不啻謂十室之邑之忠信，皆已是孔子。孔子縱博學，亦無以踰乎十室之邑之忠信。則豈不誠是「歸而求之有餘師」，更何待於「學問學」與「教不倦」爲學必先「博文」而終生以之，不知老之將至乎！然則「尊德性」之後，斷斷不能不繼之以「道問學」而後知「約禮」，不必從事於「博文」。惟顏子好學，能道出孔子「博文約禮」之教法。「約禮」，不能謂僅「約禮」，能道出孔子「博文約禮」之教法。故孔子亦以「克己復禮」告顏子。「禮」易知，「己」不易知。苟非博文，則童子端茶，即已是彼之

約禮，但更從何處懂得有「己」之當「克」？「尊德性」屬行，是約禮。「道問學」屬知，是博文。不博文，無以知性盡性，更從何處去約禮？

至於清儒義理、考據，漢宋之爭，更屬粗疏。只知「道問學」，不知「尊德性」。縱謂宋儒考據有差，亦不能謂其所講一切義理俱無當。象山有言：「縱不識一字，亦將還我堂堂地做個人。」十室之邑之忠信，固不能如孔子之好學；然不得因其不學，即斥其不忠不信。童子端茶，僅憑一心，不煩更有訓詁考據。戴東原譏當時人爲學，盡是「抬轎子」，不是「坐轎子」。其實東原亦何嘗真坐進轎子？從另一觀點言，童子端茶，反而是一面抬轎，一面即已是自己坐進轎子了。清儒儘教人如何讀書，卻不教人如何做人。僅求博文，不知約禮。孟荀、朱陸，在讀書方面，一字一句，考據訓詁，或不如清儒精密。但他們都懂得「喫緊爲人」，懂得着重在做人上用心。清儒只討論讀書問題，如何當得上漢儒之所謂「通經致用」？清儒最多是僅「通經」，而不能「致用」。亦幸值乾嘉盛世，故能各自埋頭做一讀書人。道咸以下，天下亂了。一部孝經，擋不住一羣黃巾賊；一部皇清經解正續編，亦何嘗於近代中國國運，盡了幾分責任？

孔子說：「十室之邑，必有忠信如丘者焉，不如丘之好學也。」清代乾嘉以下諸儒，畢生矻矻，論其爲學工夫，亦是既忠且信。除卻其著書成學不論，即論其平常爲人，亦不能說他們不忠無信。只是他們學非所學。人之天生本質，依孔子言，大家還是和孔子一般。乾嘉以下諸儒亦如此。只清儒所羣相從事之所謂漢學，應與孔子所好之學有不同，並亦與孟荀、朱陸所好之學有不同。同爲學

孔子，而其學之蘄嚮與途徑則有別。因此乃有所謂先秦儒、漢儒、魏晉南北朝隋唐儒、宋元明儒、清儒諸分歧。然而或多或少或遠或近，要而論之，亦同爲學孔子。故我們不能不說孔子思想之與儒家學術，乃爲中國學術思想一主幹。中國歷史人物，亦可謂大致盡由孔子思想與儒家學術所陶鑄。因此，中國文化傳統，亦可謂盡由孔子思想爲中心而演成。除卻孔子思想，將無由有中國人與中國文化。

四

今試再要約言之。人之主要成分，大要不出兩端：

一爲其天生本質，此屬「性」。孝弟、忠信，凡屬人，大都相似。

一爲其後天之「學」與「習」。則可以因地、因時、因於外面環境種種不同，而各有傳統，各有需要，而互不相一，乃至於相遠。

中國文化之重點，在其重視人性，尤在其重視人性之善良部分，而繼之以後天之學，以求盡量發揮其先天之性之善良部分而求至乎其極；務求本於「性」以爲「學」，即本於「學」以盡其「性」。故中國人傳統論學問，論德性，尤重於「天人合一」。德性原於先天，然貴能致力於後天之學問，以期其暢遂發展。學問起於後天，然貴能一本之先天之德性，以求其圓滿歸宿。

継自今，世界隸通，人類文化當日趨於大同，始可有長治久安之和平。然人性之同同於天，世界各大宗教，上帝創世，由於原始罪惡而人類降生，以及靈魂回歸天堂諸說，此等皆尚待科學證明。只有孔子言「性相近，習相遠」，人生本質「忠信」相似，此可以證之己，證之人，證之古今中外，而未易持異論。至於自然科學之日新月異，層出累進而不窮，亦未必盡屬進步。苟若違於人性，則種種技能術藝，適足增人之不安，滋人之苦痛。今日世界種種問題，多由此而起。當知因於人生需要而創造科學，其事易。因於科學開新而求改進人類，其事難。故「道問學」之與「尊德性」，其事相因。一切自然科學，仍是一種明性、盡性之學。人類亦從自然生，仍在自然中，豈能違「性」以成「學」？

又近代社會種種演變，已逐漸激成兩大潮流。一曰「個人主義」，一曰「集體主義」。而莫不從功利觀點起步。「個人主義」形成資本自由，「集體主義」形成共產極權。所爭各爲財富，而所失則在人性。人性無不好羣居共處，既不願一味封閉自我，擺脫大羣；亦不願專爲供奉大羣，犧牲自我。孔子所主張之仁道，即爲求人、我各得，羣、己兩遂。此始合於忠信、孝弟之天生本質。遙想全世界人類內心之所終極想望，亦並無以逾此。但爲現世界種種束縛，種種紛擾：有民族之各別，有國家之各別，有歷史傳統之各別，與夫種種思想理論之交錯糾結；而陷人於莫適所守、莫知所從之困惱。欲解決此等問題，則有賴於孔子之所謂「學」。「學不厭」，當永久向此學；「教不倦」，亦當永久向此教。人類一切問題，則必當從人類自身內心之忠信、仁智求解決。忠信本於先天，仁必「仁智」以爲極。人必「忠信」以爲質，惟此乃爲大仁大智，可以導人於大道。故人必「忠信」以爲質，仁

智成於後天。必兩者合一，乃可爲人類永久向前指點出一條唯一的出路。

人類今日種種現象，已非遠在二千五百年前孔子之所知。因此亦不復能即憑二千五百年前孔子當時之所學，解決當前人類之諸問題。然斷不能謂當前人類，已非二千五百年前孔子當時之人類。「十室之邑，必有忠信」，孔子時如此，今日人類如此，更復兩千五百年後，人類當亦如此。認定了「人性」，知加以尊重，乃始可以言「學」。由「尊德性」而繼之以「道問學」，只此是一條唯一不變之大道。一切謀財害命之奇技淫巧，皆所當禁。一切背情傷義之個人主義與集體主義，亦所當絕。一切大思想、大理論、大發明、大創造，莫要跑得過快過遠，先要照顧着十室之邑、愚夫愚婦、人所同然之「忠信」本質。惟此乃是人之所以爲人之基本。

所不幸者，乃是此輩十室之邑之忠信，乃有不克在此複雜世界中爭存自立之權利與能力。一旦此基層垮了，上面建築亦必隨而垮。人類眞正的學問要求乃在此：如何使人類相近的天生本質，孝弟、忠信，歷世彌新，永不變壞，永不消失？尤其如何在當前世界權利爭存愈演愈烈之形勢下，如何能保存與發皇此「忠信」？此中乃有大技巧，大術數。中國古人言「不學無術」。此等救世救人之大技巧、大術數，乃必由一套大學問中來。有此一套大學問，乃爲人類中之大智大仁，亦即是人類中之大聖。孔子教人「學不厭而教不倦」，即由此爲學，亦由此爲教。故孔子之所學所教，一面說，已是兩千五百年前一番陳舊過去之事；一面說，還是現在我們面前一番嶄新方興之事。

孔子思想，實在太偉大了，要研究此，不僅在論語，並在先秦以下直至晚清兩千五百年來的全部

思想史上；並在我們當前現實，一切人、一切事之種種實際問題上。我在此單獨提出論語裏一章所

言，請大家注意。只要大家由此生起一番好學心，則孔子即在我眼前，即在我心中。

有爲者亦若是，請大家努力吧！

（原題孔子思想與中國文化，一九七三年臺北孔孟學會講。載於一九七三年八月孔孟

月刊十一卷十二期。）

# 孔子思想與現實世界問題

前幾天，有一位美國朋友來學校，他問起：孔子思想如何引用到世界現實問題上來？

我想這問題，是極有意義的。或許有人會想：孔子遠在兩千五百年以前，他的思想，對現代世界，可能是無所用之了。但我們也得想：這世界，跨進了二十世紀，學術思想日新月異，門類愈添愈多，科別愈分愈細。任何一專家，幾乎無不針對著人類現實問題求解答，求應用。然而此五十年來，人類問題，卻愈變愈複雜，愈來愈糾紛。因有太多問題積壓著，解決不了，纔引起大戰爭。戰爭仍然不能解決問題，於是第一次世界大戰之後，接踵來第二次。兩次世界大戰之後，人類問題，益更嚴重了。到如今，幾乎有時時爆發第三次大戰可能之威脅，使人心惶惶，若不可以終日。這又為何呢？

本來，世界是整個的，人類是全體的。各項學術思想，分析太細，鑽研太狹，針對著甲，可能損礙了乙。注意在目下，可能牴觸到將來。人類當前最需要的，還該有一個更綜合、更普遍、更恆久的指導原則，來作解決一切問題的共同基準。若沒有了這個更高原則與共同基準，人類社會，將終不免於治絲益棼，欲解還結的。

說到這裏，令人會想起「哲學」來。是否該由哲學家來擔此責任呢？所不幸的，我們通讀人類的哲學史，似乎所謂哲學家們的興趣，是在提出問題上，而並不在解決問題上。因此在人類現實問題之外，乃別有所謂哲學問題；這已夠哲學家們麻煩的了。

於是又令人想起「宗教」。是否該宗教家宜肩此職務呢？所不幸的，人類可以在同一「信仰」之下，而信仰了兩個不同的上帝。又可在同一「上帝」之下，而衍出兩個不同的信仰。而一部人類史，因於宗教問題而引起難解難分，甚至於大流血大屠殺的慘劇的，已是屢見不一見。若我們認爲宗教信仰可以爲指導人生的最高原則，則勢必在現有的各項宗教中間先引起一番劇烈的大鬥爭。

其次，要說到「科學」。科學已爲人生出種種作用，但科學並不能指導人生來解決問題。這一層，似乎可以不煩深論。

現在讓我們說到孔子。孔子既不是一位科學專家，又不是一位專門的哲學家。因孔子思想，既無一套完整的形而上學，又沒有一套嚴密的思想方法，如邏輯與辨證法之類，又沒有一套鮮明的認識論。若要硬派孔子爲一位哲學家，實在有些擬於不倫。他又並不是一個大教主，他的思想學說，並不建立在叫人信仰上。

然則孔子思想究竟重點何在？其價值又何在？竊謂孔子思想之重點與價值，正在要替人類提出一個解決種種問題之共同原則。此原則繫何？用現在話說來，只「道德」二字便是。何謂「道德」？這也不需像一般哲學家的特有概念般，先要把來作一明確的界說。孔子所講的

「道德」，只是人們同有之一種「心情」，同能之一種「行為」，所謂「直指人心，當下即是」，只求如此這般，在人生實踐中一經指點便够了的。

現在且舉幾個實例來說。即如「忠恕」，便是一種道德。只要以忠恕待人，受者決不會拒絕或不歡迎。在施者的心情上，也決不會感到不愉快或不滿足。又如「愛敬」，這也是一種道德。只要以愛敬對人，受者也決不會拒絕或不歡迎。施者的心情上，也決不會感到不愉快或不滿足。

一個人人「忠恕」與相互「愛敬」的社會，種種問題，總可有辦法解決。不忠，不恕，無愛，無敬，那樣的社會，無法解決的問題，自會不斷地產生。

科學專家知識，是超道德的。在道德基礎上，一切科學，各門專家知識，全有用。在無道德與不道德的基礎上，一切科學，各門專家知識，不僅會變成沒有用，而且還會有害。如科學家發明了原子能，豈不可在和平的場合使用，但也可在大量殺人的戰爭場合使用嗎？

宗教固然也應以道德為主體，但一進入宗教信仰，便先要上帝呀！天國呀！靈魂呀！創世呀！儘從那些遠處去兜圈子。而宗教信仰上的種種爭論，則正在那遠處。遠處爭論不休，近處卻擱在一旁了。

哲學家除卻極少數，如主張「唯物史觀」、「階級鬥爭」等理論的外，也並不在主張反道德和不道德。但一進入哲學思辨，又是邏輯論呀！認識論呀！形上學呀！牽而益遠。道德問題則成為曲終奏雅，強弩之末了。

只有孔子思想，是單刀直入，直湊單微的。他主要只在人類道德上建基，然後再擴而充之，由修身而齊家，而治國，而平天下，以達於全人類。再引而申之，由「明心見性」而「萬物一體」，而「天人合一」，以達于全宇宙。

在一切科學各門專家乃及宗教信仰以至哲學思辨中，若要在人類社會發生好影響，生起好作用，全少不了道德一味。而道德又是人人可知，人人能行的。不像一切科學與各門專家，便叫人有知有不知，有能有不能。又不像宗教信仰與哲學思辨，彼此有異同，相互有派別。而人類道德則應該推之四海，樹之百世，無彼此異同可爭的。

孔子言道德，扼要言之，可說有三本原：

一、本之於人類之心性。這並不是說人類心性全是合乎道德的，只說一切道德亦皆出於人類之心性。

二、本之於社會。道德只是人生實踐，由社會觀察而悟，由心性修養而得。人事相交，只要合乎道德的，便和而順。只要不合道德的，便不和又不順。察乎外，反乎心，便知人生道德是什麼了。

三、本之於歷史經驗。一部人類史，有了道德，便會有進步，種種問題也可尋求解決的辦法。沒有道德，便會無進步，種種問題，便會愈出愈多而永難解決了。

因此，孔子思想，是最爲近人而務實的。

孔子之學，向後展衍，有兩條路：一條是簡易的，直捷的，三言兩語，可以當下指點，可以終身

奉行。這一條路，發展於象山與陽明。另一條路，是細密的，繁複的，千門萬戶，階級層次井然，要學者循序漸進。這一條路，發展於二程與朱子。前一條路，可以普遍大眾化；後一條路，可以特殊學術化。但其從三大本原而歸於道德中心，則是並無二致的。

根據上述，孔子思想應該仍可以引用到世界現實問題上來，自是無疑義的。至於如何具體而實際地把來應用，則正有待於我們之努力了。

（一九五八年九月在香港新亞書院爲紀念孔誕作，原載新亞生活一卷九期。香港人生雜誌一九一期轉載。）

# 孔子與中國文化及世界前途

## 一

中國歷史文化傳統，乃以儒家思想爲其主要骨幹。孔子則是中國儒家之創始人，爲此後歷代儒家所尊奉。上自唐虞三代，中國古代歷史文化，孔子集其大成。下迄今兹，兩千五百年來，人物之薰陶，政治制度之建立，社會風尚之歸趨，文學藝術之發皇，人生理想之大目標，凡屬中國歷史文化中之重要項目，莫非由孔子思想而生根發脈，以至於枝葉繁衍。故孔子思想，實爲中國歷史文化傳統中生命活力之所在。

但嚴格言之，孔子並不純爲一思想家。與其稱孔子爲一思想家，不如稱孔子爲一教育家，更爲妥當。但孔子亦不如我們所想像的所謂一般的教育家。因孔子設教，乃是有教而無類。不論男女老幼，各項職業，各項地位，乃至民族之別，時代之異，孔子之教育理想與教育精神，乃以全人類爲對象。

然孔子亦並不如全世界人類中其他之宗教主。儒家亦始終不成一宗教。凡屬宗教，必信奉一超乎人類之上之天帝或其他天神。其一切教義，則假托於此天帝或天神而發出。故凡屬宗教，必帶有一出世傾向。一切宗教之重心，乃並不在此人類俗世中。佛教雖不信奉一天帝或其他天神，但其創始人釋迦牟尼之受其後世佛教徒之崇拜，乃亦相似於其他宗教徒之信奉上帝或天神。抑且佛教徒之出世精神，尤較其他宗教爲加強。中國儒家，就宗教目光視之，則盡只是俗人，無信仰，非教徒。而孔子亦只是一俗人。從其出生以至死亡，一切事跡記載甚詳，絕無絲毫神話氣夾雜其中。後人過尊孔子，不免有少許神話成份滲入，但究不爲一般儒家所重視，所認許。孔子教人之主要宗旨，乃全自人類歷史文化傳統中提出，上自堯舜，下至文王、周公，皆屬實人實事。孔子教人如何在其男與女、老與少、知識、職業、家屬、國家民族，以及人生種種分別會中做人。並重在教人如何在其相互間大體相同，但同時又是大家都一樣。後來宋儒稱之曰「理一分殊」。就做人的道理言，應該各人各一樣，但同時又是大家都一樣。

孔子亦常言天，但孔子所言之天，不如宗教家言上帝之具體而確切。孔子曰：「知之爲知之，不知爲不知，是知也。」天不可知，然人乃受天命以生則可知。天命極普泛而廣大，人之受於天者有限，然其稟賦之在我者則更親切而易知。故孔子不教人「知天」，而教人「知天命」。抑且人與人爲同類，天之所命於人，與人之所稟賦於天者，在其相互間大體相同。我能由人以反己，又能推己以及人。歷史上從古到今之人，莫不有其所同然。而人中有聰明傑出之聖人，知天之所以命人，較之其他人遠爲

深至。聖人以下，又有賢人、善人。我能博觀於人，又能擇人中之聖人、賢人、善人為師法，則可從「知人」而即以「知天命」。知天之所命，則知人之所當為與所不當為，所可為與所不可為。以人羣社會與歷史演變之種種禍福成敗為證，則我之所知於天之所命者，豈不信而有據，簡而易從？故孔子教義，其重要點乃在以人教人，然後由「人」而上合於「天」，從「可知」以達於「不可知」。故孔子之教，乃為一種人文教。與世界其他宗教，有其同而亦有其不相同。

二

孔子教義，由後世儒家之推衍引伸，其「天命」之在人者名曰人之「性」。孟子與荀子有人性善惡之爭。然如荀子說：人之性惡，不能不有所師法以達於善。故荀子亦主師法聖人。但聖人同亦是人，與其他人為同類。故荀子之說，終不如孟子之說為圓滿，更為此後儒家所信奉。故儒家多主人性善。人之所當師法者仍在「人」，而其極則可以不背於天，而與「天」合一。

人與萬物同生天地間，同受天命以生。人有性，物亦有性。不僅有生物各自稟賦一天命之性，即無生物亦復各自稟賦一天命之性。下至宋儒，乃從「人性」推廣論及「物性」，而說「性即理」，特地提出一「理」字。故宋學又稱「理學」，亦稱「性理之學」。物各一性，一性各一理。天地間有萬

物，即可有萬理。萬理同出於天命，同存在，同表現於天地間。故萬理雖各相異，而有其相同，可以相通而合一。宋儒則稱之曰「天理」。「天理」者，即此眾理之會歸一理。使眾理皆消失，此一理亦將不見其存在。故曰「一物一太極，萬物一太極」，而「太極」乃是一「無極」。太極實即是一理。一共通之理，同時亦是一分散之理。此理亦可稱是一本體。有本體乃有現象。然取消一切現象，則亦無本體可見。天於何見？即由人類與萬物之身上見。若沒有了人類與一切有生、無生之萬物，則天亦無由見。故人當從人類自己身上乃至一切有生、無生之萬物身上來見天。主要則應從人類與萬物之「性」上見，「天」，「理」上見。故宋儒又說「天即理也」。宋儒性理之學，顯然仍從孔子教義推衍引伸而來。「天」與「理」乃異名而同實。此非違背了孔子義，乃是闡申了孔子義。

遠從上面所說，可見中國孔子乃及此下儒家教義，不僅涵有一種宗教精神，並亦涵有近代西方自然科學精神。在中國儒家則稱此為「格物之學」。在易經繫辭傳中，凡能「開物成務」者，皆是「聖人」。開始結繩爲網罟，以作漁獵之用。斷木爲杵，掘地爲臼，以供食用。弦木爲弧，剡木爲矢，以供戰爭之用。上棟下宇，以供居住之用。斷木爲耜，揉木爲耒，以作耕稼之用。造爲貨幣，以供商業之用。剡木爲舟，剡木爲楫，服牛乘馬，以供交通之用。重門擊柝，以供防暴之用。製爲衣裳之制，以供政禮之用。發明棺槨，以供埋葬死者之用。創造文字，以供人文社會一切之用。凡屬「聖人」，則必上通天志，下達物宜，以善盡古人在歷史文化上之一切進步，其有關於物質製造，乃至社會習俗上之種種創興與發明，遠從包犧、神農氏起，皆由人類中不斷有傑出聖人之不斷貢獻。凡屬創造宮室，以供居住之用。

人情。隨時隨地，以起變化。上則效法天象，下則製作器用，而人道乃由此光明而暢遂。故在中國儒家教義中，「宗教」與「科學」，一以貫之，而其主要樞紐則在「人」。此即觀於上所稱引易經繫辭傳之一節而顯然可見。

人道中最主要者在於「盡性」。《中庸》上說：「盡己之性而後可以盡人之性，盡人之性而後可以盡物之性。」盡性工夫應分此三步驟。近代自然科學，主要偏重在能「盡物性」。但須有一先決條件：求「盡物性」，必求其於人類爲有利，不能求其於人類爲有害。故盡物性，必求其合於人性者而盡之，不當盡其與人性不合者。故盡物性，必先懂得「盡人性」。如何瞭解人性？則莫如先瞭解己性。己之性即是人之性。自己瞭解自己性情，其事爲易。若自己不先瞭解到人類全體之性情？先瞭解己之性，與人之性，而求能有以盡之；更進而瞭解到物之性，而亦求有以盡之，此則人性、物性、己性可以相通合一。由「知性」而「盡性」，即可以由人而達天，故曰「盡性知命」，亦曰「可以贊天地之化育」。由是觀之，可見中國儒家本亦由一種宗教精神爲基本；及其推衍引伸，乃可以發展出一種科學精神；再由此種科學精神回頭來充實圓滿其宗教精神。以儒家原來語說之，可謂由「盡性知命」推衍到「格物窮理」。而「格物窮理」亦即所以完成其「盡性知命」之理想。此二者，如環無端，可以相貫而相成。

## 三

再講到如何來盡性知命，格物窮理？其工夫則全在人心上用。故孟子曰：「盡心以知性，盡性以知天。」「心」與「性」與「天」之三者，有其層累而上之階次。自孔孟以下，至於宋儒，莫不最看重人之「心」。故宋儒性理之學，又可稱爲「心性之學」。其實孔子以下中國儒家之最大貢獻，即在此心性學上。近代西方心理學，有智、情、意三分說。在孔子早以知、仁、勇爲三德。「知」即是此心之理智部分，「仁」則是此心之情感部分，「勇」則是此心之意志部分。但孔子教義，著重在全人生之全心體上。人生之主要主宰在其「心」。孔子之主要教義，乃從全心體來主宰全人生，由全人生來參悟天命眞理。孔子思想，乃與西方一般偏重純思辨、純理智之哲學家有不同。

中國儒家，每以「性情」二字連舉並說，亦常以「心情」二字連舉並說。宋儒說：「心統性情。」中國儒家思想，則更看重此心之「情感」部分，尤勝於其看重「理智」的部分。我們只能說由理智來完成性情，不能說由性情來完成理智。「情」失其正，則流而爲「欲」。中國儒家，極看重「情」「欲」之分辨。人生應以「情」爲主，但不能以「欲」爲主。儒家論人生，

主張節欲，寡欲，以至於無欲。但絕不許人寡情，絕情，乃至於無情。若使人生成爲一寡情、絕情、無情之人生，此種人生絕對要不得，而且亦無可能。但若使人生成爲一多欲或縱欲的人生，此亦絕對要不得。此種人生，不可大，亦不可久。「理智」作用，正在指導人生中「欲」的部分，使欲之要得者求能盡，欲之要不得者求能節。節之又節，求能盡量減少，以至於無。「欲」的部分受指導，則「情」的部分一歸於正，乃始可以「盡其性」。

所謂欲之要得者，孟子稱之曰「人之大欲」，如人生中之飲食男女是也。此種「欲」，與生俱來，實即是人之「性」。「情」從「性」出，故人有好生之情，有夫婦之情。飲食男女，亦皆在人之性情中。然若由飲食男女轉生出種種人欲來而不知節制，則多欲轉成寡情乃至於無情，人生種種大災禍皆由此起。故宋儒嚴分「天理」與「人欲」。「天」「人」可以求其相合而爲一，「理」「欲」則對立不並存。中國儒家並言「情理」。天人相合，只在「情」上合，不能在「欲」上合。

宗教家無不主張節欲。但飲食男女之欲，應節而得其分，此即情之所在。若節而過其分，則亦將損傷性情。哲學家太過注重「理智」，不顧到人生中「情感」部分，則其所探求之眞理，亦是各偏一方，而不見眞理之大全。由科學發明人生種種日用必需品，此是其長處。但亦因科學發達而易於導獎人生向多欲方面發展，此則是其短處。由此短處，可以發生出種種大病害。故在科學所發明的種種自然眞理之上，更須有一番人文眞理之指導。此一番人文眞理，則必須以人生中之「性情」部分爲主腦。此則正是孔子教義與中國儒家思想最大貢獻之所在。

三二一

孔子與中國文化及世界前途

四

孔子教養以「仁」爲中心。所謂「仁」，即是指導各個人在人羣中如何做人之大道。而仁則在人心中，與生俱來。故仁即是人之性，而主要乃表現在人情上。一應理智之發展，應有其指導原則，即不能離仁、違仁而走向不仁的路上去。仁中有愛，但愛不即是仁。「仁」與「愛」之分辨，亦爲中國儒家所重視。因單講愛，則易流入於「欲」。欲的分數多了，反易傷其愛。如男女之欲過了分，則必傷害到男女間之情。男女間之「情」亦是仁，是性；而男女間之「欲」則可以不是仁，非性。孟子說：「仁者愛人。」乃是先有了「仁」，乃發出此「愛」。但亦有不仁之愛。此種愛則是欲非仁。人心有許多愛易流於不仁。故可說人性中有愛，但「愛」不即是性。「仁」始是性。猶如說人性中有欲，而「欲」不即是性。「情」始是性。儒家主張「盡性」。惟「仁」可以盡性，惟「情」之得其正者可以盡性。僅言欲與愛，皆不足以盡性。不僅不足以盡性，並易有離性、違性者之夾雜而轉以害其性。故儒家言「性」，不即是言自然，乃有一番更遠大、更精深的人文眞理在內。同樣理由，孔子言「天」，此下儒家亦言天，但可言「天即理」，不可說天即是一自然。欲是一自然，但不即是天、是理。

所以孔子言「知天命」，其中即寓有一番人文真理，寓有一番宗教精神。若一意探求自然真理，

物物而求之，事事而求之，而昧失了其全體大通合一之所在，分別而觀，在每一物每一事上，若各可

有利於人生；但積累既久，綜合觀之，此等四分五裂之小利，終必成為人生之大害。換言之，研窮物

理，必旁通之於人情，不能以滿足欲望為歸極。故孔子教義中之人生理想，上通天而下及物，從「知

天命」而達於「盡物性」。其主要樞紐則在「人」，在人之「性」，在人之「情」，而主要關鍵，則在

每一人之「心」。故孔子教義，乃是一種「人文教」，主要乃是一種「心教」，乃本於每一人之心之全

體而為教。

人自嬰孩初生，及其青少年時期，身體發育未全，就其智識技能方面言，尚不足獨立謀生，乃必

依存於其家庭中父母親長之撫養與照顧；但就其心情言，其對於父母親長之一番親切感，與其一番相

引而起之敬愛之情，此即其將來獨立成人入世為人之一種基本心情。故孔子教義，乃以教「孝」、教

「弟」為教。「仁」之準備。嬰孩青少年時期，不能入世盡仁道，但卻可在家庭中盡孝道、弟道。孝弟

之與仁，即是同此一心，亦即同此一道。若使人之一生，待其入世為人，獨立為人，而仍能保其處家

庭中為子女時之心情，不失其對外圍人羣所應有之親切感與敬愛心；一人如此，此人即可為聖人。一

世如此，此世即不啻如一天堂。在儒家說來，此是一「天道流行」之世界，乃是一「大同太平」之

世界。故孔子教義，乃就於人生之全過程而設教，亦就於人生之全範圍而設教，自修身、齊家直至於

治國、平天下；而每一人之家庭，即不啻如每一人之教堂。

孔子教義，在於智識才能方面，並不忽視。在孔子當時，七十弟子中，有政治家、理財家、外交家、軍事家；有以學問家身分而從事設教，或以自由人身分而從事經商，各就其性之所近之可能方面而發展。但主要在不失人生共同之大方向，以共同努力於此人生之大道。

此下中國歷史上之各項人物，如在政治、經濟、外交、軍事、教育、商業乃至各項專門知識技能方面，幾乎絕大多數都從孔子教義、儒家理想所產出。所以全部中國史，可說全由孔子教義、儒家理想所支配，所形成。中國民族不斷展衍，中國社會不斷推擴，中國歷史不斷縣延，直迄於今。其間孔子道昌，則爲興盛世。孔子道晦，則爲衰亂世。要瞭解孔子教義與儒家理想之全部意義與價值，則必從中國歷史來探求，證明，衡量，判斷。

五

孔子教義與儒家思想，對於此下世界人類前途亦當有其貢獻。全世界人類各大宗教，在其原始意義上，都不免輕視了人類之現世界，而重視了另一世界之存在。其對於上帝之人格化，以及上帝創世、誕生人類方面，都不免有過於具體與確切之想像與描述。現代人對於自然方面各項智識逐步開展，尤其如天文學、生物學，遂使宗教觀念逐漸淡薄；而人類對於歷久相傳一番最高最終極之信仰，

亦將失其存在。此將使人類陷入一近視之黑暗中，只有孔子教義，能使人保存一種對於宇宙大自然之最後不可知之最高主宰之存在，而不失其敬心與愛心，而不受現代乃及將來不斷的科學新知識之搖動與破壞。其主要關鍵，乃在即以人類現實世界為中心，就其種種可能性而上探前古，下窺今後。又推至於人類世界之上，與人類世界之外。故孔子教義，乃是以人尊天、以人合天，而絕無尊天抑人、主天蔑人之傾向。

人類對於自然界種種物理之追尋與探究，其主要路向，應一本於以人生大道為出發，以人生大道為歸宿。先標出一條人生大道來，可使人類心智不至浪用，不使散漫無統，不至踏入「物」為主而「人」為奴之陷穽中。「物」與「人」與「天」，此三者，有其一定之層次，不可迷失。孔子教義與儒家理想，始終保持此層次，故「格物窮理」與「明心見性」與「知天知命」，三者相通合一。以宇宙大自然為一整體，而以人類之共同心情為之主。「民吾同胞，物吾與也」，以天地萬物為一體，以「正德、利用、厚生」為格物窮理之目標。窮格物理之所極，即所以窺見天心之仁。自然科學方面之日益發展，可以無損害對宇宙大自然有一種敦厚真摯之宗教精神。「理智」與「情感」相輔前進，「人文主義」與「自然主義」相得益彰，可以為現代科學補偏而救弊。

就一般哲學思想言，常不免有一種心、物之爭。物質界與精神界，每易分道揚鑣。宗教家高懸一靈魂界，謂其超出於物質界。科學家則偏重物質方面，就生理學來研究心理，以狗與鼠的心理來為研究人類心理之參考與入門。於是心理學成為自然科學中一部門，而有「無靈魂的心理學」之稱。孔

子教義與儒家思想，則不太過分注重心、物之別。既不是一種唯物論，亦不是一種唯心論。因人心而推論到天心，天心即從人心見。物可以無「心」，但物必有「性」。在「性」中，必有一種好惡之動向。故雖無心，亦若有心。但並不認有靈魂界之單獨存在，並亦不認有超脫物質以外之「心」。心的精神，只從物質中見。就人之一生言，身體可以毀滅，但生前的心活動，死後仍有其影響存在。「身」是「個別」的，「心」則可以是「共通」的。心有同然，舜之孝即如周公之孝，亦如閔子騫、曾參之孝。故曰：「孝子不匱，永錫爾類。」人類歷史文化，即此人類共同心之所表現而完成。人類之「身生活」，既短暫，又各自分隔；而人類之「心生活」，則可成爲一共同體，歷久傳遞。孔子稱此曰「仁」。故曰：「仁，人心也。」又曰：「仁者壽。」人生之不朽，即不朽在此仁體中。此體仍表現在人羣社會，更不須於物質界以外來另立一靈魂界。仁道大行，塵世即天國。人而成仁，即可在此塵世復活，在此塵世永生。

其次說到「個人主義」與「集體主義」之分別。就孔子教義言，每一人，必當在大羣中做人。若離開大羣，即與鳥獸無別。故曰：「鳥獸不可與同羣，吾非斯人之徒與而誰與。」但不能以大羣來抹殺個人。孔子說：「爲仁由己，而由人乎哉！」縱在一個不仁的社會中，每人仍可自成其仁。須待人人能仁，此社會始是一仁道光昌的社會。但在一仁道光昌的社會中，若其人不自勉力於仁，則此人仍將是一不仁之人。孔子教義，只教人在大羣中做人，但大羣不能代己做人。個人由於集體而得其個人之意義。集體亦由於個人而有其集體之價值。依於孔子教義，永將不有「個人主義」與「集體主

義」之衝突。

其次要說到「共產主義」。此一主義爲禍人類，已可不待將來之證明，即就當前事實而可知。馬克斯自謂乃以科學方法創造其唯物史觀。不知人生既不是唯物的，也不是唯科學的。科學方法可以用來駕馭自然物，但不能用來探究人類歷史文化演進之規程。又況馬克斯要在人類中強分階級，又在階級與階級之間強調鬪爭。人類歷史文化，則決不由階級之鬪爭而演進。按之已往歷史，斑斑可知。但馬克斯之唯物史觀與其階級鬪爭之一套思想，亦由當時歐洲社會「資本主義」之突飛猛進所激起。資本主義雖不主張唯物，但有偏重物質之傾向。資本主義是標榜自由，但資本主義脫離不了鬪爭之實質。凡屬物質人生，則必無逃於發展出鬪爭來。所以馬克斯的理論，實際是充滿了病態；而實亦由其當時的社會病態所引起。今天的「共產主義」，其實也只是一種「資本主義」。一面是「個人自由」的資本主義，另一面則是一種「集體強迫」的資本主義。要之是在經濟物質上打算盤。而人生全體問題，則決不僅止於經濟物質方面之所能解決。今天的世界，乃日陷於惟賴經濟物質來求解決問題。此是今天人類一大病態。

再由此說到「自由」與「組織」。人生貴能有自由，但同時亦不能無組織。但其組織，應由自由來，不由強迫來。共產極權政治，摧殘自由，強迫組織，其事絕對要不得。但在個人自由的資本主義方面，發展出大企業，大團體，亦何嘗不損害到個人自由？若盡是在物質人生方面爭取自由，極其所至，資本主義非徹底破壞，亦將大量變質。因此，「集體組織」的共產主義固然不可久，而「個人自

由」的資本主義也必不可久。將來的人類社會，在此經濟物質生活一方面，若非另找新出路，則雙方競爭日烈，終會同歸於盡。

在孔子，雖然提示了一番普遍指導全人類的人生大道，及在孔子當身，及其後儒家之信奉其教義，益後益盛；而從未有一組織，如各宗教之有教會；但亦不妨其教義之傳播。孔子及儒家，既不提倡「組織」，因亦不提倡「自由」。信受孔子教義之中華民族，初看像是沒有一切嚴格之組織，因此其民族中各分子，莫不有其一分高度之自由；但中華民族同時乃是一極富團結性的民族，所以能日擴日大，由一民族組成一國家，而至今存在。

在孔子教義中，經濟物質方面的人生，亦並未忽略過。而且中國地大物博，遠自戰國時代起，即有極盛的國內商業。漢以下，又有不斷的國外商業之繼起，亦復甚為發達。但中國社會，從未有資本主義之產生。中國人亦永不向極端的物質人生的道路上前進。因此中國幾千年來的歷史過程中，對內對外，其愛好和平之特徵，可以常持不變。

說到政治，中國雖是一廣土眾民之大國，但亦絕沒有極權政治之發現。不瞭解中國傳統政治者，乃謂中國所推行的乃是一種君主專制政體。又謂孔子教義與儒家思想，乃因專制帝王之提倡而得勢。這些都是不明中國歷史詳情的人所憑空想像的一套讕言。正因中國沒有君主專制，所以也沒有民主革命。孔子教義，只是一種「中庸之道」，兼容任何相反之兩面，而不向任何偏向之一面來反對壓迫另一面。所以中國民族極富和平性，而鄙視鬥爭性。

從上分析，可知孔子教義與馬克斯一派的共產思想絕不相容。至於最近中國所以突然有共產主義、極權政治之出現，則因晚清以來，不斷受外力之欺凌壓迫，中國民眾亟欲奮起抗爭，遂將孔子教義擱置一旁。中華民族歷史文化的一套傳統精神暫時被放棄，要來追隨西方近代偏向經濟物質人生的道路，而慕效西方資本主義，急切難獲成長，共產主義乃得乘虛而入。惟共產主義既屬違逆人性，更復大背中國國情；共產政權在中國社會，斷無生根之理。即觀此二十餘年來共產政權在中國大陸之不斷動亂，便可證明。在最近之將來，共產政權崩潰，中國社會重獲安定，孔子教義與儒家思想必見重昌。而此一套教義思想，當可由中華民族之宣揚而傳播全世界，對世界人類文化前途，將有其貢獻。

本人謹願以此期望爲中華民族前途祝福，爲全世界人類文化前途祝福。

（一九七二年九月臺北東吳學報第二卷）

# 孔子思想與世界文化新生

## 一

孔子思想，在世界人類各項大思想中有其一份獨特之地位與性格；此一層，我們當首先認取。

世界人類各項大思想，其表現方式，不出兩大型：一爲宗教，一爲哲學。

孔子思想，乃針對世界全人類，無古無今，無地域之隔閡，無種族，無國界，無老無幼，無男無女，無智愚，無貴賤貧富，無種種職業階級，無一切分別而設教。在此方面，孔子極似一大教主。孔子思想，應可成爲世界一大宗教。

但全世界每一宗教，必先有一超世絕俗之大前提，於人類之外有一上帝，於現實世界之外另有一歸宿，如所謂「天堂」者是。佛教雖無上帝信仰，而亦同有其一套離世絕俗之歸趨，即其所謂「涅槃」境界。故世界一切宗教信仰，必與現實人生相判別，相隔離，而後其種種教言，乃有所根據而安

設。惟孔子思想，於現實人生外，不需先有一信仰。其種種教言，乃不需一離世絕俗之前提。故孔子思想乃不成一宗教，而孔子亦非一大教主。

說到世界人類各項哲學思想，更是千差萬別，然亦同歸一致。他們雖不要人先立一信仰，但在他們各自間，則必然有一套思想方法；換言之，乃是他們一套各別的思想格律，要人接受。凡屬哲學思想，必然有其層次，有其曲折，有其體統，有其組織，外於人生實際，而先自完成其一套。因於此一套層次曲折體統組織所限，而各派哲學思想之內容，乃亦如宗教般，在其相互間極難有會通合一之可能。全世界古今各項哲學，其出發點各不同，其歸宿點亦各不同。雖各自探求「眞理」，而眞理終不免爲諸家哲學所分裂。除共同必有一番思想方法，思想格律外，論其思想內容，則無可資人以共守。

孔子思想，不需人先立一信仰，此層極似哲學。但孔子思想，乃若無層次，無曲折，無體統，無組織，似乎並無一套特定之思想方式與思想規律，而使孔子思想終亦不成爲一套哲學的思想。孔子思想，有其一套宗教精神，而終於爲非宗教。有其一番哲學智慧，而終於爲非哲學。吾儕必循此求之，庶可見孔子思想在人類其他思想中所具有的一份獨特地位與性格。

二

孔子思想，扼要言之，乃在即事論事，即人論人。極具體，但可達於極玄遠。極親切，但可達於極超脫。極平實，但可達於極幽深。極分別，極零碎，但可達於極會通，極圓成。論其出發點，則人人盡知盡能。求其歸宿處，亦人人易到易達。而其中間過程，則可以極廣大，極多端。

人類觀念，本可有種種分歧，乃至於種種對立。但融入孔子思想中，則無不可以達於圓通而合一，無對立，乃至無分歧。

在宗教上，必有一「天」「人」對立。但在孔子思想中，則「天人合一」，融爲一體。既不尊天而抑人，亦不倚人而制天。

在哲學上，每有一「心」「物」對立。但在孔子思想中，則「心物合一」，融爲一體。既不尊心而蔑物，亦不崇物而賤心。

在現實人生中，每見有「大羣」與「小己」之對立。但在孔子思想中，則「羣己合一」，又自融爲一體。每一小己，莫不可爲大羣之中心；而每一大羣，亦莫不成爲小己之外圍。非外圍無以立中心，無中心亦無以見外圍。羣之與己，乃共見爲一體，不見爲對立。

在現實人生中，又每有「自由」與「規律」之對立。但在孔子思想中，則「自由」與「規律」之二者又自合一，融爲一體。即在相互自由中見規律，亦即在規律中涵有相互之自由。此只略舉其大者。其他人類各項觀念與各項思想之分歧與對立，就孔子思想言，乃無不可以交融合一，見其相反，泯其相反，而整個人生乃只見一大道。

今試問：孔子思想何以能到達此境界？簡言之，實只有「就人論人、就事論事」之兩語。惟其如此，所以能極親切，極平實，極簡易，極單純，不煩先立一項隔離人生之高遠信仰，亦不需一番擺脫實際之曲折思辨。孔子思想，乃得成爲一項普遍的常識，不需任何條件，不歷任何階段，而爲盡人可知、可行，與夫可信而可守。

孔子思想，乃是一種「人文本位」者，或說是「人文中心」者。孔子只就此本位、此中心來論人事，來求人文之實際。一切人文，則無不從天地大自然來，亦仍必在此天地大自然中。一切人文本身，則仍是一天地大自然。換言之，天地大自然，亦即在人文中見。故即人自可見天，即人生可以見自然。而孔子思想，則並不拘礙在此人文小圈子之內而違蔑了天地與自然。但亦不遠離人文圈子之外，而單獨向於天地大自然中任何一項目、一場所，個別追尋，個別深求；必待從此覓得一觀點，一理論，然後再回頭來向於人文實際領導，施束縛。孔子思想，始終並不曾脫離人生，而先向遠處繞大迂廻，然後迂廻回來安放在實際人文本位之上。此乃孔子思想之最大特出處。

然孔子思想，亦並不曾要先破棄了在他以前人類社會所曾有的各項宗教觀念與宗教信仰，來獨自

創建其一套人文理論。更不要先把人文事實放在一旁，來先創建他一套新的宗教信仰。孔子思想之最大貢獻，不在其有所排拒，而在其多所會通。

又如在實際人生中，有物質的人生，亦有心靈的人生。此事盡人反躬自知，明白易見。然在一切實際人生中，何時何處，則應以物質為重？何時何處，又應以心靈為先？孔子亦只就事論事，並不曾要先超脫了實際，憑空定下一原則，究竟當重心，抑重物？更不需要冥搜窮索，究竟此天地大自然，與夫人生大羣，乃始於心，抑始於物？其終極本質，係屬唯心，或唯物？或是心物對立，或是心物合一。如是種種，皆可成為哲學思辨上的大問題，而在孔子思想中，則不需重視。

又如在實際人生之心靈活動上，粗略言之，有情感，有理智，有意志。此三者，究係三分，抑係合一？究是誰為主，而誰為從？究應孰在先，而孰在後？孔子就事論事，亦不在此等問題上先作思辨，先下結論，先繞了大圈，然後再來向實際人生作一硬性的，而又是懸空的，不切各種情實的指導或規律。

孔子就人論人，就事論事，則只在每一人之實際人生即其日常人生而來作示範舉例。既不就某一人來抹殺另一人，亦不就某一事來抹殺另一事。其思想範圍，與其思想項目，似乎極零碎，極多端，但其間有一共通大原則：即每一人之人生，則必在天地大自然中，又必在人類大羣集體中，而獲得其各自個別之人生。而極其所至，則每一個別人生，乃亦各得為其大羣集體人生乃至為天地大自然一中心、一基點。

蓋孔子思想，雖只是就人論人，就事論事，極平常，極切實，但就每一人，而可推而通之於任何人；就每一事，而可推而通之於任何事。故雖極平常切實，又極高遠圓通。既可從任何一人一事推而通之於大羣，亦可推而通之於宇宙；又可從任何時任何境而通之於一切時與一切境。故曰：每一人與每一事，各別可以立爲人羣與宇宙一中心、一基點。

三

試粗舉論語中幾項淺顯之例以爲證。

子適衞，冉有僕。子曰：「庶矣哉。」冉有曰：「既庶矣，又何加焉？」曰：「富之。」曰：「既富矣，又何加焉？」曰：「教之。」（子路）

子曰：「士志於道，而恥惡衣惡食者，未足與議也。」（里仁）

可見孔子論大羣人生，論政事，則主先「富」後「教」。論個別人生，則「衣食」雖若先要而轉居次，「志道」之心雖屬後起而當爲主。此即就人論人，就事論事，有其通則，然更不煩憑空立論，必

求衣食與道、即物與心之孰重而孰輕。

子游問孝。子曰：「今之孝者，是謂能養。至於犬馬，皆能有養。不敬，何以別乎？」（為政）

子夏問孝。子曰：「色難。有事，弟子服其勞。有酒食，先生饌。曾是以為孝乎？」（為政）

此又見每一人居家事父母，與其居國從政事有不同。孝父母，決不能脫離物質生活之奉養；然曰「敬」，曰「色難」，則是一種心的表現。雖不抹殺物質人生，而仍以每一人之心之所表現者為尤要。

孔子思想重言孝。無男女，無老幼，每一人之對其父母，則必當有一番溫暖親切之情；此乃就於人心之大同，而此心則起於自然，非由任何人憑空建立一番理論而強人人以如此。然能推此心則爲仁爲愛。能推此仁愛，則又必有義、禮、智種種德從之而生。人心之種種活動，皆當以孝爲本。故有子曰：「本立而道生。孝弟也者，其爲仁之本與。」可見孔子思想，乃建本於每一人心之自然，而又使其相互間可以達於大通合一之境者。故奉以爲人道之大本也。

或謂孔子曰：「子奚不爲政？」子曰：「書云：『孝乎惟孝，友於兄弟，施於有政，是亦爲政』，奚其爲爲政。」（為政）

孔子志欲行道於天下，自亦必以政治為重。然政治非人人所得為，又非時時所得為。不如在家孝弟，則是人人得為，又時時得為者。每一人之在家庭中，亦有種種事。幹此種種事，亦可謂即是在家庭中為政。為子女者，本此孝友心，在家庭中幹種種事，其事亦即一家之政，其人亦即不啻是一家之主。一中家庭固以父母為主，然就子女之孝行言，此子女之孝心，亦即不啻各自為其家庭中一主，一中心。推而極之，修身、齊家、治國、平天下，亦即此心之一貫而暢遂。人人具此一片孝心，一片仁愛心，亦即是其人修身、齊家、治國、平天下種種大事所從出。而此一片孝心，一片仁愛心，則居中而為之主也。

天地大自然生此人類，在天地大自然中是否有一上帝？若有此上帝，此上帝又何為而生此人類？在孔子思想中，此等皆可不加深論。惟既有此人類，則就人論人，必求在此人類大羣中，各各有家可齊，有國可治，而求此人類羣居之天下亦各得其平。孔子則只望人人能參預此工作，人人能負擔此責任。就事論事，則在人與人間從其各自具有之一番溫暖親切之仁孝心情做起。而孔子又專就人之自幼俱有之一片孝心作指示與教導，以求人類之共登此大道。有子在孔子弟子中，孔子沒後為羣所推奉之一人，其「孝弟為仁之本」之遺言，驟視若淺顯易知，推而求之，實有其深義之存在。

孔子思想，務使每一人能具有人生崇高之意義與價值，務使每一人在每一時每一境中對每一件事，能各自對於其羣體廣大人生有其一分之貢獻；而又求此項貢獻之可以不朽而常在；而在其相互間，又求其可以和協而一致。必如是，乃可使人類文化日進無疆，以達於圓滿成就之理想。而孔子所

指導於人者，則只就每一人之日常人生中，就其易知易行，可守可信者而加之以指導。

茲再舉曾子所言一條以爲證。曾子、有子，皆在孔子身後爲羣弟子所推尊；而此兩人之言，即上引有子一條，與此引曾子一條，乃同列於論語之首篇，與孔子之言交錯並列。此乃七十子後人，編纂論語，自具深意，非偶而然也。

曾子曰：「吾日三省吾身，為人謀而不忠乎？與朋友交而不信乎？傳不習乎？」（學而）

此處曾子所提出人心之「忠信」，亦如前引有子所提出人心之「孝弟」。此皆人人所具有，與生以俱來，不學而自能。而且孝弟、忠信，其實只是一心，非有孝、弟、忠、信之許多各別心。人之幼年，在家庭中對父母兄長知孝弟，及其稍長出門，在社會自知對人對朋友有忠信。人類孝弟、忠信之心，其對大羣人生貢獻何在，此可不煩深論。但若人人不孝不弟，不忠不信，則人類大羣文化，斷無理想之前途，此層已盡人可知。而且孝與不孝，弟與不弟，忠與不忠，信與不信，此項辨別，亦可不煩他人指點，人人可以反省而自知。孔子思想，即在此等日常生活，人人可知可行處，親切平易，指示出了人生之大道。

所謂孝弟、忠信，不專存於一心，亦必從而表現出種種事。其事不專限在每一人心之內部，而必牽連到其對人、對外之種種。而此種種，則在每一時每一境中，又可有各不同之相異。此種種各不同

三三九

之相異，雖同出於一心，而千差萬別，千頭萬緒，乃不能用一語道盡；而必待於各人自憑此心以善盡其所表達，以各求其至善至美之所在。於是在人人所可知可行可信可守中，乃有不斷之學問與斟酌，選擇與抉別。故孔子思想，在其發端處，雖若人人可知可行，可信可守，極平實，極親切，極簡易，極單純；而在其各自前進之過程中，及至其各自所欲到達之終極點，則需要學問上極廣大、極精微、極高明之無窮追尋與研究，而有待人人各自之努力。

在論語第一篇之首章，孔子即教人以「學而時習」。曾子之三省吾身，其第三項亦曰「傳不習乎」。孔子又曰：

　十室之邑，必有忠信如丘者焉，不如丘之好學也。（公冶長）

故在孔子思想中，乃蘊藏有一項極廣大、極精微、極高明之學問境界。此一境界，論其最後所到達，孔子乃從不舉以教人，抑且孔子亦從不以其一己之所學而自滿自足。在孔子，只教人以「學而時習」，其所自許，則曰：「吾學不厭而教不倦。」又曰：「下學而上達。」其所學，則只在每一人之日常生活中之平易親切、可知可行處，故謂之曰「下學」。能下學，則自能「上達」。而其上達所到之境界，則孔子從不輕易憑其想像或曲折立論，而故爲高深以示教。子貢在孔子弟子中，乃最敏銳、最能感受之一人。子貢有言曰：

夫子之文章，可得而聞也。夫子之言性與天道，不可得而聞也。（公冶長）

所謂「文章」，乃具體之事而散見乎外者。此皆可以下學，可以與人俱知。而「性與天道」，則待每一人之上達而自得；高下深淺，可以各自不同。故孔子平日不輕以此教導指點人。遂使孔子思想，乃與世界人類中其他所表現之各大宗教、各大哲學、各大思想，俱有其不相似。顏淵在孔子弟子中爲孔子所最稱道，許其最能得孔子之傳者。然顏淵有喟然之歎，其歎曰：

仰之彌高，鑽之彌堅，瞻之在前，忽焉在後。夫子循循然善誘人。博我以文，約我以禮。欲罷不能。既竭吾才，如有所立卓爾。雖欲從之，末由也已。（子罕）

孔子只稱顏子一人爲「好學」，然亦惟顏淵一人，乃知孔子之教有其終於高不可及之一境。

孔子亦嘗自歎：

曰：「莫我知也夫！」子貢曰：「何為其莫知子也？」子曰：「不怨天，不尤人。下學而上達。知我者其天乎！」（憲問）

此乃孔子由於不斷「上達」，而終極於人文境界中無窮盡而最高之一境；此一境已是不能與人共知，故孔子自歎，謂知我者惟天也。孔子思想，本從人文境界而上達於宇宙大自然之最高原理處。孔子之所謂「天」，即是此宇宙大自然之最高原理所在與其所從出。故曰：只有天或許能知我。若此宇宙大自然中之最高原理，果有一上帝爲之主宰，或由上帝而建立，則亦可謂惟上帝爲能知孔子。故孔子思想雖不成爲一宗教，孔子雖非一宗教主，但孔子本人，則有一番極偉大、極崇高之宗教精神，至少當與舉世人類其他各大宗教之各大教主相彷彿。

但孔子則只是一教育家。惟孔子之教，實可以徧及於任何時代任何環境中之任何人。凡屬信受孔子之教者，皆可使其黽黽勉勉，不懈不息，而在其各自之實際人生中，各有一番最高、無窮盡而不易到達之境界。此亦是孔子與全人類中其他教育家若相似而實不相似處。

故在孔子思想中，其所指導，乃具有兩境界。一則盡人可知可行，即在其日常人生中，可以當下即是。每一起點，同時即可是一終點。人人可到達，亦即可以當下各得一圓滿之成就。此即如上之所舉，由每一人之孝弟、忠信之由內以及外，本之心而見之事者。此雖若小道末節，然使人人可以下學而自得其性，人人可以上達而自通於天道。人生至是，亦幾可以無憾。但此一境界，同時乃是一無窮盡、無終極之境界。乃使人人在此境界中，永當上進，永無休止，日新不已；而人生則只在此一不懈不息之過程中向前。

自孔子沒後，中國社會上自由思想風起雲湧。由孔子思想展演而成者爲儒家。其他舉其最主要而擁有甚大影響力者有墨、道兩家。墨家注重於羣體人生，其理論根據，則上推而本之天。墨家思想與其行動，極爲接近於一種宗教團體。墨家思想之缺點，則在每一人之心理上，只提倡一種宗教情感而忽略了其他自然情感的多方面。並在個人生活中所應有之多種自由方面，亦未被重視。舉天來壓低了人，舉團體來壓低了個人，使人人崇拜其偉大，而終於爲不可行。其次爲道家，展演出一種自然哲學與個人主義。其自然哲學之展演，成爲一種極透徹的無神論。其個人主義之展演，成爲一種極端純自人自由，而趨向於無政府。道家之所謂人，則成爲一純個人。

而道家之所謂人，則道家屬於哲學性。此兩家思想，皆在人文圈子外先建立了一套理論，而回頭來指導人於宗教性。而道家屬於哲學性。此兩家思想，皆在人文圈子外先建立了一套理論，而回頭來指導人生，拘束人生。其在實際人生中，有選擇，有排拒。而孔子思想則即人生論人生，乃可於墨、道兩家有調和，有折衷，使墨、道兩家思想可以相互間有其相通而不至於相反。因此在以後之中國思想中，終於接受了孔子思想，而道家退處於次要，墨家則成爲不重要。

於墨、道兩家外，尚有法家，則過分重視了政治與法律，而忽略了天與自然之一面；又其在人文圈子內，只由政治上層來統制了社會下層。又有農家，則過分重視了社會下層之經濟與生產，以普遍勞動來實現經濟平等；重視了社會，而忽略了政治，又忽略了人文界其他種種之活動與意義。此兩家亦適處在相反之兩極端。而且法家從道家轉出，乃放棄了道家最重視的個性自由。農家從墨家轉出，乃亦放棄了墨家最重視的尊天精神。所以法、農兩家，雖從墨、道兩家轉出，而都喪失了其所從來的高一層嚮往。而孔子思想，則既保有墨家的尊天精神，又保有道家的個性自由精神，而皆不走上其兩端之過分而相反處。墨、道兩家，已從孔子思想各走上了一極端。而農、法兩家，又從其極端處落於低淺。由於農、法兩家之偏滯與固執，而更益顯出孔子思想乃為人文思想中之一「中道」。

除上述四家外，又有名家，專在名字與觀念上推演其思辨工夫，形成一種純哲學的，而乃至陷入於詭辯。又有陰陽家，專務於觀察自然，而把道家之純自然哲學變成為一種多神或泛神論。此兩家，名家近於墨，陰陽家近於道，而較墨、道兩家思想遠見為褊狹與淺俗。又且名家由墨家之宗教性轉向了哲學性。陰陽家由道家之哲學性又轉向了宗教性。不歸於此，則歸於彼。總是走向違離人文之極端。只有孔子思想，不離人文，一務平實，只是一種常識的。既不要先建立一個玄遠的信仰，也不要演繹成一番幽深的思辨。非哲學，非宗教。只在日常人生之親切處見玄遠。只在日常人生之平實中見高深。只成為一種普遍通俗性的常識，而在此常識中，蘊藏著無限眞理，可以與人共見；又使人若為不可及，而有待於學問上無窮之追尋。把孔子思想與名家、陰陽家相比，更易見得孔子思想只

是在人文本位上一條平易的中道。而其宏大高深，則又遠出於名家、陰陽家之上。除卻墨、道、法、農、名、陰陽六家以外，其他尚有各家思想，更屬自鄶以下，不煩指數。秦漢以下，中國大一統，中國人終於選定了孔子思想奉為一尊，而孔子思想終成為中國思想之大宗與主流，把此來消化融會了其他各家思想之長處，又把此來修飾裁改了其他各家思想之短處。而「孔子思想」乃與「中國思想」成為異名同實之一體。

魏晉以降，佛教東來。中國僧人，先以莊老道家思想與之相迎合，繼以孔子儒家思想與之相扶會。迄於隋唐，中國佛教宏昌。天台、禪、華嚴，皆由中國僧人自立宗派，自創教義。而尤以禪之一宗，在中晚唐、五代以及宋初，幾於掌握了中國思想界之最高領導權。循禪宗之主張，即塵俗可以證涅槃，即日常可以成正果，即身而即佛，即現前而即究竟。不煩玄遠之信仰，不經曲折之思辨，即就日常人生中，作一言片辭之指點，不立文字，單就一心，即可使人自證自悟。化宗教信仰為現實常識，使人人當下有一入門，並使人人當下得一歸宿。禪宗實可稱為是孔子思想之一種借屍還魂。所不同者，孔子思想究竟重在入世；而禪宗設教，終是未能把佛家傳統之出世精神盡情洗滌。於是乃有宋代理學之代興。

宋代理學，可謂是孔子思想之復活。理學家指導人生，亦從日常現實中獲得最高真理。從各自內心啟鑰開鑰，進入修身、齊家、治國、平天下種種廣大的人生實務，而一以貫之。每一人，在其一切時，一切境，種種條件下，各可獲得人生最高真理。而相互配合，以完成一人之最高理想與最高境

三四五

界。不待人生大羣之俱得躋此境界，而無害於每一人之先自各達此境界，而每一人之先自各達此境界，乃即爲大羣全體之躋此境界開闢了一條親切、平實、簡易、單純之大道。可以融化各種宗教、各種哲學於實際人生中，而實際人生中一切幹濟事爲，皆可在此一大道上配合無間，無衝突，無扞格。羣己一體，天人一體，以共赴此人生之大理想。

不棄一法，而萬法歸宗。只有一套教育方法，可使人人「己立而立人，己達而達人」。

## 五

今天的世界，則正已走了一條羣言龐雜、思想紛歧的道路。各地舊文化各就衰頹，而各地的新文化則尚待萌苗。舉世遑遑，莫知所向。舉要言之，有宗教與科學之衝突。宗教注重心靈啓迪，科學注重物質駕馭，而不免內面的心靈世界與外面的物質世界相衝突。就內部心靈世界言，縱使人人皈依一宗教，人人信仰一上帝，人人追尋一套哲學，但在其相互間，則又不勝相異，不勝衝突。就外部物質世界言，科學眞理，其相互間，雖若可以相通合一；但此科學上相通合一之眞界，不能用來對付心靈界。在物質方面，今日的世界固已突飛猛進；而在心靈方面，則益形紛歧，益形晦亂。其間則有國與國之衝突，民族與民族間之衝突，又有每一行業間之衝突。物質愈進步，衝突

愈尖銳，亦愈緊張。衝突愈複雜，愈擴大，而愈難有解決。

在此種種衝突中，所謂人生真理，乃益形晦亂，益形分歧。而實際人生，乃益見有種種不可調和之對立，不復再有相互融通之協調。其最大者，有「唯心」「唯物」之各趨極端，有「大羣」「小己」之互不相容。主張集體人生者，每把大羣集體來吞滅了小己自由。主張個人人生者，又把小己自由來淹沒了大羣集體。而物質人生與心靈人生，尤難調和合一，不能再用來誘導實際人生，而獲得一親切平易簡單之解決法，而徒啟相爭。而各項宗教信仰，則已逐漸衰退，不能再用來誘導實際人生，而各項哲學思辨，則又各有立場，各有演繹，各有組織，各有結論。雖若各自有其曲折深微之處，而要之分歧割裂，乃使哲學思想幾若成爲人類智慧一種爭奇鬪勝之遊戲與玩藝。而此項遊戲，乃亦有不可復繼之勢。要之在下面，既脫離了大多數人之自然心靈，而各自進展；而在上面，亦無法接觸到人生與宇宙自然相融合的最高真理之共通面，以相與而有成。

若說要退後一步，主張保守；則人類思想已往業績，如各項宗教與各項哲學，已成爲強弩之末，支離破碎，無可憑之以求應付世界人類當前之局面。若說要向前一步，主張進取；則今天人類在繼續前進上所猶可期望者，只剩有科學一項。單就物質方面謀進步，而使人生其他各方面，全得追隨在物質進步之後而亦步亦趨，喘息以赴。此項進步，最多亦只是物質的，而非全部人生的。而全部人生則轉將因於物質進步，而反見其紊亂與後退。

今天的世界人類文化，不僅如上舉，有宗教、科學衝突，有國家與國家、民族與民族間衝突，有

心物衝突，有羣己衝突；而且復有貧富衝突，即資本與勞工間之衝突；有新舊衝突，每一社會上中老年人與青少年人起衝突；而甚且有男女衝突，夫婦衝突；如是等等，紛見迭出。人與人間，一若惟有衝突之存在。人類之所由猶得以相互團聚，猶得人與人間相互結合以成爲一體而不致於急激破碎、分離以去者，則惟賴各種經濟機構。其背後則純屬物質的，而非心靈的。又一則爲政權組織，擁有強力加以控制。則只見爲強迫的，而非自由的。要之都只是在外面加以一種黏合，而非由人類本身內心深處之自有其黏合與融和之所在。

今天的世界，由於物質進步，而使世界人類日趨於接近。而正爲此物質進步，人類日相接近，而使全世界人類在其心靈上，乃失卻其黏合融和以共成爲一體之主要成分，而更走向各自離散與敵對之一途。於是人心苦悶，懇切要求能有一轉變。而此轉變之曙光，則不幸而日益黯淡，日益渺茫。不僅無可接近，甚至無可瞻望。

今天的世界大問題，正本清源，首應著重於「教育」問題上。而今天人類所能寄望之教育，將是一套嶄新的教育。此項新教育，則不能單一寄託在古老之宗教信仰上，亦不能單一寄託在古老之哲學思想上，更不能單一寄託在專限於物質方面之各項科學的知識與技能上，更不能寄望在狹義的國家與民族之各別相爭上。此項新教育，則必當以全體人類爲其共同對象，不問國別、種族別、職業別，乃至男女、老幼、富貴、貧賤種種人生境遇中之種種差別相，而有其一套共通的教育宗旨與教育方法。更不能有種種條件限制，如所謂小學、大學，普通教育與專門教育等，應使人人有接受此新教育之可

能。只要其是一人，即應包括在此新教育之對象中。縱是種種人間相千差萬別，此一教育理想與教育方法則純一無別。不論種種零碎事項，都能在片言隻語之指點下，可以使其各自反於心，各自達於外，而共同趨赴於同一目標，而不見有衝突，不見有差歧。

求之人類以往之教育宗旨與教育方法，能符合此一理想者，則惟有孔子思想。

六

孔子思想並不是宗教，但在孔子思想中，具有極深厚的宗教精神，與尊天敬神的觀念。孔子思想雖不曾由此推演出一套宗教信仰，但在宇宙大自然中之具有一項最高眞理，與夫此項眞理之是否出於一上帝？或由一上帝爲之主宰？苟有人在此方面探索，只要其探索所得，無礙於實際人生之向前，在孔子思想中，亦不曾對此加以深閉固拒之態度。不惟佛教爲然，其他如回教、耶教等諸大宗教，均能在中國社會上和平相處，不發生嚴重衝突。此即爲孔子思想對於諸大宗教富有包容性之一個具體明證。

孔子思想並不曾完成爲一套自然科學，但亦並不反科學，抑亦容許各項科學有其各自之發展。如大學言「格物窮理」，中庸言「盡物性」，易傳言「開物成務」，又言「形而上者爲道，形而下者爲器」，及書之言「正德、利用、厚生」，都只在自然科學所能完成之種種事物上標示出一個人文目標，使自然

物質與人文理想相得而益彰。抑且在中國歷史上，不斷有自然科學方面之專家，如算數、天文、曆法、水利、建築、農業、音樂、醫藥種種專門人才，皆曾有其偉大成就；然幾乎絕大多數全是崇奉孔子思想之儒家。以前如此，以後當亦可然。孔子思想之發揚光大，將決不會是反科學的，此亦無待深論。

孔子思想，乃以人類全體爲其教育目標，無國別，無種族別，無男女老幼、貴賤貧富、智愚敏鈍，種種人生間之自然別與人爲別。故曰「有教無類」。又不論時間別，孔子思想極尊傳統，但亦極重開新，隨時隨地，隨於人類社會之種種事象差別中，皆直指人心以爲教；直指人心之全體，兼顧於感情、理智、意志，人心多方面之種種功能與活動以爲教；又必本於人心之所同然者以爲教。如教父以慈，教子以孝，教爲人下者忠其上，教在人上者敬其下。一以貫之，則是一種忠恕之道。無彼無我，易地則皆然。在人類的性情上開出理智，在人類之理智中完成性情。在人類之大羣體中涵容一切個人，在一切個人之相互結合中團聚成爲各種之羣體。由家達於國，以達於全民族、全天下，而完成一世界人類之大羣，使之相安相樂，無往而不各得其所。個人可以極自由，而不害有共守之規律。規律可以極細密，而不害於各人之可以各得其大量之自由。由大羣人以至各個人，由各個人以至大羣人，莫不本於一心，以相通合一。而如何來教導培育此人心，則從人人之易知易能者開始，而向於天道與人性之難窮難盡處趨赴。而即在於各人之易知易能處，可以使各人獲得其當下各自圓滿之歸宿。

孔子思想，幾可說全部盡在論語一書中。論語共分二十篇，四百九十八章。論其總字數，不出一

萬二三千字。然兩千年來，中國學人對此書之解釋發揮，其散見者不論，其成爲專書者，不下四五百部。其中惟南宋理學大儒朱熹之注，最得論語之精義。元、明、清三代以來歷七百年，朱注論語，乃爲中國識字讀書人一部人人必讀書。然此七百年來，遇朱注有小錯失，加以糾正，亦復不少。本文作者，在七年前曾爲論語新解一書，盡量保存朱注所得之精義。其小節錯失經後人糾正者，亦盡量收入。將論語全書，逐篇、逐章、逐句、逐字一一加以注釋發揮。然亦不超出三十萬字。自謂以現代人觀念、現代人文字闡釋論語，此書用力，較勤較備。若使現世界各民族，各文化傳統，各以其所用文字，根據作者此書傳譯，庶於論語本義錯失可少。孔子道大，自可就各文化傳統中，各本其自己所有宗教、哲學種種異見，而各自斟酌之采擇，以求會合融通。庶乎使錯綜複雜、衝突多歧之現代文化，漸次獲得一共同之趨向，與夫一共同之道路，而相與以有成。要之，孔子思想，本於人心，達於大同。始乎人文，通乎天地。其親切、平實、簡易、單純之教育宗旨與其教育方法，必將爲世界文化奠其基礎，導其新生。此則本文作者之所馨香禱祝以期也。

（一九七一年十月十日爲孔孟學會作）

# 孔子與世界文化新生

## 一

文化是人生的綜合體。因此要對某一文化加以分析批評，必先注意到那一個文化中所包括人生之各方面；又必注意到此各方面人生之如何配合協調，而始形成爲此一文化之整體。研究文化，與研究自然科學不同。文化學之本身，無論如何，總脫不了含有某種價值觀念。因此從文化學立場看人生之各方面，應有一種高低輕重的分別。大概言之，任何一種文化人生，必然由三個階層所凝合。最低的，即最先的，亦是最基本的，第一個文化階層，是屬於物質經濟方面的。沒有物質生活，沒有經濟條件，根本無所謂人生，亦無所謂文化。由此發展到第二階層，則爲政治法律、社會禮俗，羣體集合之種種規定與習慣。文化是集體的，沒有這一階層，也同樣無文化可言。循此再發展，乃有最高的，亦即最後的，最終極的第三階層；此一階層，包括宗教、哲學、文學、藝術等項，屬於純精神部門。

我們可以說，文化是物質的、集體的、精神的，三部門之融合體。

以上所舉，卻恰恰沒有提到自然科學。照現代人觀念，似乎自然科學應該是人類文化中最主要的一項目。但仔細分析，自然科學，就其實際應用方面，影響及於物質經濟人生者，早已列入第一階層。依照文化價值言，此一階層，消極作用大，積極作用小。換言之，即缺乏的影響大過於富裕。借用經濟學上一術語，也可說它有一種「報酬漸減」的趨嚮。你在電燈光下禱告，或思想、寫作、歌唱，並不在油燈底下更有效、更靈敏、更深刻，或更精妙。質言之，物質生活提高，精神內心生活並不一定相隨提高。有時，轉因物質經濟生活太複雜、太滯重了，反而把人類內心精神生活的境界和造詣降低、沖淡了。這兩百年來自然科學之突飛猛晉，轉使人類對於宗教、哲學、文學、藝術方面種種啟悟，種種成績，反而遜色了，便是眼前一個極顯著的例。就文化第二階層言，自然科學之貢獻，為奴不為主，只是一種工具，不是一種目的。共產主義和資本主義，同樣要運用自然科學。侵略的與和平的，也同樣要運用自然科學。再就文化第三階層言，自然科學的智識，必已變質成為一種宗教，或哲學，乃始對於人類文化有深刻切實的影響。哥白尼的天文學，達爾文的生物學，以及十九世紀盛極一時的唯物論，都以為自然科學是在追尋宇宙客觀的真理，而始影響及於文化之內層的。

近代人觀念，都以為自然科學是在追尋宇宙客觀的真理。此一觀點，實亦大可商。在相對論所謂「四度空間」的另一坐標系之下，由飛翔的鳥羣和潛泳的魚類來看歐幾里德幾何學，並不見得它是客觀的真理。如在蟻羣或蜂羣中，也出現一個達爾文，必將有另一系統的生物進化論。可見自然科學在

整個人類文化價值中衡量，徹頭徹尾是工具性的。它既不曾替人類發現了超人類以外的宇宙客觀眞理，自更未曾替人類發現了人類文化內部本身的眞理。它只在人類文化演進中，作一項有力的工具。近代人太過看重了自然科學的地位和價值，這是近代文化一弱點，一病徵。這一層言之甚長，此處只稍引其緒，未能細加分剖。

## 二

我們要衡量一種文化，而批評其利病得失之所在，必要在上文所述的文化三階層中，求得其核心或領導勢力之所在。西洋中古時期，我們可稱之爲「基督教」的文化。在那時，不僅哲學、文學、藝術，種種精神生活方面，全爲宗教所支配，全以基督教爲核心，而接受其領導；即政治法律，社會禮俗，第二階層的一切，也都在基督教領導下，遵循其節制，追隨其嚮往；而第一階層物質經濟生活，則顯然處在一種不重要的地位，只求消極性的滿足程度之遞減，不求積極性的享受程度之遞進。這一種文化，不是沒有弊病的。「富人入天國，如橐駝穿針孔」，它明對物質生活極端輕視。「上帝的事由上帝管，凱撒的事由凱撒管」，它又把政治事業推之門外。把它所蔑視而拒絕的，來由它支配，讓它領導，這弊病已够大了。而且人類的精神生活，本由其物質的、集體的生活中孕育而長成；精神生活

只該由物質生活、集體生活再提高，但它還是人生中一境界；而基督教的終極理想，則要超越人生。

因此不免要蔑視人生，隔絕人生。則宗教之終極目的，無異要超越文化。把超越文化的理想，來領導文化，自然要在文化本身內部發生嚴重的弊害。

自十四世紀文藝復興運動之後，現代的西洋文化，漸漸游離了宗教的核心，擺脫了宗教的領導，而產生一個新的核心，新的領導勢力；這便是「個人主義」。此所謂個人主義，乃指一切以個人為基點，以個人為中心的一種主義。法國大革命，揭櫫「自由、平等、博愛」三口號。此三句口號，仍以個人主義為背景。「民主政治」即在此三句口號上建立演進。少數服從多數，重量不重質，把數字來代替了真理。但數字是一種純形式的，空洞的，無內容的。三塊瓦礫，也可說多過了兩粒珍珠。民主政治只問三與二的多少，不問瓦礫與珍珠的貴賤。數字多是珍珠，數字少是瓦礫。這一理論，若非追尋到個人主義的最後根據，是說不出它精要的意義的。

然而個人主義，若非另有一更高的領導，則仍還是空洞的。個人渺小而短促的生命，在此長宙大宇中，在此廣大深博的文化機構中，究該如何呢？自由也該有一領導，否則天空地闊，你使用你的自由，究竟向那一條路前進呢？近代西洋文化，正為在個人主義之上沒有一個更高的領導（原來是宗教），於是文化核心，漸漸從第二階層墮落到第一階層，從個人主義墮落到物質主義；於是在民主自由的政治中，醞釀出一個資本主義的社會。最先的資本主義，也還以個人主義為核心。此即一種個人意志的無限向前的自由之滿足。但漸漸再轉移，個人主義卻把資本主義作核心了。此即說，個人自由的無限

興趣，大部分都集中在物質與經濟生活方面了。於是最近代的西洋文化，遂墮退到以第一階層為核心，為領導；一切文化中心的前進意義，全集中在物質生活上，全偏傾在經濟問題上；於是「唯物史觀」「共產主義」，遂應運而起。

個人自由是一種哲學，唯物史觀與共產主義也是一種哲學。這一種哲學，博得多數人信仰，便成為一種宗教。現代人常譏諷共產主義是一種變相的宗教，試問：法國大革命前後的個人自由與民主政治，何嘗不成為當時一種變相的宗教呢？若由此論之，則似人類文化之核心與領導力量，始終在第三階層，並不在第一、第二階層了，這亦是人類文化經過相當時期之演進以後所應有的現象。但我們對此解釋，仍得作進一步分析。如上文所指，個人主義是空洞的，自由主義也是空洞的，最多不過是在第二階層中，對政治問題上的一種要求或理論。這一種要求與理論，反映到第三階層去，形成了一種過分重視個人自由的哲學。外形是第三階層在領導第二階層，實際是第二階層在領導第三階層。換言之，那種個人自由的哲學，只是一種政治哲學，而非一種超政治的哲學；因此也非一種指導全部人生終極理想的哲學。近代西方哲學，若真以個人自由為核心，為領導，它便沒有能超出第二階層。唯物史觀與共產主義，也可說是一種哲學，但它只是一種偏重在物質生活、經濟問題上的哲學。它是以第一階層為立場，而反映出的哲學，更說不上是一種指導全部人生終極理想的哲學。因此，最近代西洋文化的展演，有一部分人，寧願犧牲民主政治，來完成他們共產主義的理想。這只是由個人經濟主義、個人資本主義的中心，轉移到集體的經濟主義、資本主義的中心而已。在民主政治的初期所逐漸

發展出來的資本主義，此即通常所謂「資本主義」，其實只是個人主義的一面相。而由唯物史觀的理論所支持的「共產主義」，實際卻是眞正道地的資本主義，即是抹殺個人主義而純粹在物質經濟上作數字計較的一種主義，而用人類之全體來完成之。這一種主義，卻始終沒有超出文化的第一階層。這一種主義，依然重量不重質。八小時的出汗出力，較之三小時的深思奧念，在數字上是八小時勝過了三小時。勞動神聖，便專把時間數字來計算。全部的政治，全部的人生，便專把物質生產來衡量。

若照人類文化演進之眞的價值觀點，則必須由第一階層超越到第二階層，仍須由第二階層超越到第三階層。人類文化之理想的核心與其領導力量，必須在第三階層中產生。第三階層，雖說是超越了第一、第二階層，但仍必包含有第一、第二階層之存在。基督教的弊病，在其超越而不包含，在其排拒蔑棄了第一、第二階層，而僅求完成其第三階層之終極嚮往，成爲一種逃俗出世而達到天國的、純精神的、違背人生現實的嚮往。理想的精神生活，固應超越物質生活，但仍必包含有物質生活。理想的民主政治，固應超越個人主義，但仍必包含有個人主義，只是在此基礎上更高一層。而最近代的唯物史觀與共產主義，則既抹殺了個人自由，又抹殺了精神生活，只在純物質的觀點上重量不重質。這一種文化病，卻可從近代人偏重自然科學一觀念中演變出。我們若找不出它病根所在，是無法加以消除的。

三

現在我們希望世界有一文化新生，第一必希望有一具有世界性的哲學或宗教，來作核心的領導。

在人類文化演進過程中，從來沒有一項全新的事物，突然出現過。因此，此項新哲學或新宗教之產生，必然仍將在舊文化中有它深厚的淵源。基督教和佛教，在先也曾具備過此種資格；但它們因爲過猛用力，要求超越第一、第二文化階層，而連累它在第三階層中站不穩。它們同樣的對於人類文化之整體表現了一種消極而反抗的姿態。回教則因它的創教主同時即是政治領袖，容易使它陷落到第二階層中，而失卻其超越的領導功能。只有中國儒家，它本身不是一個出世的宗教，容易不是一個領導出世的教主。孔子的教義，雖已超越了第一、第二階層，但站穩在第三階層中，孔子自身也並沒有像一般宗教般對文化整體之消極性與反抗性。他的教義中，顯然對第一、第二階層的文化生活，盡量保留它們在文化整體中所應有之地位；但亦要求它們必須接受一種超越它們的、在文化第三階層中的精神核心之更高領導。這是我們在希望世界文化新生中很值得提出注意的一件事。

我們要希望有個具有世界性的領導的眞理與信仰，

第一、我們必先希望它能超越羣體的現實生活，即第一階層中物質經濟生活之束縛。

第二、我們再須希望它能超越羣體的現實生活，即第二階層中政治法律、社會禮俗生活之束縛。

第三、則須希望它能仍在人類文化立場上，回頭來領導它所已經超越的羣體的政治性、個人的經濟性的生活之各方面，好讓它們集湊在更高的一個核心，而接受其領導；俾使文化各階層，得一相互間的融和，而凝成爲完好的一整體。

換言之，這一個核心領導，必然是入世的，而非出世的。這一種精神，必然是超越的，而仍然是包含的。

這一個眞理和信仰，必然是客觀的，而同時仍屬於人類自身的。

基督教、回教，建築它們的眞理與信仰在超越人類以外之上帝，而提供了一套很具體的想像。這已與近代自然科學之發現相衝突。佛教則就人類文化本身內部，來拆卸破壞其組織與機構。它雖並沒有信仰一個超越人類而外在之上帝，但非人類文化之繼續成長與發皇。若論自然科學，則僅能爲人類文化成長發皇途中一項重要的工具，它本身並不能領導人類文化走上一特定的積極的趨向。自然科學所發現的眞理，對人類文化依然是一種超越而不包含。二加二等於四，也可說它乃超越了人類文化而存在，但也可說它並不包含人類各種文化之實際的存在而存在。因此有人說，縱使沒有人類存在的區域，二加二仍然等於四。其實二加二等於四，正由人類文化所發明；只因它並不是人類本身一種實際生活。此種生活之所以稱爲文化，乃在其超越了各個人、各集體在各地域、各時期之實際生活，而有它客觀的存在。我們必將對此

佛教則即就人類文化本身內部，來拆卸破壞其組織與機構。它雖並沒有信仰一個超越人類而外在之上帝，但仍是人類文化之取消，是虛無的涅槃境界，而非人類文化之繼續成長與發皇。

三六〇

客觀存在，具備一種價值的即眞理的認識與崇敬心情，而產生出在上文所舉的文化第三階層中的一種精神意識來。由於此種精神意識，纔始有對人類文化理想之終極目標的嚮往。非此，則人類文化終不得一個圓滿向前的發展。

民初新文化運動以來的中國人，常認近代西洋文化只是民主政治與科學精神。這是一種淺見。民主政治以多數爲眞理，並不能超越文化第二階層集體的要求。科學精神所注重的重心，在人類以外之自然界，不在人類生活之本身。它至多是站在人類立場，發現了自然界一些可供人類運用的眞理；並非即是人類生活自身內部在其演進上達的過程中所必須具備的眞理。像基督教之「博愛」，佛教之「慈悲」，孔子教義中之「仁」，此乃人類生活自身內部在其演進上達的過程中，所必須具備的眞理之最易指出的具體實例，但在自然科學中將遍尋不獲。只有在注意到人類生活在其自身的演進上達的過程中，纔始可能獲得此項眞理之認識。此即歷史文化學之貢獻。歷史文化學之最高發展，應該超越了各個人、各集體、各地域、各時期，而仍包含此各個人、各集體、各地域、各時期的種種生活之實際存在。此項認識，是超越的，同時又是包含的。這是另一種人類文化的認識。只有中國儒家精神，孔子教義，始終緊握住這一點。

最眞實的人生，還是在一切地域、一切時期、一切羣體中的各個人的人生。抹殺個人，將無羣體。然而人永遠還是人，在一切地、一切時、一切羣中的一切個人，均有它的相似點。此種相似點即所謂「人性」。在人性中有幾項爲人類文化演進上達的主要元素而不可或缺的，此即人性中之文化眞

理。中國儒家謂之「道」，即上文所指基督教之「愛」，佛教之「慈」，孔子教義之「仁」。此乃人類文化中具有真實內容的客觀真理。自由是空洞的，並不具有任何內容。照孔子教義說，仁愛慈悲，乃人性中所自有。因此，放任人類自由，可以自然走上這條路。但人性中並非只有此慈悲一項天性。因此放任人類自由，也可違離這條路。必須在人類文化演進上達中，客觀的指示出人類這一天性，而加以培養與教育。基督教則把這一天性認爲不屬於人類自身，而轉以屬之於上帝。佛教則並不以此一天性爲人類文化演進上達之一項主要元素，卻認此爲達到它理想的涅槃境界之一項方便法門。

四

近代西洋文化，一面高抬個人自由，一面提倡自然科學，但另一面又不能放棄基督教的博愛教義。而在此三項中，並不能提出一個會通合一之所在。這即表現了近代西洋文化之缺陷。於是宗教與科學，演成分道揚鑣、齊頭並進的形勢。其相互間種種衝突，種種矛盾，難於協調，難於融和，這是近代西洋文化中另一新支「共產主義」出現，走向極端，把集體階級鬥爭來奉爲人類文化演進上達唯一主要的因素，把仇恨代替愛，把馬克斯代替耶穌；而自然科學則一樣俯首聽命，供其運用。雖西方人亦有明知抹殺個性、抹殺仁愛，以仇恨與鬥爭爲核心領導，對人類

文化前途是一條危險的死路；但他們目下所現有的那種以耶教博愛、個人自由與科學精神所形成的鼎足三分的舊文化，卻實感有招架無力之弱勢。於是只有依賴原子彈，以殺勝殺。或是依賴物質經濟之借貸與賄賂，希能收買信仰，換取思想。這是近代西洋文化內心的更大苦痛。

至於孔子教義，不僅不放棄人性中的仁愛，而且也並不曾否認人心中有仇恨；乃至人性中所有一切動向，在孔子教義中，均不想施以藐視與鄙棄，只求在人性中指點出「仁愛」一項來，特別加以培養與教育，作爲人生之核心領導。只求其他人性動向，在此核心領導下，得到融和協調的發皇。這一種發皇，既無背於基督教的博愛精神，也無背於近代西洋的民主政治與個人自由，自然科學也一樣可以聽他的支配與運用。至於在這一種超越性的人類文化展演途中所必具的客觀內在真理，又如何來把握與認取呢？此在孔子教義中，有一極真切極簡易的方法：一切地、一切時、一切羣中的一切個人，只要能反就己身，認識自性，把來與歷史文化的客觀存在相印證，相對照，即可相悅而解，莫逆於心。

因此，孔子教義中的客觀真理，並不抹殺個人，也不抹殺自然。這一種超越性的文化真理，其自身即建基在自然的人性上。你既把握到這一真理而真切認識之，你將自見其超越，你將自然有一種崇敬的心情油然而生。；你自將寧願犧牲小我個人，來嚮往此一真理而奔赴。，自將寧肯犧牲小我個人，來求這一真理之實現與完成。孔子教義中這一精神，實是道地十足，不折不扣的宗教精神。因此，在孔子教義所形成的中國文化裏，可以不需別一宗教，也可以容納任何一宗教。只在不蔑棄不排拒第一、第二階層中的人生條件下，而容納各種宗教之共同精神，即是一種犧牲救世的精神，即是發源人類於天

孔子與世界文化新生

三六三

性中的一種仁愛慈悲的精神。

在孔子教義領導下所形成的中國文化，自然也不免有許多可能有的缺陷，因此也不免有墮退與逆轉的時期。這是任何一類型的人類文化所不可避免的本身內含的弱點。正因有此弱點，纔有待於一切時地、一切人羣中之一切個人之不斷的努力。近代中國，則正當本身文化走上了一個墮退逆轉的途程中。在它與近代西洋文化相接觸時，尤其相形見絀的，則在中國文化沒有像近代西洋那種爲人類文化最有效用的工具，即自然科學之發明。然而這決非文化本身內部的致命傷。近代的中國人，誤認爲非徹底破壞自有文化傳統，將難接受到自然科學。於是破壞了身體來改穿衣服，破壞了胃腸來改進飲食。然而中國民族，是世界現存人類中最能保留歷史，尊重歷史，來從歷史中求取文化客觀眞理的一民族。中國文化，是最能注意到把文化三階層來調和統一，由超越一二階層而同時包含一二階層的第三階層的精神生活來作全體核心領導的一文化。中國文化之被誤解，被忽視，則孔子教義，仍將爲後起的世界文化新生運動中，求在人類歷史本身內部覓取文化眞理者，唯一最可寶貴的教義。中國文化與孔子教義，決然將對此大業有很重大很可寶貴的啟示與貢獻。因此特在二千五百零一年的孔子誕辰，撰述斯篇，以待中國及並世有心此文化新生大業者，作爲一參考。

（一九五〇年九月香港民主評論二卷五期）

# 民族自信心與尊孔

一

任何一民族之形成與發展，必有與其他民族間少許相異不同之特殊性之存在。此種特殊性，可稱之謂「民族個性」，或徑稱「民族性」。

若無此項民族性存在，即不能有民族之形成與發展。

此項民族性，乃由於外面天地大自然之影響，以及人類自身之歷史積累，與夫文化創進，多方配合，長期陶鑄而完成。

因此，「歷史」、「文化」、「民族」，乃屬三位一體。無此民族，即無此民族之歷史與文化。無此民族之歷史與文化，亦即無此民族之存在。

## 二

中國民族，有其可大、可久之顯著特性。

中國民族，擁有長時期五千年一線相承，傳遞不絕之歷史演進與文化體系，現存全世界其他民族，無一可與相比擬。此爲中國民族有其可久特性一明徵。

中國民族，擁有廣大人口達於七億之多，占全世界總人口五之一。其他民族，亦絕難相匹。此爲中國民族有其可大特性一明徵。

何以中國民族能有此可大、可久之兩特性？此因中國人中之大多數，經於教育修養，風俗薰染，使其各以可大、可久爲其人生之理想與趨嚮之目標。由各個人之人生理想與其趨嚮目標又推而及於家庭組織、社會經濟、政治制度、各項羣體結構，亦無不同向此理想與目標而前進。

此項民族特性之呈現，亦可以「和平中正」四字說之。

狹小的期圖，短暫之攫取，永懸爲歷史炯戒，文化明訓，相率鄙棄而不顧。

中則不偏，正則不邪，惟其不偏不邪，故能和平相處。小己之完成，即爲大羣之完成。而大羣之完成，亦即是小己之完成。

三

中國民族此項理想，尤以儒家教義爲中心。而中國儒家，則共奉孔子爲宗極。

孔子生在中國民族長期歷史文化演進之中期。上面集前古之大成，下面開後代之新統。後人尊之曰「至聖先師」。「至聖」指其爲中國民族理想人生之最高標準，「先師」指其爲中國民族教育方針之最先啟導。

亦可說，中國民族長時期歷史文化，乃融攝凝合於孔子之一身。古往今來，中國人之共同理想，內心嚮往，乃集中於孔子一身而人格化了。孔子乃爲中國人具體的、同時亦是理想的代表。

孔子人格，亦惟可以「可大可久」四字盡之。

孔子身後，戰國時代，異說蠭起，百家爭鳴。有尊孔，有反孔。然而反孔的各派思想，終於不可大，不可久。迄於兩漢，孔子遂定於一尊。

魏晉南北朝迄於隋唐，尊孔之風稍熸，道、釋、儒三家鼎峙，孔子與老聃、釋迦並尊。但宋以下，孔子仍居獨尊之地位。

最近民國成立六十年來，西化日亟，孔子地位又趨動搖。反孔呼聲，紛興迭起，不啻成爲近六十

年學術思想界一新風氣。

與此互爲表裏之一端，即爲民族自信心之墮落與消亡。

傳自西方之新觀念、新名詞，層出不窮，憑爲依據，來批評解釋中國的一切舊事物。

最普遍流行，亦最值注意的，乃在歷史方面。

四

雙方民族不同，斯即雙方的歷史路線與文化體系亦可隨而不同。此一觀念，似爲近六十年來國人所逐步遺棄。

西方一些觀念和名詞，乃根據他們的歷史事實而發生。但我們似不認爲雙方歷史可走不同路線。遇有雙方不同，則認爲他們是前進而現代化了；我們則是落後，尚在他們的中古時期。

即如說：中國自秦以下兩千年，只是一部帝皇專制史。

在中國，秦以下，固是不斷有專制帝皇出現，但傳統的中國政治制度，則決非是一套帝皇專制的制度。

巨眼先矚，卓然不羣，則只有孫中山先生一人。他採取了中國傳統政制裏的考試、監察兩項，來

創造他的五權憲法。若使中國傳統政體只是帝皇專制，則何來有此考試與監察之兩制度？

我曾獨稱中國傳統政府，自漢武帝表彰六經，尊重孔子思想以下，乃形成爲「士人政府」，即由社會讀書士人經選舉與考試來充當政府官吏，政府即由此輩士人所組成。自漢迄清，此制不變。

我又稱中國傳統政府，自漢武以下，乃是一「文治政府」。所謂文治，乃指其以學術來領導政府；而代表學術者，則爲此輩尊孔之士人。

惟其如此，所以中國傳統政治，絕不走上「帝國主義」路線，亦絕不走上「資本主義」路線。此爲中國民族歷史文化與西方絕不相同一要端，亦爲中國民族歷史文化可久可大一要端。

「專制政治」一名詞之外，又有「封建社會」一名詞，同樣廣泛流行。

在中國歷史上，秦以前爲封建政治。此與西方歷史中古時期的封建社會絕不同。我們把自己歷史裏屬於政治制度上之「封建」一名詞，來翻譯西方歷史中古時期的一種社會形態而亦稱之曰「封建」。名詞混淆，遂使觀念錯亂，引生出種種流病。

中國古人只說封建制度，並不曾說封建社會。若稱封建社會，試問此社會，究由誰封誰建？可知「封建社會」一名詞，根本不成立。

我又獨稱中國社會爲「四民社會」，即士、農、工、商之四民。而士爲四民之首，因此有「士人政府」之建立。中國歷史中之「士」，乃屬於社會之中層，向上由他們來組成政府，向下由他們來領導民眾。在我們自己的歷史裏面，社會與政府，本是上下一貫，血脈相通的一活體。現在我們好用西

方名詞，在上是帝皇專制，在下又是封建社會。試問，既有帝皇專制在上，又如何允許封建社會存在在下？在西方歷史上，先有封建社會，後有專制政治，專制政治出現，封建社會即消滅，並不能同時並存。如何中國能使專制政府與封建社會上下並存？卻不見人加以說明。

馬克斯的唯物史觀，乃由奴隸社會、封建社會、資本主義社會，遞升到共產主義的社會。他本根據西方歷史來分析、推論。我們既也認中國是一封建社會，於是此下是否應該推進到資本主義的社會去？抑或跳躍一級，直接走上共產社會的路？這一問題，實只是一個不切實際的空問題，但已為最近大陸共產政權作溫牀。

孫中山先生在此，又是遠識深慮，有他一套特出的見解。他的「民生主義」，主張節制資本，這是中國歷史上一條老路。中山先生根據文化國情，不主張追隨西方資本主義路線，又斥共產主義為病理的；乃求超出現代西方資本主義、共產主義相互對壘之社會兩形態，而別有其本源於自己民族歷史文化傳統，自本自根而建立起一套此下中國社會之新理想。

惜乎孫先生此項理想，並不為現代國人所瞭解。其所手創的「三民主義」，仍必在西方政治思想中，比附之於美國林肯總統「民有、民治、民享」之三語，始易為國人接受。但其間意義實有絕大不同。「民生主義」既與「民享」一語涵義有別；「民權主義」主張「權」在民眾、「能」在政府，亦與「民治」一語涵義相差；而「民族主義」則更不與「民有」一語之涵義相類似。

孫先生的「三民主義」，必以民族主義為首，必以自己民族的歷史文化為背景、為基礎，必從自

己民族之傳統個性爲本源，而發揮出自己民族建國與國從來所有的那一番精神命脈，乃始爲可久而可大。決非狹小計較，短暫應付，向外剝竊，有人無我的空乏心理所能勝任而愉快。

不幸而現代國人之民族自信心，已墮落到崩潰邊緣，故使孫先生終於感發「知難行易」之慨歎語。

當知中山先生此語固是一番哲學，亦是一項現實。

不先自知，何能自信？

而中國民族之歷史文化悠久博大，欲求自知，亦非易事。

在民初即有新文化運動。有人主張民族自譴，要坦白承認中國事事不如人。若有人指出中國民族亦有長處，亦有許多存在價值，不當事事模倣鈔襲，舍我從人，即會被認爲頑固守舊。

但中國人有一最足自傲處，即是在中國人中產生了一孔子，而孔子在此下中國的歷史文化上又有莫大之影響力。此刻要對中國民族文化深自譴責，其第一目標，自然會落在孔子身上。

因此，在當時，早有「打倒孔家店」、「禮教喫人」、「非孝」等種種言論出現。

現代中國，既是一力追求西化，自己舊的都該丟，則孔子自當受譴責、自當受反抗。

中國共產化，亦即是中國力求西化中的一條路線。

馬克斯的唯物史觀，不認有歷史的個別性，只認有歷史的共同性。不認有「民族」存在，只認有「階級」存在。不認歷史之發動力在「人」，只認歷史之發動力在「物」。

最近大陸反孔運動又起，乃把孔子說成爲一個頑固地維護奴隸制的思想家。馬克斯既認在封建社

會之前乃是一奴隸社會，他們自必要在中國歷史上找出一奴隸社會來。而史文無徵，屢變其說。最近乃認爲當春秋中期，奴隸制度搖搖欲墜，那時是新興的地主階級封建勢力和沒落的奴隸主貴族的鬥爭，而孔子則站在奴隸主那一邊。實際仍只是六十年來把外來新觀念、新名詞裝進中國歷史作解釋、作批評的那一套。只是在外來的觀念名詞中，尊奉馬克斯一家爲宗主。而孔子則又從封建社會之代言人再貶落到爲奴隸社會之代言人。意義價值，又益降低，如此而已。

## 五

以上是說的近六十年來在國人中所流行的歷史觀。再進而言在近六十年來在國人中所流行的人生觀。

「個人自由」一名詞，已逐步成爲近六十年來，國人最所崇奉的一條金科玉律。誰也不敢有疑義。在上是兩千年的專制政治，在下是兩千年的封建社會。在此兩千年中的中國人所最缺乏的便是個人自由。

在社會上感有不適，便說是兩千年專制遺毒。在家庭中感有不適，便說是兩千年封建餘孽。於是中國一應舊傳統，幾乎全成爲個人自由一大障礙。

仍只有中山先生獨抒讜論，他說：「中國社會，不是自由少了些，乃是自由多了些。」但此語亦不爲國人所深識。大家只認中山先生是一政治人物，若論學術眞理，思想大道，還該依著西方道路走。

在西方，馬克斯的階級鬥爭，乃是個人自由一大反動。資本主義不改進，階級鬥爭終難消滅。今天的我們，則仍是站在西方自由一面來反共，並不是站在民族個性，歷史趨嚮，文化傳統，自本自根，從民族歷史文化之內心深處來反共。

今再問：反共復國之大業完成以後，中國是否再應加強西化？抑或從此改弦易轍，來開創出一條民族復興、文化復興的歷史新道路。而此一歷史新道路，是否仍將從民族歷史文化傳統的舊根脈中來？抑或必當改從接上西方歷史的根脈來。此是當前一大問題，此是當前中國民族存亡、文化絕續一大問題，應值我們在心理上先有一準備。

此是當前國人一意志問題，亦是當前國人一知識問題。

中國民族，究竟是怎樣一民族？中國已往歷史，究是怎樣的一部歷史？中國已往文化，又究是怎樣的一種文化？提出此一問題，不免使國人會視若陌生，而且會多滋懷疑。

其實當前我們，在物質上西化尚淺，在心理上西化已深。大家喜新厭舊。中國只像是代表了舊的一面。不僅孔子已舊，中山先生也已舊。舊的都該丟，只要能脫胎換骨，連我自己也該丟。此是六十年來的思想潮流。

民族自信心與尊孔

三七三

今天我們，敢於反對五千年來之舊傳統，但不肯反對此六十年來之新潮流。

六

今若要鼓舞我們來從事對中國民族歷史文化的本質和價值從頭作研究，此是一項艱辛工作。不先恢復我們的民族自信心，將無從說起。

但真肯從頭作研究，其事也不難。

孔子是中國人具體一縮影。懂得了孔子，自會懂得中國人，以及中國民族，中國歷史和中國文化。

且從頭讀一部論語，也自會懂得孔子。

但亦待懂得了中國人，中國民族，中國歷史和文化，乃始能真懂得孔子。斷不是從一些外來的新名詞、新觀念中可懂得孔子。

此刻，大陸共產政權在反孔，我們這裏在尊孔。但他們反孔，卻是切切實實地在反。我們尊孔，也須切切實實地去尊。

從事政治工作的人，應該切切實實地來研究，孫先生的「三民主義」，主要應從中國民族歷史文

化中去求瞭解，求發揮。

從事學術工作的人，應該切切實實地來研究孔子，更應從中國民族歷史文化中去求瞭解，求發揮。

我們須待有了真知識，纔能有真信念。

我們要信孫先生，要信孔子，必須對孫先生與孔子有知識。

其實信孫先生，信孔子，也只是信我們自己中國人，信此五千年來創造中國歷史文化的中國人。

這即是中國民族。

若使對中國民族無信念，對當前的中國人無信念，即對孔子、孫中山，自會無信念。

孔子與孫先生他們都已成過去，不再能感受西化。西方在向前，我們只有追隨著西方也向前。則一應過時的中國人，惟有擱置一邊，不再理會。

以如此意態而來尊孔，也只是虛有其名，說不上真尊孔。

所以要真尊孔，惟有先恢復民族自信心。

但真尊孔，也爲恢復民族自信心的主要一條件。

（一九七三年十二月在國民大會憲政研討委員會講，載於一九七三年十二月二十七日青年戰士報。）

# 孔子之史學與心學

一

春秋時代，乃一禮文繁縟之時代，又爲一政治、社會、種種人事方面將次崩潰轉變之時代。故其時人心激動，而有種種之新思想與新觀點。此數者交織互染，乃有下一時代新學術之產生。其時則有無數術士，環繞於貴族階級之四圍，而爲之執行其種種繁縟之禮文。此所謂「術士」者，易以今語譯之，當稱「藝士」或「藝人」，蓋指其擅種種之專藝。此種專藝，約言之，可分禮、樂、射、御、書、數六類。習書數不必能射御，執射御亦不必通禮樂。其能通習六藝者則尤爲上選。彼輩皆憑此「六藝」以獻身於貴族卿大夫而參加其集團，此在當時則稱爲「儒」。許氏說文：「儒，術士之稱。」是證也。孔子亦當日一術士，即通習六藝之儒者。孔子亦因此而進身於貴族，而爲之服務。其先嘗爲魯之委積吏，主管倉穀出入。後又爲乘田吏，主畜字牛羊。其後乃益明習於當時貴族階級之種種禮

文。然孔子不僅習其禮，抑又進而究其禮之意，乃覺當時所謂禮者實多非禮。論語：

子入太廟，每事問。或曰：「孰謂鄹人之子知禮乎？」子聞之，曰：「是禮也？」

此事蓋在孔子青年，乃十足表現出孔子對當時貴族階級許多非禮之禮之一種反抗精神。大抵當時魯太廟中種種禮樂均屬非禮，故孔子僞為不知而問以示諷刺；或者乃笑孔子，誤以為其真不知禮，故孔子曰：「這就算禮了嗎？」以此為反詰。今試設一簡譬。如一遊人入外蒙古，對其政府禮堂懸列甯像片，因問此何人之像？當知問者並非不知此係列甯之像，乃不知此處緣何懸掛此像，故疑以設問耳。

此種態度，春秋名卿大夫間亦早有先例。如左傳文四年：

衞甯武子來聘。公與之宴，為賦湛露及彤弓。不辭，又不答賦。使行人私焉。對曰：「臣以為肆業及之也。昔諸侯朝正於王，王宴樂之，於是乎賦湛露，則天子當陽，諸侯用命也。諸侯敢王所愼而獻其功，王於是乎賜之彤弓一，彤矢百，旅弓矢千，以覺報宴。今陪臣來繼舊好，君辱貺之，其敢干大禮以自取戾。」

孔子嘗稱甯武子「其知可及，其愚不可及」，此處正是甯武子大知若愚一絕妙好例。孔子初入魯太廟

神情，即模擬寧武子意態而變化用之也。特在寧武子當時，不過是貴族階級內部自身對於外交禮文上之一種講究與機警；一到孔子身上，卻變成一個藝士正式起來批評和反對當時貴族階級之種種現行禮法。這是時代變動下絕然不可相提並論的兩件事。

孔子正式的批評和反對當時貴族階級種種現行禮法者，在論語裏屢屢見到，如：

孔子謂季氏，八佾舞於庭，「是可忍也，孰不可忍？」

又：

三家者以雍徹，子曰：「『相維辟公，天子穆穆』，奚取於三家之堂？」

這些都是正面公開的批評。當時的貴族禮，實際便即是當時的政治；因此孔子對於禮的批評，實際即是孔子當時對於政治的批評。他說：

天下有道，則禮樂征伐自天子出。天下無道，則禮樂征伐自諸侯出。自諸侯出，蓋十世希不失矣。自大夫出，五世希不失矣。陪臣執國命，三世希不失矣。天下有道，則政不在大夫。天下

有道，則庶人不議。

這裏孔子以一藝士身分而反對政出大夫之非禮。但藝士議政，本身亦是一非禮。故孔子說：「天下有道，則政不在大夫。天下有道，則庶人不議。」孔子之議禮，同時即是其議政。故：

齊景公問政於孔子，孔子對曰：「君君，臣臣，父父，子子。」

這裏孔子把政治問題歸重到禮上，但同時又把禮的問題歸重到日常人生上。「君君，臣臣，父父，子子」是禮的問題，同時亦是政的問題，但同時又即是人生日常問題，所謂倫常問題是也。於是孔子遂由他的政治論轉入到人生論。

二

孔子反對批評當時貴族階級一切現行禮之根據則在歷史。由孔子明習禮文，對於當時一切現行禮之歷史本源與其掌故沿革皆探索明瞭。故曰：

殷因於夏禮，所損益可知也。周因於殷禮，所損益可知也。其或繼周者，雖百世可知也。

又曰：

周監於二代，郁郁乎文哉！吾從周。

又曰：

文王既沒，文不在茲乎？天之將喪斯文也，後死者不得與於斯文也。天之未喪斯文也，匡人其如予何！

又曰：

甚矣我衰也，久矣我不復夢見周公。

在古代之所謂「禮」，本即是全部規定了的貴族生活，亦即包括了古代全部的政治。在孔子心中，則禮的範圍更大了，不僅包括了政治與貴族生活，亦復包括了全部人生。在孔子心中，則到今的種種禮，即是研窮了自古到今的政治與人生。其夠標準合理想者，此在孔門則謂之「道」，道之具體表現則曰「文」。孔子認爲那種政治和人生之沿積，到他時代而窮了，故曰：「文王既沒，文不在茲乎！」此說只有他知道得這些。而他理想中最仰慕的人物則是周公，因周代禮樂起於文王，定於周公。他說：「如有用我者，吾其爲東周乎？」他要想來一新周道，把當時的政治和人生全部整頓刷新。當時人說孔子知禮，只以爲他熟習得許多現行禮；但孔子的眞學問，則在根據歷史，知道自古到今之沿革變遷，遂能跳出現代圈子，把自古到今的沿革變遷來批評現代，故曰：「我非生而知之者，好古敏以求之者也。」又曰：「述而不作，信而好古。」又曰：「默而識之，學而不厭。」這些都是孔子之歷史學與掌故學。

三

孔子研窮史學，卻爲種種因革變遷的禮文找出一個本原，這就成爲是孔子的歷史哲學。孔子認爲一切禮的本原，不在外部，而在創禮與守禮者之內心。這是孔子之心學。孔子的心學，是孔子的歷史

哲學之最後的結論。故曰：

又說：

> 禮云禮云，玉帛云乎哉？樂云樂云，鐘鼓云乎哉？

> 人而不仁，如禮何？人而不仁，如樂何？

「仁」與「禮」是孔子常常提到的兩件事。「禮」是外面的節文，「仁」是禮之本原，即指的人之心。此後孟子說：「仁，人心也。」此語便把「仁」字解釋完盡。當知仁只是人之心，但此心必在人與人相交接時始十分透露，故漢儒又把仁字另作解釋云：「仁，相人偶也。」相人偶，便是指的人與人相交接。我們應把漢儒解釋來補充孟子的語義，則仁是一種社會心，乃人與人相偶處時之心。其實人生根本屬之社會。一言一思，儘若是他一己私事，但依然脫離不了社會關係。試問若無社會，若無歷史，則此人便根本不能有言，不能有思；換言之，即不能有其心。故孟子曰：「仁，人心也。」其實語義已圓足。因「人」字已包含社會性，已包含了「相人偶」。嚴格言之，世界上並無可以不相人偶之人，亦即不能有不相人偶之心。禮是一種相人偶的事，其本原由相人偶之心來。換言之，即「禮」

從「仁」來也。

論語裏說到「仁」字處最多，但大體不離上述之根本義，仁只是人心。孔子只怕人對此心態不易把捉，遂又提出一「孝」字來。孝是子女與父母相人偶時之一種心態，此種心態，人人有之。人能識得孝心，自能推廣識得仁心。有子曰：「孝弟也者，其爲仁之本與。」便是此意。孝弟只是人在家庭對父母兄長相人偶時之一種心態。待其跨出家庭，進入社會，與其他一切人相人偶，則那時的心態並不是孝弟；而其爲一種仁心則一。在孔門又特拈「忠恕」二字說之，故曾子曰：「夫子之道，忠恕而已矣。」忠恕、孝弟全是仁，全是人與人相人偶時之一種心態。若人心沒有孝弟，便不能有家庭。若人心沒有忠恕，便不能有社會。若人心沒有仁，便不能相人偶，不能有禮；換言之，即不能有種種人與人相處之道也。

四

由上述說，孔子思想便由史學轉入了心學。論語裏「學」字有涉史學者已舉例如上，今再舉其涉心學者。

「遷怒」如怒於甲者移之於乙，「貳過」如過於前者復於後。此皆非相人偶之道。此等學問自指心學，因其須在自己心上用工夫。又……

哀公問弟子孰為好學，孔子對曰：「有顏回者好學，不遷怒，不貳過。不幸短命死矣。今也則亡，未聞好學者也。」

顏淵季路侍，子曰：「盍各言爾志。」子路曰：「願車馬衣裘與朋友共，敝之而無憾。」顏淵曰：「願無伐善，無施勞。」子路曰：「願聞子之志。」子曰：「老者安之，朋友信之，少者懷之。」

此條雖未明點出「學」字，但為孔門師弟子志願所在，是即孔門師弟子之為學目標。程子說此條云：「夫子安仁，顏淵不違仁，子路求仁。」此條程子皆以「仁」字說之。緣三人所志，即其理想所欲到達者，均屬一種內心境界，均不從外面事物功利之占有或成就着眼；此種內心境界，又非專從小己之愉快安樂及欲望滿足等而言，乃均指人與人相處即「相人偶」時之一種彼我融和無隔閡無分別之心態，此即孔門之所謂「仁」也。當知人類正因有此心境，故能產生「禮」，故能產生「道」。此種心境，則為一切「禮」與「道」之

本原。故孔門師弟子皆有志於此，惟三人所懷想之境界則自有高下深淺之別耳。

故孔子一切學問，皆從此種心地建立基礎，而此種心地則為人人所同有。故子曰：

　十室之邑，必有忠信如丘者焉，不如丘之好學也。

可見孔門言學，必從「忠信」生根。忠信猶言孝弟，惟孝弟專指家庭子弟言，忠信則指社會每個獨立之個人言。孟子要指點此種心地不煩教學而皆有，故舉孝弟言之，謂是人之「良知良能」。孔子此處，則重在指點人心之本質大體相似，故舉「忠信」言之。故人人之忠信本質，可以與聖人相近，而聖人之學問習得則乃始與人人相遠，故曰：「性相近，習相遠。」此處則已透露出孟子之性善論。

# 孔子之心學

## 一

今天我要講的題目，是「孔子之心學」。先把題目略作解說，再申述內容。

儒家應分兩段落去看。前一段從漢至唐，後一段由宋到清。前一段的儒家，都講周公、孔子。後一段都講孔子、孟子。此是一大不同處。漢唐儒，我們可稱之爲「經學儒」。宋明儒，可稱之爲「理學儒」。經學儒看五經更重過四書。理學儒看四書更重過五經。清代有一部分學者，標榜漢學，反對宋明。其實，他們仍受宋明影響，仍當歸入宋明系統。大體言之，漢唐儒重事功幹濟，宋明儒重心性義理。而清人則既不講求事功幹濟，又不探討心性義理，乃別有所謂考證之學。在經濟、義理兩方面，遂均較前儒爲差。

宋明理學中，又分爲兩大派：一曰程朱理學，一曰陸王心學。因陸王主張「心即理」，而程朱則

主張「居敬窮理」。後人遂疑居敬窮理，則似理在心外；心即理，始是理在心內。於是遂分之以為二。依我個人意見，程朱同亦主張理在心。而且窮理工夫主要端在心，仍必從心做起，即是窮吾人內心之理。因此程朱之學，亦可謂是心學，只與陸王所講稍不同。或許是講得更精些！

亦可謂陸王從「心即理」出發，程朱則以「心即理」為歸宿。陸王說心即理，則不須另要功夫。而程朱說心即理，則非另下一番功夫不可。所以我們只能說程朱與陸王的心學有不同，卻不能說程朱不注重心。換言之，亦可謂宋明理學，包括程朱與陸王兩大派，莫非是「心學」。宋明理學家，雖欲跨越漢唐，畢竟是從先秦來。陸象山最喜稱述孟子「必先立乎其大者」之語，大者即指「心」。王陽明提倡「致良知」，「致知」二字由大學來，但稱「致良知」，「良知」二字則亦據孟子。故陸王之學皆本於孟子。孟子曰：

　　盡其心者，知其性也。知其性，則知天矣。（盡心篇上）

此是孟子講心學之明證。而且七篇中，講心性者特多。孟子固為陸王所推尊，但亦同樣為程朱所推尊。故我們只可說，程朱、陸王乃是同源異流。而孟子亦可稱為是心學。不僅孟子，即荀子亦極善言心。我們亦可稱荀子為心學。更由孟荀上推孔子，則知孔子亦可稱心學。「心學」乃為儒學之主要骨

幹所在。在此方面，漢唐儒似不如宋明儒，更扼要，更緊切。

今天所講「孔子之心學」，當從論語講起。論語二十篇，極少講「性」字。子貢曰：

夫子之文章，可得而聞也。夫子之言性與天道，不可得而聞也。（論語公冶長篇）

## 二

篇中孔子心學之大概。其未是處，請在座諸先生指教。

講及「心」字亦極少，不過六、七處。然則爲何說孔子所講的一套學問亦是心學呢？我們讀論語，其中所講，多爲事物，但「因心見事」，「因事見理」。宋明儒程朱、陸王所講，其實均不出此。一部論語，向內沒有講「心」，向外沒有講「理」，只講一件件的「事」。但我們只要就孟荀、程朱、陸王來讀論語，便知孟荀、程朱、陸王所講「心學」，其實均奉論語爲大宗。今天所講，主要是講論語二十

我們講宋代理學，有一最有名的故事，亦可謂因此而開出宋明兩代之理學。程明道、伊川兄弟十五六歲時，去見周敦頤濂溪，濂溪教他們「尋孔顏樂處」。此語一針見血，實宋明理學生命大動脈所

在。論語述而篇有云：

　　飯疏食、飲水、曲肱而枕之，樂亦在其中矣。

程子曰：「非樂疏食飲水。雖疏食飲水，不能改其樂。」又雍也篇有云：

　　賢哉回也！一簞食，一瓢飲，在陋巷，人不堪其憂，回也不改其樂。賢哉回也！

程子曰：「顏子之樂，非樂簞瓢陋巷，不以貧窶累其心，而改其所樂也。」此兩處程子語，便從濂溪之指導而來，今若問孔顏所樂究係何事？最簡單之回答，當云：「所樂在心，不在外界事物。」宋明理學家最主要之宗旨，即是要認取孔顏之心，探討其心所樂何在。此乃程朱、陸王共同精神之所在。而孟荀精神也莫能外此。

　　宋學開先，羣推范仲淹。他的名言有云：「先天下之憂而憂，後天下之樂而樂。」我們可以說，范文正之憂樂，乃以「天下」作對象。如是，豈不將使人有憂無樂？然苟其人心中無樂，恐亦不足以擔當天下之大任。故後來理學家雖亦極尊范仲淹，而論理學開山，則終必推尊周濂溪。因范氏究不能和孔顏的憂樂相擬。稍後明道又說：「十五六歲，與弟伊川受學於濂溪，即慨然有爲聖賢之志。再見

周茂叔，吟風弄月，有吾與點也之意。」「與點」一章，見於論語先進篇。此章始自明道提出，由宋迄清，學者都加重視。此章載子路、曾晳、冉有、公西華侍坐，子曰：「以吾一日長乎爾，毋吾以也。居則曰不吾知也。如或知爾，則何以哉？」子路率爾而對曰：「千乘之國，攝乎大國之間，加之以師旅，因之以饑饉。由也爲之，比及三年，可使有勇，且知方也。」冉有對曰：「方六七十，如五六十，求也爲之，比及三年，可使足民。如其禮樂，以俟君子。」公西華對曰：「宗廟之事，如會同，端章甫，願爲小相焉。」此三人，一志於軍事，一志於財政，一志於外交，獨曾晳則曰：「異乎三子者之撰。」「暮春者，春服既成，冠者五六人，童子六七人，浴乎沂，風乎舞雩，詠而歸。」夫子喟然嘆曰：「吾與點也！」這是論語中一篇極好的小品文。明道釋之曰：「孔子與點，蓋與聖人之志同，便是堯舜氣象也。」明道之釋此章，似乎有此過分重視了內面心性之樂，而過分看輕了外面事功建樹；與上引范仲淹語，正反各有所偏。孔子常常稱贊顏回，而其贊曾點，則只此一見。實則此章孔子之「與點」，只在教導其他三子莫要過分重視了外面事功。一切事功皆須有外面條件，故不該奉以爲爲學之大目標。即如此章曾晳「舞雩詠歸」之樂，亦仍有外面條件，如暮春天氣，如冠者五六人、童子六七人之伴侶，如沂水、舞雩臺之環境。缺了條件，便感不足。但講到顏回所樂，則可以無條件，甚至可以有反面條件，「人不堪其憂」，而「回也不改其樂」。此其樂之所以爲可貴。而且曾點之樂，也可說近是享受式的，所謂江上之清風，山間之明月，雖曰取之無盡，用之不竭，要是有條件，而且僅止於享受。而顏子之樂則非享受，乃是一種進取。其言曰：

欲罷不能，既竭吾才，如有所立卓爾。雖欲從之，末由也已。（子罕篇）

此是顏子一種最高之追求，亦是一種無限之進取。絕非當身一種眼前享受。然亦無外面條件限止，所以為真可樂。

惜乎曾、顏所樂之不同，宋明兩代的理學家，沒有在此處加以透切發揮，而每混合為說。於是他們太看重了心性，太看重了心性享受，而忽略了事功，更是忽略了學問。至於清儒，雖若重視學問，而於點、於回，兩皆失之。當知顏子之樂，乃由「學」而來，亦即於「學」中所得。孔子又極稱顏子之「好學」。而孔子亦復以「好學」自稱。公治長篇：

子曰：十室之邑，必有忠信如丘者焉，不如丘之好學也。

濂溪亦曰：

志伊尹之所志，學顏子之所學。

范仲淹可謂有伊尹之志，但未深入認識到顏子之學。今問孔顏所好究爲何學？胡瑗（安定）掌教太學，出此題爲問。伊川撰論，極爲安定所稱賞。此值伊川少年時，蓋亦由濂溪之教導也。

不知命，無以為君子。

三

今請由此進而討論孔子之所謂「學」。論語學而篇首章：

子曰：「學而時習之，不亦說乎？有朋自遠方來，不亦樂乎？人不知而不慍，不亦君子乎？」

此章「說」字、「樂」字、「不慍」字，只是一義，即指心境之樂言。孔子畢生所學內容，此刻暫置不論。但孔子學時此一種內心境界，則在此論語首章已明白懸舉。我們此刻正當從自己所學來體會孔子之境界；亦當從孔子所懸舉之此一種境界來考驗自己之所學。但也不能單在境界一邊張望過甚，便會陷入明儒如王心齋樂學歌所詠。當須由此深入，乃可透悟到孔子之心學。在論語最後一章，則曰：

「命」便是外在條件，「知」便是知有此條件，但非不顧此等條件之謂。必使外面條件不足以改變自己內心境界，此始謂之「君子」。論語首章末章之所謂「君子」，此一層大堪玩味。

論語憲問篇：

子曰：「古之學者為己，今之學者為人。」

明道釋之曰：

為己，欲得之於己也。

真能得之於己，內心境界寧有不悅、不樂而轉有慍焉之感？程子又釋之曰：

為人，欲見知於人也。

孔子一生，不見知於人，故曰：「知我者其天乎！」（憲問）可知雖外面一切條件不夠，亦可終不害於

此心之悅樂。此所謂「君子無入而不自得」。能自得，能內心有樂，始可以感染及人。明道又釋之曰：

古之學者為己，其終至於成物；今之學者為人，其終至於喪己。

喪己寧復有樂？而且己之己喪，他人於我，又復何得？

當知人心最難把握。必得讓自心有一條路向前，始有可樂。一人之心如此，天下人之心亦復如此。人人心中有樂，斯乃天下太平，反之人人心中沒有一條路，不知由何處向前，則天下必亂。孔子為學大道，即在開示天下萬世人心此一條向前之路。爲政篇：

子曰：「吾十有五而志於學，三十而立，四十而不惑，五十而知天命，六十而耳順，七十而從心所欲不踰矩。」

此章孔子自述畢生爲學經過，然所講正是此內在之一「心」。「十五志學」不必講。「三十而立」之「立」字，即「己欲立而立人」之立。這不是如今人般在經濟上、職業上之所謂立，而乃是一種人格上之立；所謂頂天立地，獨立不懼。人格上的立，即是心性上之立。立於己，立於內，而非立於人，

立於外。且看下一句「不惑」二字。「不惑」是心上清清楚楚，羣言淆亂，世道紛歧，縱是外面一切利誘威迫，而我能不搖不動，不退不轉；此始是個性自由，非如今人所謂之個人自由。循此而後中天下而立，至於「知天命」。知道不行，即是知天命。知其不可爲而爲之，即是知道不行，而還是要行，亦是知天命。至於此下「耳順」與「從心所欲」兩階層，更爲心學造詣上之更高境界，此處暫不詳論。所以孔子一生學不厭，教不倦，樂天知命。學之所在，即樂之所在，同時亦是人生眞意義與眞價值所在。即此是「道」，更何所謂「道不行」！

當知人生之眞意義與眞價值，決不在提高欲望，使欲望獲得滿足之謂。欲望多在外面物質上，即不能無外面條件。此且不論。當知自己一身也即是物質。要使外面物質進步，先應使此身進步。所謂此身進步，則當指日常生活言。知得要求日常生活進步，便當知先注重於主宰吾此身之「心」之進步。故一切之學，必以心學爲主要，爲究竟。

《論語·里仁篇》：

孔子曰：「吾道一以貫之。」曾子曰：「唯！夫子之道，忠恕而已矣。」

「忠恕」二字，就是指此心。中心爲「忠」，如心爲「恕」。心之在內者爲忠，在外者爲恕。譬若對朋友：直以己心施之朋友，即爲忠。莫以己心之所不欲而施之，即爲恕。程子說：「忠者，天道。恕

者，人道。」天道，即自然之道。依照吾心自然之道做去，即是人道。忠是體，恕是用。一就是忠，貫就是恕。對外面萬事萬物，只有我此一心。修身、齊家、治國、平天下，一切只憑我此心忠恕，就可達到。

今天我們確是完成了許多「物」，那是連孔子也不曾夢想到。但又卻各自喪失了自己一顆「心」。失去了自己一顆心，即是失去了自己這一個人。因而外面物質縱是不斷進步，而各自內心總是感到不滿足，不快樂。今天的世界，已然只爲是一個物世界，不見爲是一個人世界。一切只爲功利，不忠不恕；只見有物，不見有人；甚至只不見了我之此心，主要還是不見了我，那是天道。試看小孩子們多麼快樂！小孩子們的快樂，那亦是天道。成年人則失去了小孩時那一顆天賦我們的「赤子之心」，所以總覺得不快樂。人類已能登上月球，若只論物的世界，我們也已發展到高峯；而人的世界則日趨沈淪。只須每天清晨讀報紙上所報導，便可得知。孔子說「富貴如浮雲」，今天的人類，上不在天，下不在地，只如在浮雲中，一片模糊，變幻莫測。

四

以上略舉論語少許章節，便足證明孔子所講的也是心學。宋明諸子只是就此發揮。平心而論，漢

唐諸儒比較少講到這一邊，所以爲宋明儒所不滿，但論語只是孔子門人與門人所記下。此刻要說到春秋一書，則是孔子所自著。春秋二百四十二年，孔子只寫下了一萬八千字。然後人言春秋，三傳以下，到今無慮千萬人，千百萬言；其中只孟子一句話，便最說中了春秋之作意。孟子說：「春秋作而亂臣賊子懼！」「懼」字正指在人之內「心」言。在此二百四十二年間，「弒君三十六，滅國五十二」。平均計之，不到七年，即一君被弒。不到五年，即一國被滅。那真是亂世已極。而孔子春秋於此二百四十二年中，「貶天子，退諸侯，討大夫，以達王事。」那些天子諸侯大夫，爲孔子所貶、所討、所退的，那是孔子之所遭際。王事則是孔子之所志所學。漢人說孔子「志在春秋，行在孝經」。孝行於一身，常是一個大一統的局面，廣土眾民，日擴無疆；不像歐洲人到今天還沒有一統過。這是何故？這便是孟子所說「春秋作而亂臣賊子『懼』」。孔子作春秋到今兩千五百年，中國由大體上說，道明於天下；孝經即是「忠」，春秋即是「恕」。孔子作春秋如春秋般，怎會有此兩千五百年國家民族大統一、大團結的局面？這也並非說中國此下便無亂臣賊子，只是亂臣賊子心中知懼，比較上亦就少見。至於後世亂臣賊子何以會知懼？此處便是有一番心學妙理，正是孔孟以下，中國儒家所主要講究的。

孟子引詩經，說：「他人有心，予忖度之。」孔子誠不愧爲中華民族的大聖人。換言之，乃是中華民族之大孝子，大忠臣。孔子以「心」教「心」。把他一個「心」來貫穿兩千五百年人的心，通達古今。使中華千五百年的人心，大家有一戒懼。孔子誠不愧爲中華民族的大聖人。換言之，乃是中華民族之大孝子，大忠臣。

民族兩千五百年來成爲世界最大之民族。非有此心貫徹在內，何以得此！吾們此刻，正應把握此心，完成此心，不使渙散，不使淪亡纔是。

諸位當知，非有此心，民族將會破碎，歷史將會斬斷。非有此心，物質縱進步，人道將萎縮，世界末日亦終於會降臨。此心在人，人之善保此心，則貴能有學。我們應該反求諸己，也即是反求諸己心。論語公冶長篇：「十室之邑，必有忠信如丘者焉，不如丘之好學也。」當知所學，亦即以此「忠信」爲學。故孔子以「文、行、忠、信」爲四教。現在我們應效法孔子，從自己內心出發，去從事學問；在心的基礎上建立人世界，再由人世界來建立物世界。後先緩急，本末內外，不應失倫失序。心爲本，物爲末；心在內，物在外。故心爲先急，物爲後緩。我們今天研究孔子之心學，再由孔子下及孟荀乃至宋明程朱、陸王，將此一套心學發揮，即是發揮了儒家之最要義。而主要則在自己。從自己開始，到自己歸宿。且求自己此心常感悅樂，便是我學得失最親切之證驗。只因中國人講此一套講得太多，盼望諸位莫以爲只是些老生常談而忽之，則甚幸甚幸。

# 孔孟的心性學

## 一

今天我要講的題目是「孔孟的心性學」。諸位要研習孔孟學說，首先應該知道孔子、孟子的學說究竟是怎麼樣的一種學說。

第一點我要說明的，孔子不是一位宗教家。大家往往把孔子和釋迦牟尼、耶穌、穆罕默德一併視爲「大教主」，因爲他們四位哲人所講的話，都是爲全人類而講。人從幼小至老大，都應該聽他們話。不像其他人講話，只一部分人要聽。如今天的國學研究會，只對國學有興趣的人才來聽。在此會上發表的言論，也不是對全體人類的教訓。惟有上述四位哲人，他們才能向人類全體發表教訓。但孔子所講並不算是一種宗教，宗教「教主」首先要人有一番信仰，如天堂、地獄、靈魂等，但孔子不然；並不在他話前要別人先有一番信仰。

孔子的話也不能算是一套哲學。每一哲學家，都有一套思辨法軌，教人依照他的思辨法軌來作思辨。但孔子也不是。那麼我們該把孔子放在學術中那一部門來討論研究呢？也不是史學家。似乎在哲學的領域裏，談到孔子更相宜。於是現在的大學課程中，便把孔子擱在哲學系的課程中去講。但孔子究竟不是一位哲學家。哲學著重理智思辨，而孔子所說的話，以一般哲學的情形來說，似乎太簡單。而且有近於獨斷式的，不見有反覆思考之痕迹。一部論語，也不是一部結構謹嚴的哲學論文，裏面都是零碎話語，都是孔子日常對門人或時人隨口所說。所以嚴格講來，孔子不能算是一位哲學家，姑且勉強以哲學家視孔子，最多亦只能瞭解得孔子之一部分而非其全部。如此說來，孔子學說到底該說它是什麼？我今天姑試稱之曰「心性之學」。

## 二

諸位一定先要知道如何是心性學，才始能讀論語。心性之學可深可淺，如論語第一章：「學而時習之，不亦說乎？」好像非常淺顯；但真要去研究這番話，就必須反求諸心，這就比較深遠了。「反求諸心」這句話，不需要下什麼思考論辨工夫，只要求之於心，就是大家共同有的一個「心」：「反求諸心」這就比較深遠了。孔子只是教人如何尋求快樂。他說完了第一句，接著說第二句：「有朋自遠方來，不亦樂乎？」愛快樂。

明儒王心齋說「學只是樂，樂即是學」。是否如此？必須大家自己求之於心。孔子只是問你是否快樂呢？這要你自己作回答。但不是要你運用理智去思辨，也不是勉強你非信它不可；乃是希望你自己的行爲來加進去，親身來體會。

孔子學生中有極聰明的。孔子到今兩千五百年，學孔子、信孔子的都不是糊塗人。孔子學說所以能到今天屹立不墜，那裏是由於歷代帝王提倡？只是由於這一番學說之本身有其存在的價值。說完了「不亦說乎」、「不亦樂乎」，孔子又說：「人不知而不慍，不亦君子乎？」只因孔子學問境界太深了，人們不易了解。但孔子也並不因此而感到不快樂。孔子只是直本己心，直指人心，揭示出人心一番共同傾向。關於「快樂」與「不快樂」的癥結所在，孟子在此方面也有他的精闢的見解。盡心上篇：

「孟子曰：『君子有三樂，而王天下不與存焉。』」第一樂，是青年時期的快樂；第二樂，是中年時期的快樂；而第三樂，則是老年時期的快樂。這與論語首章「學而時習之」是青年，「有朋自遠方來」是中年，「人不知而不慍」是晚年，同是指著一人之終生言。或許有人要問：我不感覺讀書有什麼快樂，倒是看電影才快樂；也不感覺教育英才有什麼快樂，倒是上館子吃喝才快樂。這裏我得告訴大家，這不是孔子、孟子的話有了問題。乃是此人之心有了問題。原來他的心是走失了。

孟子曰：『君子有三樂，而王天下不與存焉。父母俱存，兄弟無故，一樂也；仰不愧於天，俯不怍於人，二樂也；得天下英才而教育之，三樂也。』第

孟子說人有「本心」，有「放心」。何謂「放心」？如人家裏養了雞犬跑到外面去走失了，但那主人還知道向外面去找回來，而人的本心走失了反而不得找，實在是可悲！雞犬只是跑到外面去走失了，但那主人還知道向外面去找回來，而人的本心走失了反而不得找，實在是可悲！雞犬只是跑到外面去，雞犬

還是雞犬，並沒有真失掉，只要把它們找回來就得。「本心」也是一樣，它也只是放失到別處去了，本心還是本心，並沒有真喪失，只要把它找回來就可以。你若能求本心，把本心找回，你自會發現讀書和教育英才的樂處。這些問題和真理不在外面別處，只在各人自己內心裏面，所以此種學問，我們稱之曰「心學」。

我們要懂得心學，主要有兩個辦法：一是問問自己，一是看看別人。小孩子的心，是父母初生他下地時就有，這叫做「自然心」，也即是本心。俗語說「一片天真」，本心總是天真的。你們試回家看看，小弟妹他們所表現在外面的那一片天真，就知道孟子所說「本心」的意義。「天」字的意思，不消說。試說「真」。「真」的對文是「假」。假是外面借來的，須從內心發出才是真。諸位讀論語第一章「學而時習之」認爲學可樂，那是假知識。一定要從自己生活裏來達到孔子所指點的真境界，才知有此真快樂。

人生最快樂的時期應是小孩子時期，因爲他們能保全著一個真。不論古今中外人同樣喜歡回想童年快樂，但卻永遠再得不到；因爲小孩子時那份純粹天真早就喪失了。諸位都在青年期，心地也比較純潔，在心裏面還沒有夾雜多少渣滓，因此也比較快樂。等到入身社會，有了負擔，慢慢地此心就不像以往那般純潔了。等到進入中年，日夜熱中功利。及至老年，成家立業，朽腐敗壞。那份天真、純潔，早已蕩然無存。世俗的人生率多如此。假如青年人還能存有孩子氣，中年人仍然不失其本心，如是慢慢地存養，到了老年，孟子說：「大人者，不失其赤子之心者也。」人到老年還能不失赤子心，

那是何等偉大！亦是何等快樂！就生理上說，大人是一成人；但就心理上說，小孩子卻像一真正的成人。做了大人失去本心，反不快樂，怎能算是「成人」？在生理上，他是日益壯健，在生意上，他是日益凋零了。

三

現在我們再來講「性」。中國人認爲一切有生物、無生物莫不有性。如茶有茶性，喝到肚裏能解渴助消化提精神。我前幾天在電視上看到在一座大山深澤裏有許多虎、豹、猴子、蛇、鱷魚等動物，牠們相互吞噬、搏殺；其所顯露的都是他們的生性。這也是一片天真。虎、豹、蛇、鱷魚都有牠們共同的性。論其最先最純真的一面，那就是好生、求生、保生。在這一點上，我們人也跟虎、豹、蛇、鱷差不多，人性也都要求生、保生。這並不是一件壞事。若我們說好生、求生、保生是一個「因」，則動物和人都一樣。可是由於外在的「緣」有種種相異，動物和人的「可能性」之發展也就大不相同了。原始人，或稱爲自然人，也還跟禽獸差不遠。但人類畢竟和其他動物不同，人有「靈性」。有了靈性，則「可能性」之變化較大。經了長期變化的結果，使我們人的社會和動物的社會形成了兩個截然不同的天地。人的生存的天地今稱「人文」社會。那是我們人類經過了五十萬年以上的努力，才

能得到今天這般的成果。人性所以超越禽獸之上，就在其可能性的變化這一點上。所以說：「人之異於禽獸者幾希！」

就大本大原即好生、求生、保生之性來說，人跟禽獸一樣。但人因為有可能性的變化，所以最後就和禽獸相差遙遠。在這種變化上，我們可有兩條路：一是道義的，一是才能的。

現在先談才能。人因具有才能，始能造成我們今天的生活。才能自「性」來，所以又叫「才性」或是「性能」。假若諸位為學，能學自己性之所近，則「學而時習之」，自會感得快樂。但若學自己性所不喜的，學非己性之所近，等於說違著自己的本性而學，這就是走錯了路，當然會只覺有痛苦。孔子說：「性相近，習相遠。」性是「因」，習是「緣」。但不能迷於「外緣」，反而失卻了「本因」。

於是再說到道義。人之心性本有其共同部分，慢慢發展，慢慢分離。此項發展與分離，則莫不與外緣相關。如目前社會，影響青年人重視功利，大家進大學首先考慮到的是出路問題，而太過忽略了我們自性的最可能發展；因此進了學校也不會感到快樂。關於人性的可能發展，有些是師長也不知，父母也不知，朋友也不知，只有各人自知。但各人也可自己不知，到後始知。孔子學生，分德行、言語、政事、文學四科，孔子各就他們的性之所近分別施教，使自成才。而我們現在的教育制度一切是抄襲外國現成形式，不顧來學者的性向。投考者填志願，有填了近數十乃至一百的，這又那裏是「志願」？我們要知「職業」只是人生的手段，「道義」才是人生的目的。進學校從事學問目的何在？豈

只是為了求出路？但謀職易，求樂難。今人謀職，正為自添煩惱，自增苦痛。人生職業，日新月異，人生苦痛亦日積月累。不知人生種種職業，都為的是要增進快樂。人之快樂與否，則不在職業的大小高低，也不在乎薪給的多寡；而在乎這一份工作之是否合乎自己的性向。

## 四

我們生活一輩子，第一自為要謀生，第二纔要能以我們的才能貢獻給社會。謀生是為我而言，屬於私；貢獻則為社會、為國家、為天下而言，屬於公。但此兩者並不相妨。只不該專顧私的一面。諸位試想：已成為一個高級知識分子，而卻專為自己打算，他的心情，還只能算是自然人，或稱原始人，而不夠資格做「文化人」。為了謀生活而自己窒塞性靈，那是最要不得的事。曠觀人類社會，真正有極高理想的大教育家，只有孔子；而他只推行一個偉大而平實的教育，即是「人性」的教育，或說「人心」的教育。而孔子也是承接先賢而來。中國民族所以能擁有這麼悠久的歷史，擴大為這麼廣大的社會，正為中國有一套人生大道、人生大義在指導在支持著。時下許多人不明白這層道理，硬要廢掉自己傳統，全去學外國，以致與我們孔孟思想極端相反之共產思想也能在中國流行；此一流弊，自可想見。

孔孟的心性學

四〇七

孔孟之學，是一套「心性學」。中國文化，也是一套從乎人之心性的文化。所以要講「天人合一」，講「盡己性」、「盡人性」、「盡物性」，而「贊天地之化育」。人人只從本心本性出發，不斷向前開展。既具情感，亦得快樂。較之西方人不看重人性，太過於崇尚物質，僅營感官生活，相互間沒有情感，專在鬥爭攫取上見長，卻說要追求自由，但實不能在內心自己作主，只是向外國征服；那是多麼苦痛的事！若我們未來能重把孔孟學說作爲最高的教育標準，庶乎自救救人，對世界貢獻。

（一九七二年八月在暑期國學研究會講，載於孔孟月刊十卷十二期）

# 中國近代儒學趨勢

儒家思想爲中國文化之骨幹，此義人人知之。蓋儒學本由中國文化而孕苗，自有儒學而中國文化亦遂發揚光昌而滋大。儒學原本孔子。然孔子曰：「我好古敏以求之。」又曰：「述而不作，信而好古。」孟子稱之曰：「孔子之謂集大成。」故雖謂儒學爲中國古文化之結晶可也。孔子歿，非儒反孔者四起，有孟子者出，曰：「乃我所願，則學孔子。」又曰：「楊氏爲我，是無君也。墨氏兼愛，是無父也。無父無君，是禽獸也。」能言距楊墨者，皆聖人之徒也。」繼孟子而起者有荀子，荀子之排擊諸子，較孟子益屬。其書有正論篇，非十二子篇，其排擊諸子，雖子思、孟子不免。又曰「子游氏之賤儒，子夏氏之賤儒，子張氏之賤儒」，雖七十子之徒有不免。然獨尊仲尼無間言。孟荀皆一世之魁儒，其尊孔子如此。而後百家之氣燄以衰，儒術之尊嚴以定。故儒學之推行，亦非孔子一人之力所能主。在其當身，必有七十子者扶翼之。及其後世，又必有如孟荀者呵護之。故可謂儒學推行，乃中國文化自有之演進，乃中國人羣之共業也。

戰國紛爭之大局既歇，而秦漢一統之盛運方啟。於斯時也，政治定於一尊，學術思想亦有調和融

會以出於一之需。呂覽、淮南皆出其時，而莫能竟其功。求有以調和融會百家之異說，折衷而歸之一

是者，非推本於儒術，則莫克盡其任。於是秦皇、漢武之間，乃有儒術之新生。易傳、戴記所載，莫

非是時之產物。上自荀卿，下迄董子，當時儒學之所以包羅吸納諸家之異說以自廣大而得達學術一尊

之地位者，蓋不自於漢武之創置五經博士，而在野之著述固已儼然有以踞其尊嚴而無愧矣。要言之，

如易繫、中庸多采道家，禮運、孝經兼取墨義，春秋公羊三統之說本諸陰陽家言，而又旁及刑名法術

以爲褒貶。百家精旨，苟可調和融會於儒術者，秦漢諸儒無不兼取而並蓄之。故非孟荀之駁辨，無以

見儒學之尊。非秦漢之和會，亦無以見儒術之大。秦漢諸儒之與孟荀，猶車兩輪，猶鳥兩翼，左之右

之，而孔子之道乃得大行於後世。若謂後世有新儒學，則秦皇、漢武間之諸儒首當其選矣。

漢代一統之緒將斬未斬，而鄭玄之括囊大典，遂爲兩京儒學殿軍。魏晉以下，詆儒譏孔者，紛紛

籍籍，又不知其幾何家。時則老聃之與瞿曇，遂與孔子割席分尊，若鼎足之三峙。論其風力之廣被，

霑染之深入，視戰國百家猶多過之。雖逮隋唐盛世，而學術分野，終未合併。則儒術之衰，抑又甚

矣。韓愈憤然以孟子之拒楊墨自負，而力有所弗勝。其友人李翱，則以和會說中庸。下及宋世，儒術

終起，然陽法韓愈之排擊，而陰師李翱之和會。蓋宋明七百年之儒學，亦猶如秦皇、漢武間諸儒，要

以調和融會於道、釋之間。苟其爲說之可以兼取並蓄無害於我者，則無不取而蓄之。故濂溪太極圖傳

自方外，程氏之門無不流入於禪。後人又謂：「朱晦庵是一個道士，陸子靜是一個和尚。」其語雖酷，

亦非無由。迄於陽明良知之傳，漸失其眞；而和會融通之風，益泛濫橫決而無可收拾。於是晚明諸儒

起，始謀所以修藩籬而堅壁壘。如顧亭林、黃梨洲、王船山、顏習齋諸人排詆所及，程朱有勿免，陸王更無論。彼其正言厲色，亦猶夫孟荀之遺意也。故苟無程朱、陸王之和會融通於前，將無以見儒術之大。苟無晚明諸老之剖析駁辨於後，亦無以見儒學之尊。非尊無以立。非大無以行。自有孟荀之駁辨而來秦漢之和會，自有朱王之和會而來晚明之駁辨。一往一復之際，順逆有殊；而儒學之所以立，孔子之道之所由以大行，則胥此二者之左之右之，如車之輪，如鳥之翼，不可一缺也。

竊嘗論之，學術之有和會與駁辨，亦各因其時而然也。當戰國衰世，儒學初興，我勢未立，我道未尊，則孟荀之駁辨尚矣。析之有以極其細，剖之有以盡其精，凡其說之苟有異於我者，無不昌辨而力斥之。凡我說之所以卓立而見尊，則職此之由也。秦漢一統，世運既轉，而儒術亦已尊。一世之人，方務為高瞻遠矚，兼包并舉，其氣無前，其抱無外；則和會融通之意興焉。蓋前者憂深而慮遠，後則氣盛而心開。夫非時與勢之為之歟！濂、洛初興，亦值宋之一統，承百年太平無事之後，禮樂文運方起；和會融通，適以成我之大，而無患其損我之尊。南渡以還，建安集其大成，而金谿即別樹壁壘；此固偏安之氣局也。姚江起於明代，亦包羅兼容為多。及於晚明，宗邦覆矣，民生瘁矣，衣冠文物掃地盡矣。使於此時，不翻然有所自表異，不確然有所自持守，將淪胥喪亡之無日，又何有乎和會以自大！則晚明諸老之所為窮剖而極辨者，亦豈得已而不已哉！

故北宋如前漢，晚明似先秦。凡儒術之所以確立而大行者，乃此兩翼之互為而共成之，而不可或缺焉。而其間之異同離合，則猶有可得而略論者。孟荀之時，雖亦高論王霸，推極於國家天下；要之

其立說所偏重，則個人之心性學養為主，而大羣之政教功利為輔。迄於先漢，其風斯變。時則政出一統，世運方新，學者之所想望，於大羣之政教功利者尤急，而小己之心性學養轉疏焉。此畸輕畸重之異也。北宋諸儒，其和會融通似前漢，而其偏重在個人之心性學養則又似秦，而其偏重在大羣之政教功利則又似前漢。此其間亦有說。蓋前漢當盛運初啟，學者莫不踴躍蘄嚮於大同太平之治，各思述其道以易一世而躋於所理想；故其言政教功利，率多遊神泰古，馳騁恣肆，而徵實非所務。至於晚明，國覆種奴，一羣方陷於魚爛瓦解之境而不可猝救；故其言政教功利，其心惻，若痛定之思痛；其於一羣之政教功利，多懲前而毖後。作歷史之反省，而不敢輕發舒。活潑磅礴不如前漢，而敦篤就實則勝之。

滿清盜憎主人，乾、嘉諸儒蠹故紙逃死而稱經學，斯無足道。道、咸以往，海疆多虞，滿族之箝制防遏也轉弛；學者驟脫羈軛，而所以震盪其心魄者，則有似於晚明。故其言率率偏於一羣之政教功利，而個人之心性學養有不遑。適其時歐風東漸，凡彼之所以為政教功利者，又與我相懸絕。富強慴其神智，既不得為韓愈之排擊，乃又相趨於李翱之和會。故一時學風，轉有類於前漢。斯則以衰世之人心，而強慕盛世之學業，晚清道、咸以下之大體則然也。

辛亥鼎革，政體丕變。一時人心，若久縛而乍解，若長蟄之思蘇。而又東西接觸既頻，士大夫揖讓周旋於多邦羣族之間者既久，若將披心胸，豁肝膽，以懷納諸新而融之為一大；秦漢和會之風進而益奮。公羊之變法，禮運之大同，可以參是中消息矣。然而國步之艱難依舊，羣體之隳頹日甚。秦

皇、漢武之豐功偉烈既不可以驟冀，而晚明諸老之所驚心而動魄者，亦復如夢魘著人，不得遽醒。則遲徊瞻顧，凡其創鉅而痛深者，皆孤孽操危慮深之資也。於是和會之不足，而駁辨之風隨起。是則前漢、晚明，儒學兩翼，所憑以左右夾輔扶搖直上者，當今之世，乃有齊頭並進之觀。斯非希覯之一奇歟！故輓近學者稱引儒書，樂爲援據而加以闡發者，非易傳、戴記，則往往在晚明。此辛亥前後五六十年中風氣，蓋有不知其然而然者矣。

抑學術之事，能立然後能行，有我而後有同。否則，不立何行？無我何同？苟非孟荀之強立，亦無以任秦漢之廣負。而今日者，在我則至愚至弱，至亂至困，既昧昧然不信我之猶有可以自立之地，而失心強顏以遊神於羣強眾富之列，曰：「我將爲和會而融通焉，我將爲兼舉而并包焉。」甘受和，白受采，先既無以爲之受，更何期乎黼黻文章之觀，酸鹹五味之調乎？故凡苟有異於我者，必辨之晰而爭之明，斯所以尊我使有立也。凡苟有同於我者，必會其通而和其趣，斯所以大我使有行也。而今日之我，求其能尊而有立也尤亟哉。大心深識之君子，其將有體於斯文。

（民國三十三年四月思想與時代三十三期）

# 日譯本孔子傳序

## 一

孔子不僅是中國一大聖人，孔子乃是我們東方民族中、日、韓、越諸邦所展出的文化大體系中一共同主要的淵源。

孔子生在中國春秋時代之晚期，距今已逾兩千五百年以上。時代屢經變革，人生情況迥異。然由孔子思想所推衍而出的孔子之道，則日益發皇，綿延愈久推擴愈大，乃至瀰漫充盈於我東方民族中、日、韓、越諸邦之人心。滲透日細，沉浸日深，具體實現於此諸邦之人生理想、家庭組織、社會風氣，乃及政治體制之諸方面。分而愈歧，合而愈整，成爲諸民族一共同的文化精神，而不搖不拔，有其無窮永遠之將來。

今試問：孔子之道，何以有此力量？有此影響？要言之，孔子之道，則只是一種人道。而孔子之

言人道，則一本於人心。原本人心，以爲一切人道之出發點。究極人心，以爲一切人道之歸宿點。此心，孔子則稱之曰「仁心」。此道，孔子則稱之曰「仁道」。人之有生，必各具一軀體。此軀體乃屬物質，各別扞格，互不相通。一飯不能兩人同飽，一衣不能兩人同暖，於是而有爭。自原始人類逐步進化而有人羣之結合。人之有羣，則尚通不尚爭。所通則在人之心，在人心之靈明。孔子則一本於此人心之靈明以爲道。

孔子之道，教人如何投入此人羣中爲人。教其羣如何融和會合此一羣之人以爲羣。人羣實是一心體。僅從軀體物質方面之相爭相奪，則不足以成此體。惟心靈方面之相通相合，乃得成此體。此心日擴日大，斯此體亦日擴日大。此體日擴日大，斯人與人間之相爭亦日弭，而相通亦日密。此心此體，孔子謂之「仁」。由此心以達此體之道，孔子謂之「仁道」。故「人道」即「仁道」，其要端只在此。

人之有羣，最先應爲有家。一家之人，生活成爲一體，其心最易相通。若一家之人心不相通，尚復互爲軀體衣食相爭相奪，則不得成一家。人類不能有家，亦將不能有羣。一家之中，嬰孩弱小，其力不能自生自養，亦不能相爭相奪，必待父母長老之護助扶持。故一家之成立，其先首待父母之慈。由於父母有慈，而後子女始有孝。子女在嬰孩弱小時，其軀體尚未長大成人，尚不能獨立營生；然其心則已知親近父母，不啻視父母若與己爲一體；此即其心之孝，此即其心已能越出其一己之軀體而與他心相通。故父母子女之慈與孝，乃即人心相通之最先表現，斯即爲仁心，行此孝弟之道，斯即爲仁道。孔子弟子，有子有曰：「孝弟也者，其爲仁之本歟。」蓋謂推此孝弟之心，斯即爲仁心，行此孝弟之道，斯即爲仁道。

人固未有不孝不弟而能有合於仁道者。

人類遇利害關頭，緊急需要，或心情哀樂，至誠中發，每易使心與心相通。然專惟有此，終爲不可恃。惟慈孝心則不同。父母爲前一世，子女爲後一世。人類有慈孝心，乃使前一世人與後一世人之心相通。故慈孝之心不僅是同時間內各別軀體之心相通，乃屬不同時代異世之心相通。人之一生，必包有三代，曰幼年，曰中年，曰老年。人羣之中，同亦包此三代。曰幼年人，此可代表此一羣之未來世。曰中年人，此正代表此一羣之現在世。曰老年人，則代表此一羣之過去世。其實此過去、現在、未來三世，乃緊相啣接，合成一體，不可劃分。每一人之生命如此，其合爲一羣之生命，其生命之必兼包有三時代亦如此。此則必有待於其心之相通，乃始爲一種生命之自覺。故人類之心相通，不僅能通人己彼我，亦能通過去、現在、未來。於是此人生乃能貫徹通透於時間，廣大無際，悠久無疆，而融通和合爲一體。惟此乃爲人生之大全體。人之軀體，則限於六尺，止於百年。惟心靈，乃可展演出人生之大全體。由一人而至一羣，由一世而至萬世。此心乃爲人類之大心，此道乃爲人生之大道。

二

如何由此心達此道，又有待於人與人之相互間之有教與學。父母之於嬰孩之必有教，嬰孩之於父母必有學。一家之間之教與學，推而廣之至於一羣之間之教與學，則不限於父母子女，而轉成爲師弟子。孔子在中國，尊爲「至聖先師」。因其能以此道教此人。然孔子亦因於學而始能有此道，孔子乃即以其所學爲教。其弟子子貢問曰：「夫子聖矣乎？」孔子曰：「聖則我不能，我學不厭而教不倦也。」子貢曰：「如此，夫子既聖矣。」人生大道，必賴教與學。「學」者，即以此心學他心。「教」者，亦即以此心教他心。欲求心與心之相通，則主要端在教與學。

孔子何所學？孔子曰：「三人行，必有吾師焉。」此三人中，一人是己，其他兩人，則見比較。此善於彼則學此，彼善於此則學彼。人生至爲複雜，有大同，亦有小異。人生亦不能一步驟躋於至善。即貴在從小異中擇善而從，擇其不善而去，而人生乃進進不已。故孔子乃本於人以爲學，就於人而爲學者。故曰：「夫子焉不學，而亦何常師之有。」抑孔子不僅學於現在世之今人，並亦學於已往過去世之古人。故曰：「述而不作，信而好古。」當孔子之世，中國已積累有二千年之歷史文化傳統。孔子稱道歷古之仁聖賢人，自堯舜以下，歷夏、商、周三代，禹、湯、文、武、周公以下，迄

于春秋列國之賢君卿大夫，以至孔子當身，如子產、晏嬰、蘧瑗之流；其名字見於論語者，何可勝數。故孔子之爲「集大成」，乃集人道之大成。又集自有人生歷史文化以來，凡有一善可述、可師、可法之可通於人人者之大成。

人心有其「大同」，於大同之中復有其「大通」。衣食心，爭奪心，此亦人心之大同，然非人心之大通。孝弟心，忠恕心，愛敬心，此亦人心之大同，而亦復是人心之大通。孔子乃本於此以爲學，就於此以爲學。故曰：「十室之邑，必有忠信如丘者焉，不如丘之好學也。」忠信亦人心之大同。如何使此忠信心，得以廣通於人之大羣，上下古今，通於千萬世，此乃孔子所理想之人道，則必賴於人之學以達。故孔子之所學，乃人道，即仁道。而孔子亦即以此爲教，而凡屬人人，亦同可以此爲學爲教也。

孔子非一宗教主，如耶穌，乃本於上帝意旨以爲教。如釋迦，乃悲觀於人生之同出於虛無又同歸於寂滅以爲教。孔子亦非一哲學家，各自個別創立其一套純思辨的邏輯辨證以爲教。孔子則只就日常人生以爲教，就於日常人生中之可通、可達、可久、可大者以爲教。故孔子之教之行於中國，日擴日大而達於日、韓、越諸邦，以成爲我東方諸民族共通文化大體系之一中心基點主要本源者即在此。然此猶其初步。其將來之必當遍行於全世界，獲得世界人心之共同認許，共同奉行，亦可推而知。

抑人生有其共通面,亦有其獨特面。共通面同歸合一,獨特面各別萬殊。而共通面則即建立於獨特面之上。苟無獨特面,共通面亦無可建立。然苟無共通面,獨特面亦將失其存在。近世人生,專從物質經濟著眼,個人自由與集體統治成為兩大壁壘,共通面與獨特面相割裂,種種人生大病害,胥由此起。孔子曰:「為仁由己,而由人乎哉?」「仁」即是人生之共通面,「己」即是人生之獨特面。人生共通大道,即由發展人生中萬殊各別之獨特之「己」所形成。而人生中萬殊各別之「己」,則胥當向此同歸合一之人生共通大道而發展。惟孔子人格,乃最具獨特性,亦最富共通性。故曰:「仁者,己欲立而立人,己欲達而達人。」立者,立其在人羣中萬殊各別之獨特性。達者,達其在人羣中相互融會之共通性。個體羣體,只是一體;個性羣性,亦只是一性。身、家、國、天下,大小各體,一以貫之,亦惟貫之於人心之同然而共通之處,故曾子曰:「夫子之道,忠恕而已矣。」己與羣,心與道,皆由此而獲得其一貫之相通。

## 三

孔子生於兩千五百年前中國春秋時代之魯邦。欲究孔子之道,當求孔子之生平。此即孔子在其時其地可有一而不可有二之獨特性之表現。明夫孔子之生平,與夫孔子生平之獨特性,乃反就己身,同

可明夫己之當身時地與孔子之不同，而明夫己之亦自有其一番獨特性；乃即就於己之獨特性所在以學孔子，乃知己與孔子之間之不同可有其一番共通性；此即孔子所謂「爲仁由己」之義。由於孔子之後，復又人人有己，而後孔子之道乃得復明復行於在我之己之當世，此即孔子所謂「人能弘道，非道弘人」也。本書作者特願以此一編孔子傳奉獻於我東方諸民族之前者，其意即在此。

當今之世，我東方諸民族，中、日、韓、越諸邦，不僅文化大體系傳統相似；即當前之處境，其所遭遇之艱難困苦，憂患拂逆，亦略相似。蓋我東方諸民族，在客觀上，早多有其共通面之存在。故其讀孔子之書，研孔子之道，而可相悅以解者，亦多有其可能。此非孔子之道專爲教我東方人而設，乃我東方人之獨特性，乃更易於自盡其己以上通於孔子之道。此已成爲歷史顯例，不容不信。於古如是，於今亦當然。一人如是，則一人可以自立自達。一家、一國如是，則一家、一國亦可以自立自達。惟在我東方諸民族之知所以自勉而已。

自立者，我東方諸民族仍能完成其東方民族之獨特性，而屹立於斯世。自達者，還以我東方諸民族之獨特性之屹立，而推以達之於並世其他諸民族，而相與同進於人類之共通大道，以達於太平大同之人類理想境界，而躋斯世於可大、可久、不息不已、無疆無極之休明。斯乃人類文化無盡將來之希望，而必於我東方大聖人孔子之生平與其言行之所啓示而展現其契機；而於當前我東方諸民族邦與己之各自獨特性之完成上，掌握其努力之焦點。

孔子自道其生平，有曰：「吾十有五而志於學，三十而立，四十而不惑，五十而知天命，六十而耳順，七十而從心所欲不踰矩。」今日我各自之己，又當求如何以爲學？如何而達於不惑而知天命？如此乃達於能自有立。又從此而達於耳順與從心所欲不踰矩之更高境界，則舉世紛擾，已在我一己內心融會合一完成一共通面。一人如此，以達於人人無不如此。一時一地如此，以達於任何時地，無不如此。其事若遠而實近，若難而實易。其起點只在每一己之此一獨特之心，而亦即以此獨特之心爲歸宿。故自每一人言，則可無入而不自得，無往而不見其成功，而可不待之於人之與無盡之將來也。

此編孔子傳，承日方相知友人譯爲日文，特附加此序言於卷首。

（此文作於一九七五年春）

四三二

# 《錢穆先生全集》總書目